AF821003

Prof. Dr. Bernd Halfar [Hrsg.]

Erfolgspotenziale der Kirche: ein Blick aus dem Management

Nomos

Die Deutsche Nationalbibliothek verzeichnet diese Publikation in der Deutschen Nationalbibliografie; detaillierte bibliografische Daten sind im Internet über http://dnb.d-nb.de abrufbar.

ISBN 978-3-8329-6451-1

1. Auflage 2012
© Nomos Verlagsgesellschaft, Baden-Baden 2012. Printed in Germany. Alle Rechte, auch die des Nachdrucks von Auszügen, der fotomechanischen Wiedergabe und der Übersetzung, vorbehalten. Gedruckt auf alterungsbeständigem Papier.

Vorwort

Im NPO Management, im Dienstleistungsmanagement, im Prozessmanagement, im Finanzmanagement, im Personalmanagement oder im Kostenmanagement liegen theoretische Modelle und methodische Verfahren vor, die auch für die christlichen Kirchen und jüdischen Gemeinden bei der Bewältigung der typischen Probleme von Religionsgemeinschaften interessant sein könnten.

Um den aktuellen Wissensstand voneinander kennenzulernen, theoretische und methodische Probleme zu diskutieren, trafen sich im Jahre 2010 an der Katholischen Universität in Eichstätt evangelische, katholische und jüdische Leitungskräfte aus Gemeinden , Bistümern und Landeskirchen mit Sozial- und Wirtschaftswissenschaftlern, die mit Gott in der Welt rechnen.

Der vorliegende Band umfasst die Tagungsbeiträge und auch zwei Aufsätze, die in Eichstätt nicht referiert werden konnten. Die Arbeiten zeigen, dass die christlichen Kirchen und jüdischen Gemeinden keinen Fehler machen, wenn sie ihren schönen Eigensinn nicht nur durch organisatorische, kulturelle und professionelle Routinen und Merk-Würdigkeiten zum Ausdruck bringen wollen, sondern ebenso durch Neugierde an alternativen Modellen aus dem Management, Innovationsbereitschaft und Unternehmungslust.

Eichstätt, im April 2011 Bernd Halfar

Inhaltsverzeichnis

I.

Gemeinde

Ein schlafender Riese? Evangelische Kirchengemeinden in Deutschland

Petra-Angela Ahrens, Gerhard Wegner

Blickt man in die Angaben der EKD-Statistik (2010), dann ist der Eindruck überwältigend: 15.471 Kirchengemeinden gibt es in Deutschland, in denen sich die 24.514.929 evangelischen Kirchenmitglieder organisieren. Sie werden von der beeindruckenden Zahl von insgesamt 136.792 Kirchenvorstehern bzw. Kirchengemeinderäten oder Presbytern geleitet. Auf jede Kirchengemeinde entfallen etwa neun Personen, die ehrenamtlich in ihrer Leitung tätig sind. Im Durchschnitt umfasst eine Kirchengemeinde knapp 1.600 Mitglieder. Das bedeutet, dass ein Ehrenamtlicher in den leitenden Gremien etwa 180 Kirchenmitglieder repräsentiert. Er oder sie wird professionell „ergänzt“ durch insgesamt 14.300 im Gemeindedienst ganz oder teilweise beschäftigte Theologinnen und Theologen. Im Durchschnitt ist so ein Pfarrer oder eine Pfarrerin für 1.714 Gemeindeglieder zuständig. Ihnen zur Seite stehen Diakone und Diakoninnen, Küster und Küsterinnen, Kirchenmusikerinnen und Kirchenmusiker, Bürokräfte und andere Beschäftigte.

Das sind Zahlen, die sich durchaus sehen lassen können und auf jeden Fall mit Fug und Recht darauf schließen lassen, dass die Evangelische Kirche nach wie vor breit gestreut und personell gut repräsentiert vor Ort dasteht. Ein wenig wundert man sich allerdings, dass von dieser beeindruckenden lokalen Präsenz in den Medien und in der Öffentlichkeit so wenig wahrgenommen wird. Müssten all diese Menschen nicht viel mehr „los“ machen? Sind die evangelischen Kirchengemeinden vielleicht ein schlafender Riese? Wie ist es wirklich um sie bestellt? Was passiert in ihnen, wie gestaltet sich ihr Binnenleben, welche Ausstrahlung haben Kirchengemeinden, und überhaupt: Wie steuern sie sich selbst?

1. Evangelische Kirchengemeinden - statistisch

Um diese Fragen beantworten zu können, lohnt sich ein zweiter Blick, mit dem die vorliegenden beeindruckenden Zahlen näher analysiert werden. Dabei fällt schnell auf, dass mit dem Begriff Kirchengemeinde recht Verschiedenes und insbesondere zwischen Ost- und Westdeutschland nicht einmal dasselbe bezeichnet wird. Vor allem unterscheiden sich die Gemeindegliederzahlen in den Kirchengemeinden beträchtlich. Sie sind im Westen sehr viel höher als im Osten. In Mitteldeutschland, Pommern und Anhalt bewegen sie sich sogar unterhalb der 500er-Grenze, in Berlin, Brandenburg, Schlesische Oberlausitz und Mecklenburg unterhalb der 1.000-Grenze. Alleine die Sächsische Landeskirche weist mit durchschnittlich 1.024 Gemeindemitgliedern eine Zahl über 1.000 auf und nähert sich damit den westlichen Verhältnissen an. Würde man die durchschnittliche Gemeindegliederzahl der Hannoverschen Landeskirche von etwa 2.000 Gliedern pro Gemeinde zugrunde legen, dann käme man insgesamt für Deutschland auf nur noch 12.257 Kirchengemeinden und damit um fast ein Viertel weniger als die Statistik offiziell ausweist.

Entsprechende Berechnungen kann man auch für die Gemeindekirchenräte bzw. Kirchenvorsteher anstellen, die sich auf diese Weise ebenfalls statistisch reduzieren würden. So verfügt die Mitteldeutsche Landeskirche nach eigenen Angaben über insgesamt 16.329 Kirchenvorsteher und damit über die mit Abstand größte Zahl von Kirchenvorstehern aller deutschen Landeskirchen. Sie verteilen sich auf 2.359 Kirchengemeinden, was einer Zahl von 7 Gemeindekirchenräten pro Gemeinde entspricht. Würde man hier die Gemeindegrößenordnungen der Hannoverschen Landeskirche zugrundelegen, dann käme man auf 440 Gemeinden und auf nur noch 3.080 Gemeindekirchenräte.

Diese Zahlen weisen auf etwas Grundlegendes hin: Hinter ihnen verbergen sich vollkommen verschiedene Organisationsformen. In östlichen Landeskirchen ist es nicht selten so, dass die Gemeinden sehr klein sind und deswegen das, was im Westen als Gemeinde bezeichnet wird, zahlenmäßig eher einer Region, d.h. einer Kooperationsform von Gemeinden entsprechen würde. Vermuten lässt sich deswegen auch, dass wohl auch das, was einen Kirchenvorsteher oder eine Kirchvorsteherin oder einen Kirchengemeinderat oder eine Kirchengemeinderätin ausmacht, zwischen West- und Ostdeutschland durchaus unterschiedlich verstanden wird. Denn als Vertreter kleiner und kleinster Gruppen werden sie möglicherweise andere Haltungen als in den größeren Kontexten im Westen an den Tag legen. Darüber kann allerdings zur Zeit nur spekuliert werden.

Blickt man über die äußerlichen Zahlen hinaus nun näher in das Leben dieser Kirchengemeinden hinein, so lässt sich eine Reihe von je nach Vergleichsmaßstab entweder ernüchternden oder ermutigenden Zahlen auflisten. Zwar finden an einem durchschnittlichen Sonntag etwa 24.000 Gottesdienste in den Kirchengemeinden statt, die von etwa 900.000 Menschen = 3,7 Prozent der Kirchenmitglieder besucht werden. Die Zahl steigert sich ganz erheblich zu bestimmten Anlässen und erreicht mit 37 Prozent am Heiligabend einen Höhepunkt. Bei den Besuchern der Gottesdienste an durchschnittlichen Sonntagen handelt es sich überwiegend um ältere Menschen.

Die Statistik gibt außerdem darüber Auskunft, dass es 122.242 ständige Kreise der Kirchengemeinden mit insgesamt 1,6 Mio. Besuchern gibt. Das bedeutet, dass jeder dieser Kreise im Durchschnitt von etwa 13 Personen besucht wird. Als besonders bedeutsam schlagen Kreise zu Buche, die von älteren Menschen besucht werden (Alten- und Seniorenkreise, Frauenkreise, Männerkreise). Daneben gibt es eine große Zahl von Veranstaltungen und Seminaren von Kirchengemeinden, unter denen die kirchenmusikalischen Veranstaltungen etwa die Hälfte der Teilnehmer verbuchen. Gut sehen lassen kann sich zudem die Kinder- und Jugendarbeit mit insgesamt fast 100.000 Veranstaltungen, die von 1,8 Mio. Teilnehmern besucht werden.

1.1. Das seltsame Mitgliederverhalten

Blickt man resümierend auf diese Zahlen, so wird man je nach den eigenen Vergleichsmaßstäben zu einer eher positiven oder eher kritischen Sicht der Dinge - nach dem Motto: das Glas ist halb voll oder halb leer - kommen. Insgesamt ist aber unbestritten, dass gemessen an den Ansprüchen der Kirchen und den überkommenden Vorstellungen von einer christlichen Gemeinde die Beteiligung von Christenmenschen weit hinter den von der Kirche selbst erwünschten Zahlen (und eigentlich doch auch zu erwartenden Zahlen: Man zahlt doch nicht für etwas, was man nicht nutzt!) zurück bleiben. So beträgt die durchschnittliche Beteiligung an Kirchenvorstands- oder Kirchengemeinderatswahlen in Westdeutschland nur 13 Prozent, im Osten 19 Prozent. Generell gilt für ganz Deutschland, dass sich gut zwei Drittel aller Kirchenmitglieder am Gemeindeleben überhaupt nicht beteiligen. Gleichwohl bleiben diese Menschen nach wie vor in ihrer überwiegenden Zahl Mitglieder der Kirche, fühlen sich ihr in einem weiten Sinne verbunden, auch wenn sie sich eben nicht beteiligen.

Diese Zahlen unterstreichen das Bild eines Riesen, aber eben eines schlafenden. Was könnten Kirchengemeinden nicht alles bewegen, wenn sich eine größere Zahl von Menschen – ihrer Mitglieder! – an ihnen beteiligen und das Kirchengemeindeleben, wie es ja evangelischen Vorstellungen entspricht, selbst aktiv in die Hand nehmen würden?! Woher kommt dieses doch im Grunde genommen seltsame Teilnahmeverhalten: Man zahlt, aber nutzt das, wofür man zahlt, wenig bis gar nicht. Liegt es an einer mangelhaften Organisation? Könnte der Riese durch charmante Unternehmensberater oder Kirchenmanagerinnen wachgeküsst werden?

Zudem ist die lokale Ebene für die ganze Kirche von großer Bedeutung. Denn viele imagebildende Effekte für die Kirche kommen durch die Begegnung der Menschen mit dem kirchlichen Personal vor Ort, insbesondere den Pastoren und Pastorinnen, zustande. Sehr viel hängt z. B. an der Gestaltung der Angebote für Kinder und Jugendliche. Zwar vollzieht sich heute ein großer, vielleicht ein überwiegender Teil auch der religiösen Kommunikation über die Medien und die Attraktivität des Christlichen wird entweder über sie verstärkt oder geschwächt. Kommunikation vor Ort und zwischen Menschen behält aber gerade religiös ihre Bedeutung, denn sie ist in allen religiösen Traditionen der Welt dauerhaft nicht ohne körperliche Präsenz, d.h. ohne Versammlung denkbar. Und der lokale Bezug ist vor allen Dingen immer dann von besonderer Relevanz, wenn wie z. B. im Fall von Kasualien auf die Angebote der Kirchengemeinde bzw. der Pfarrämter zurückgegriffen werden muss.

2. Die Parochie als besondere Sozialgestalt

Alle Christenmenschen gehören nach wie vor deswegen ganz selbstverständlich zu einer Kirchengemeinde, weil sich die Kirche im Sinne der klassischen Parochie als für einen bestimmten Bevölkerungsanteil lokalen Zuschnitts zuständig versteht. Bisher gibt es in Deutschland keine weißen Flecken, d. h. Bereiche, für die keine kirchliche Zuständigkeit bestehen würde. Hier greift nach wie vor eine Art des Verwaltungsdenkens für die religiöse Versorgung der Menschen, das seit den überkommenen Zeiten der mittelalterlichen Parochie, fortgetragen durch die Reformation und viele Veränderungen im 19. und 20. Jahrhundert erhalten geblieben ist. Das verwaltende und versorgende Zuständigkeitsdenken prägt auch das Gemeindeleben. Trotz vieler Diskussionen ist die Existenz der evangelischen Kirchengemeinde als Parochie etwas so Selbstverständliches, dass sie im theologischen Mainstream der letzten Jahre überhaupt nicht mehr problematisiert worden ist und sie im Grunde genommen mit der Volkskirche in Deutschland gleichgesetzt wird. Evangelische Kirche in Deutschland ist Gemeinde und ist als solche Parochie. Was im weltweiten und im historischen Vergleich deutlich relativiert werden müsste: In Deutschland bleibt es weitgehend unhinterfragt.

Weil dieses so ist, besteht offensichtlich wenig Interesse daran, genauer zu erforschen, was sich in Kirchengemeinden eigentlich tut und insbesondere die Frage zu stellen, wie sich Kirchengemeinden heutzutage selbst organisieren.

Schon immer ist von Kennern der Szene, insbesondere von Pastorinnen und Pastoren, darauf hingewiesen worden, dass sich Kirchengemeinden nicht einfach als eine Verlängerung der Groß - Organisation Kirche im Sinne der Kirchenverwaltungen und Landeskirchenämter oder auch der Synoden verstehen lassen, sondern eigenen Gesetzmäßigkeiten unterliegen. Häufig wird der Vergleich mit Vereinsstrukturen vorgenommen, was sich auf den ersten Blick auch angesichts der vielen Kreise und Gruppen in den Kirchengemeinden nahelegt. Letztlich befriedigend ist dieser Vergleich aber nicht, da sich auch andere organisationsförmige Strukturen, insbesondere, was die Personal- und die Finanzplanung anbetrifft, in den Kirchengemeinden finden. Eine plausible Theorie oder auch nur angemessene Beschreibung von Kirchengemeinden gibt es erstaunlicherweise bisher nicht – ganz im Unterschied zu einer wuchernden Fülle von Handbüchern und Ratgebern, die Tipps geben, was man denn in Gemeinden alles tun könnte. Dies führt auch dazu, dass heutigen Initiativen, z. B. im Sinne des Kirchenmanagements, den Kirchengemeinden Hilfestellungen für eine bessere Selbstorganisation anzubieten, eher selten wirkungsvoll unter die Arme gegriffen werden kann. Die Folge sind Frustrationen. Es gibt zweifellos erheblichen Forschungsbedarf. In welche Richtung könnten diese Forschungen gehen?

3. Die Kirchengemeinde als diffuses Aktionsfeld

Blickt man in die Geschichte kirchensoziologischer Forschung der letzten 50 bis 60 Jahre zurück, so wird deutlich, dass alle nur erdenklichen Aspekte des evangelischen Kirchenlebens mal mehr, mal minder intensiv sozialwissenschaftlich erforscht worden sind – bis auf das Binnenleben und die Funktionsweise der evangelischen Kirchengemeinde. Die letzten ernsthaften empirischen Kirchengemeindestudien gab es – man staunt! – in den 1950er Jahren. Diese Studien, die damals von renommierten Soziologen und Theologen durchgeführt wurden, standen zum großen Teil im Kontext amerikanischer Reeducation-Politik und wurden von der New School of Social Research in New York angeregt und oftmals begleitet. Sie waren von daher von bestimmte Interessen und Deutungsmustern geprägt, die sich aus der Situation der Kirchengemeinden in den USA ergaben. Dort ist die sich selbst organisierende und selbst finanzierende Kirchengemeinde ein, wenn nicht **das** Zentrum zivilgesellschaftlicher Aktivitäten und trägt auf diese Weise einen großen Teil der Last gesellschaftlicher Integration überhaupt. An diesem Maßstab gemessen konnte die Situation in den Kirchengemeinden in Deutschland angesichts ihrer jahrhundertelangen parochialen Tradition nur als defizitär in den Blick kommen. In keiner Weise konnten die Kirchengemeinden in Deutschland auch nur annähernd eine ähnliche sozial und kulturell integrative Kraft für die Gesamtgesellschaft entwickeln wie in den USA.

Die Studien der 1950er Jahre machten deutlich, dass die Kirchengemeinde vor allem mit den sozial und kulturell Marginalisierten zu tun hat und sie in ihren Mauern sammelt. Schon damals gab es die Rede von der Milieuverengung der Kirchengemeinde. Die Diskussionen waren damals – nicht viel anders als häufig auch heute – durch die Diagnose liberaler Theologen und der entsprechenden Soziologen geprägt, dass ein intensiver Kontakt zu den in den Kirchengemeinden dominierenden kleinbürgerlichen Kreisen die Kirche hindern würde, wirklich Gestaltungsmacht in der Gesellschaft zu entfalten. Auf diese Weise entstand ein defizitäres Bild von der Kirchengemeinde und den in ihr aktiven, der Kirche Treuen und hoch Verbundenen.

Von daher war für die reformerischen Kräfte in der Kirche deutlich, dass die Kirchengemeinde, so wie sie ist, nicht bleiben könne. Sie trage zur Reproduktion des christlichen Glaubens in Deutschland viel zu wenig bei. Es gibt einen erheblichen Transformationsbedarf - das alte parochiale System muss sich wandeln und dieser Prozess ist noch lange nicht abgeschlossen. Umstritten bleibt allerdings, worauf die Transformation abzielen soll. Richtet sich der Fokus des Interesses auf ein mehr oder minder organisiertes kollektives Handeln der Kirchenmitglieder in der Kirchengemeinde? Oder verbleibt er nicht vielmehr beim pastoralen Handeln in und mit der Kirchengemeinde als der in einem bestimmten Bereich Wohnenden? Vom ursprünglichen christlichen Selbstverständnis her ist deutlich, dass christlich religiöses Handeln stets als kollektives Handeln - „Wo zwei oder drei in meinem Namen versammelt sind" – begriffen werden muss. In dieser Sichtweise haben Kirchengemeinden auch theologisch eine eigene Wertigkeit in ihrer Selbstorganisation, Autonomie und rechtlichen Selbstständigkeit. Faktisch aber kommt dieser Aspekt in der theologischen und kirchenleitenden Sicht auf die Kirchengemeinden in den letzten 50 Jahren wenig zum Tragen. Es gibt nur wenige Konzeptionen, die mit diesem Interesse für Kirchengemeinden entwickelt worden sind. Ihre Ausarbeitung erfolgt häufig mit einer spezifischen Ausrichtung, sei es in einer egalitär sozialen oder in einer stärker missionarisch ausgerichteten Hinsicht. Für die breite Entwicklung von Kirchengemeinden scheinen sie bisher jedoch nicht prägend zu sein.

Diese Lage führt dazu, dass Pastoren, Kirchenleitungen, Sozialwissenschaftler und Interessierte aus anderen Bereichen, so z. B. Organisationstheoretiker oder Managementtheoretiker schon seit langem an der Realität von Kirchengemeinden leiden. Sehr deutlich drückt sich dies in pastoraltheologischen Entwürfen der letzten Jahre aus. Hier wird, ausgehend von der Fokussierung auf die Profession des Pastoren oder der Pastorin, z. B. die Diffusität des Arbeitsfeldes Kirchengemeinde beklagt. Sie erzeuge einen hohen Druck auf die professionell Agierenden durch das Fehlen entlastender Strukturen. Hohe Freiheitsgrade in der pastoralen Arbeit, die durchaus die Lust an der Arbeit fördern können, werden so immer wieder durch diffuse Ansprüche zurückgenommen, was zu einer erheblichen Überforderung führen kann. Die Stilisierung dieses Bildes portraitiert den Pastor/die Pastorin als Einzelkämpfer, der oder die durch die Wirklichkeit der Gemeinde an der Entfaltung der eigenen professionellen Ansprüche gehindert wird. Entsprechend wird in diesen Entwürfen eine bis in hohe Empfindlichkeits- und Subjektivitätsschwellen gehende Selbstreflexion von Pastoren und Pastorinnen eingefordert, die mit der tatsächlichen Realität der Gemeinde kaum noch etwas zu tun hat. So kann z. B. die pastorale Existenz als „auf der Schwelle" zwischen den „Sesshaften" in der Gemeinde und anderen, Fremden beschrieben werden, ohne dass diese Konstellation wirklich real greifbar wäre. Diese Anderen gelte es für den christlichen Glauben zu gewinnen. Die Situation in Kirchengemeinden wird dann mit der Vision von einer „Kultur der Gastfreundschaft" beschrieben. Deutlich geht es dabei um die Projektion von existenziellen Befindlichkeiten und Bildern pastoraler Existenz auf die Situation in Kirchengemeinden. Aber sehr viel weniger handelt es sich um eine an empirischer Realität reflektierte Einpassung des pastoralen Berufshandelns in ihre Strukturen.

Hinter dieser Situation steckt die in der deutschen Theologie gepflegte Diastase zwischen Gemeinde und Amt, die sich insbesondere in der lutherischen Tradition seit mehreren hundert Jahren erhält. In ihr stehen sich das Pfarramt und die Kirchengemeinde gegenüber. Pastor und Pastorin sind dementsprechend in den meisten Landeskirchen auch nicht bei der Kirchengemeinde, sondern bei der Landeskirche angestellt.

Eine solche Sichtweise spiegelt die überkommene Innerlichkeit evangelischer Theologie, insbesondere der pastoralen Existenz – und zugleich die Modernisierungsdefizite in der kirchengemeindlichen Struktur bzw. in der pfarramtlichen Profession wider. So mag ein Pfarrer sich in die eigene Innerlichkeit flüchten; auf der anderen Seite ist aber auch allzu deutlich, dass man als moderner Zeitgenosse, der unter attraktiven Arbeitsbedingungen arbeiten will, an der Situation in Kirchengemeinden einfach nur leiden kann. Die Ambivalenz schlägt sich dann darin nieder, dass die Tätigkeit von Pastoren vor allem in Beziehungsarbeit besteht: in der Aufrechterhaltung einer bestimmten familienähnlichen Atmosphäre in den Kirchengemeinden, in der die Verständigung über Sachziele bzw. Organisationsziele für das Gemeindeleben als Ganzes und eine entsprechende Entscheidungsfreudigkeit nicht nur fast unmöglich, sondern schlicht nicht plausibel sind.

Ein bewusstes Gestalten der Strukturen in Kirchengemeinden fällt dann aus zweierlei Gründen aus, die sich gegenseitig bedingen:

- Zum einen läuft das Leben in der Kirchengemeinde auch ohne jede Zielsetzung irgendwie „immer so weiter“, da die Finanzierung der grundlegenden Ausstattung nicht von den Aktivitäten der Kirchengemeindeglieder abhängig ist.
- Zum anderen scheitern Zielsetzungsbemühungen immer wieder an dieser Struktur des Immerweiterlaufens, die dafür sorgt, dass die Orientierung am Erreichen von Zielsetzungen gegen eine Art von stets mitlaufender Grundlast durchgehalten werden muss. Das erfordert erhebliche zusätzliche Energie, für deren Einsatz es keine Anreize gibt.

Trotz aller Schrumpfungen und Kürzungen bleibt so das beruhigende Gefühl erhalten: Es geht auch ohne die Nutzung von modernen Organisationsvorgaben. Letztendlich sorgt die Kirchenleitung in der einen oder anderen Weise dafür, dass es irgendwie weiter geht. Ein Bewusstsein dafür, dass vieles von dem, was geschieht, abhängig ist von den Aktivitäten des Leitungsgremiums in der Kirchengemeinde, ist deswegen nur gering ausgebildet. Stärker ist häufig allerdings das Gefühl, dass vieles vom Pastor oder von der Pastorin abhängt. Das wiederum bestätigt dann das Ausblenden der kollektiven Perspektive bei diesen.

4. Die Defizite der Kirchengemeinde

So liegt es denn auch wahrscheinlich an dieser hautnah erlebten Wahrnehmung der Kirchengemeinden durch Pastorinnen und Pastoren, dass ihr häufig kommuniziertes Bild weitgehend defizitär ist. Die bereits erwähnten altbekannten Zuschreibungen als milieuverengt, überaltert, passiv, marginalisiert usw. werden immer weiter tradiert: Insgesamt bleiben Kirchengemeinden für eine moderne Gesellschaft anscheinend in den letzten 50 Jahren weitgehend unattraktiv. Diese Sicht lässt sich vor allem in den kirchensoziologischen Leitstudien, den Kirchenmitgliedschaftsuntersuchungen der EKD, von Anfang an gut belegen. Diese Studien begannen – wenn man so will – geradezu damit, dass man den Weg aus der verengten Sicht der Kirchengemeinde hinaus in die Weite der Gesellschaft und insbesondere hin zu den distanzierten Kirchenmitgliedern gehen wollte. Die Kirchengemeinde – als Sammelbecken von Gemeinschaftsformen - erschien als aus der Gesellschaft emigriert, weswegen die kirchengemeindlichen Maßstäbe und Lebenswelten auf die Gesellschaft hin relativiert wurden. In dieser Sichtweise konnte die Kirchengemeinde nur defizitär erscheinen. Fragen nach einer spezifischen Intensität oder „Innovationsfähigkeit" religiöser Kommunikation in diesem Zusammenhang spielten keine große Rolle.

Kennzeichnend für diese tradierte Sicht auf die Kirchengemeinde ist, dass die Maßstäbe, von denen her dieses defizitäre Bild der Kirchengemeinde konstruiert wird, also die Maßstäbe, an denen sie gemessen werden, erstaunlich selten, eigentlich nie aus christlich normativen Idealerwartungen an Kirchengemeinden resultierten, sondern sich schlicht aus der Übertragung von allgemeinen gesellschaftlichen Modernisierungsprozessen auf die Kirche ergaben. So ziehen sich durch alle Untersuchungen immer wieder Diagnosen über Modernisierungswellen der Gesellschaft, sei es z. B. in den 1960er/1970er Jahren die Bildungsexpansion, die die Kirche vor das Problem stellte, wie sie mit einem ständig wachsenden Bildungsniveau und Bildungsbewusstsein angesichts ihrer Verhaftetheit in Traditionen zurechtkommen sollte. Diese Herausforderung wurde gegen die Kirchengemeinden gewendet, die nicht in der Lage seien, ihr zu begegnen. Die Folge war der Ausbau der übergemeindlichen funktionalen Dienste, um die Kirche in dieser Hinsicht jenseits von Gemeinden und Hochverbundenen besser aufstellen zu können.

Weitere Modernisierungswellen, wie der Trend zur Individualisierung, und in den letzten Jahren die Ökonomisierung, brandeten ebenfalls gegen die Türen der Kirchengemeinden, die sich ihnen aber wiederum nicht öffnen wollten. So stellt sich die Kirchengemeinde fast als ein Fels in der Brandung dar, der am ehesten mit Symbolen wie Heimat („Fremde Heimat Kirche"), Gemeinschaft und ähnlichen sozial und kulturell bisweilen romantisierenden Momenten verbunden werden kann. Auf diese Weise wird der Wert der Kirchengemeinde im lokalen Sozialraum dann immer mal wiederentdeckt, aber eine realistische Vermittlung ihrer tatsächlichen Einbettung in Nahbezüge der Menschen mit übergreifenden modernisierenden Prozessen erfolgt kaum. Entsprechend erhofft man sich die Verbesserung der Situation von Kirchengemeinden vor allem durch den Einsatz technischer Hilfsmittel im Bereich der Kommunikationstechniken oder auch in soziotechnischer Hinsicht durch die Schaffung von vielfältigen Beratungsmöglichkeiten für Kirchengemeinden.

Generell aber konzentrierten sich die Bestrebungen der Kirchen, mit Prozessen der Modernisierung Stand halten zu können, weniger auf eine forcierte Aktivierung und Modernisierung von Kirchengemeinden, sondern mehr auf den Ausbau der übergemeindlichen Dienste, denen man in dieser Hinsicht jahrzehntelang erheblich mehr zutraute. Erst vor kurzem ist dieser Ausbau aufgrund von Ressourcenproblemen offensichtlich an ein zumindest vorläufiges Ende gekommen. Nun richten sich die Hoffnungen der Planer auf etwas Neues, nämlich auf den Ausbau religiöser und kirchlich-kultureller Dienstleistungszentren (Leuchttürme, Kompetenzzentren oder kirchliche Orte), in denen sich die professionelle und finanzierbare Kompetenz der Kirchen bündelt. Im Verhältnis zu diesen religiösen Dienstleistungszentren sollen dann die klassischen kirchengemeindlichen, gemeinschaftlichen oder vereinsähnlichen Aktivitäten hauptsächlich von Ehrenamtlichen getragen werden. Diese Überlegungen sind vor allem für Citykirchen sehr plausibel.

4.1. Konzepte für die Entwicklung von Kirchengemeinden

Fragt man nun, wer sich in den letzten fünfzig Jahren überhaupt positiv für die Selbstorganisations- und Entwicklungsfähigkeit von Kirchengemeinden interessiert hat, so sind dies spezifische theologische und christliche Initiativen, die darauf setzen, dass es nach wie vor eine Art kollektiven christlichen Handelns gibt, das sich mehr oder minder „gemeinschaftlich" entwickeln lässt. Dies galt in der Vergangenheit für egalitär sozialengagierte Konzepte ebenso wie für pointiert missionarisch ausgerichtete. Zwischen diesen Richtungen gab es heftige Deutungskämpfe und Auseinandersetzungen um den Zugang zu Ressourcen. Sie haben sich jedoch zugunsten eines deutlich technisch ausgerichteten Steuerungsinteresses abgeschwächt.

Zwar wird viel über die Profilierung von Kirchengemeinden geredet. Eine betont parteiliche Profilierung ist jedoch in der parochialen Situation ausgesprochen schwierig, weil sie sich beständig gegen die bereits erwähnte Grundlast des Parochialen behaupten muss. Diese Grundlast wirkt sich vor allem in Formen der Arbeitsbelastung von Pastoren und Pastorinnen aus, die sie daran hindern, weitergehende Initiativen in Richtung Profilierung auch durchzuhalten, selbst wenn sie selbst solche Profilierungen präferieren. Nur wenigen gelingt es, die Arbeit so zu organisieren, dass sie selbst von belastenden Grundaufgaben entlastet werden und die Gemeinde entsprechend strukturieren können. Ein klar profilierter Gemeindeaufbau setzt eine frei wählende Mitgliedschaft und entsprechende Finanzierungsstrukturen voraus. Dies aber ist in der gegenwärtigen kirchlichen Struktur in Deutschland abgesehen von den Freikirchen nicht anzutreffen und wird auch nirgendwo angestrebt. Profilierungen bleiben so fragil, da sie vor allem Personen und Gelegenheiten anhaften. Darin liegen durchaus Stärken, was Spontaneität, Individualitätsorientierung und Flexibilität anbetrifft – aber auch erhebliche Schwächen im Blick auf die Stabilität solcher Prozesse. Und vor allem: Nachhaltig organisieren lässt sich dieser personale oder gelegenheitsgebundene Bezug kaum.

In dieser Gemengelage von pastoralen und kirchenleitenden Interessen, unrealistischen Erwartungen und vielfältigen Projektionen scheint unter den gegenwärtigen Umbrüchen das klassische parochiale Denken so gut wie selten zuvor zu funktionieren: Die Zusammenlegung von Kirchengemeinden, eine bessere Regionalplanung, die Bildung von Regionen, die Setzung von Standards usw. stabilisiert das Denken in Parochien, d. h. in regionalen Zuständigkeiten, wie lange nicht mehr. Dies impliziert aber, wie man es auch dreht und wendet, ein hauptsächlich verwaltendes territoriales Bezugsdenken in den Kirchenleitungen und ebenso in den Kirchengemeinden. Ihre Entwicklung wird nicht durch Investitionen in ihre Stärken vorangebracht – man weiß gar nicht, wo ihre Stärken eigentlich liegen könnten –, sondern in eine effizientere, mit weniger Mitteln funktionierende Verwaltung der überkommenen Struktur. Es wird folglich ressourcenmäßig runtergefahren, ohne dass auf der Ebene der Kirchengemeinden Ansatzpunkte vorhanden wären, wieder Kraft gewinnen zu können, um einen Gegentrend, eine wachsende Kirche auf dieser Ebene einzuleiten. Jedenfalls werden sie nicht auf der Ebene der Kirchengemeinden identifiziert. Die organisatorischen Gegenmaßnahmen sind vor allem beschrieben durch die Konzentration von professionellen Kräften bzw. die bereits erwähnte Schaffung von religiösen und kirchlich-kulturellen Dienstleistungszentren. Das mag ja auch ein plausibler Weg sein – die Kirchengemeinde bleibt dann jedoch nur umso mehr in der Parochie zurückgelassen.

Die Alternative hierzu wäre der Übergang zu einem christliche Initiativen und religiöse Produktivität entwickelnden „unternehmerischen" Denken, das nicht von territorialer Zuständigkeit, sondern der Entwicklung von bestimmten Angebotsstrukturen, die auf Abnehmer treffen, ausgeht. Solch ein Denken entwickelt sich allerdings am Rande der Parochie unter spezifischen Bedingungen, was missionarische Aktivitäten oder auch diakonische Aktivitäten im Sinne von Gemeinwesendiakonie anbetrifft.

4.2. Was entwickelt die Gemeinde?

Die Frage nach dem inneren Entwicklungspotenzial von Kirchengemeinden liegt also offensichtlich jenseits der dominierenden Diskussionstendenzen. Wie sich Kirchengemeinden zu neuer Aktivität und Attraktivität entwickeln könnten, wie der schlafende Riese aufgeweckt werden könnte, bleibt offen. Nach wie vor ist die Rede davon, dass die Gemeinde die Basis der Kirche sei, weit verbreitet. Aber nach wie vor gilt auch, was Trutz Rendtorff wunderbar paradox schon 1960 formuliert hat: „Zugleich zeigt sich sehr deutlich, dass ‚Gemeinde' nicht eigentlich einen soziologischen Tatbestand umschreibt, sondern einen nach außen und nach innen gerichteten Appell verkörpert, der mit dem Bewusstsein der mangelnden Realisierung seines Anspruchs durchaus zusammenzugehen vermag."[1] Und nur in dieser Hinsicht gilt, was Dietrich Rössler in seinem „Grundriss der Praktischen Theologie" formuliert hat: „Die einzelne Gemeinde ist das ursprüngliche Organisationsprinzip des religiösen Lebens im Protestantismus. Die Gemeinde ist erste und letzte Instanz, selbst für die Beurteilung des Problems ihrer eigenen Begründung." Und weiter: „dementsprechend gibt es für den evangelischen Christen keine höhere religiöse Lebensform als die Zugehörigkeit zu einer bestimmten Gemeinde." Und noch deutlicher: „Die Gemeinde ist nicht letztes Glied in der Stufenfolge kirchlicher Würde und Autorität, sondern einziges."[2]

Wir stehen noch am Beginn einer wirklichen Erforschung der Kirchengemeinde als einer ausdifferenzierten Handlungsform der Kirche – als ihrer Basisstruktur. Die Frage: Was entwickelt eine Kirchengemeinde? ist unbeantwortet. Lassen sich jedoch Vermutungen anstellen?

Eine Reihe von Beobachtungen kulminieren darin, dass in Kirchengemeinden spezifische organisatorische Kernstrukturen mit Formen der Interaktion auf der Basis von Anwesenheit kombiniert sind. Anders gesagt: Organisation ist stets mit Gemeinschaft gekoppelt. Es scheint so zu sein, dass es gerade diese Kombination zweier durchaus widerspenstiger Sozialformen ist, die die Besonderheiten und auch den spezifischen Charme von Kirchengemeinden ausmachen. Schon Niklas Luhmann hat vor vierzig Jahren festgestellt, dass die Eigentümlichkeiten der kirchlichen Organisation auf dem Umstand beruhen, „dass die Kooperation mit den Leistungsempfängern auf das Gelingen einfacher Interaktionssysteme angewiesen ist und deren eigenen Strukturgesetzlichkeiten folgt. Das Anwesendsein in Gegenwart anderer setzt dem Erleben und Handeln Bedingungen, die nicht die der Organisation sind und den bestehenden Vorschriften nicht selten zuwiderlaufen; Verstöße gegen die Normen der Organisation sind unter Umständen geradezu Bedingungen des von der Organisation ebenfalls gesuchten Interaktionserfolgs. Daraus resultiert eine gewisse Unableitbarkeit solcher Organisation in administrativer und kirchenpolitischer Hinsicht, da nämlich dem Handeln an den Systemgrenzen die Erfolgsbedingungen von der Zentrale nicht mitgegeben werden können und daher auch eine Rechenschaftspflicht schwer durchzusetzen ist. Auf die gleiche Wurzel geht die starke persönliche Inanspruchnahme der beruflich für die Kirche Handelnden zurück: Sie müssen ihre Persönlichkeit als Bedingung des Gelingens oder Misslingens von Kontakten einsetzen und brauchen entsprechend Entlastungen, die sie an idealistischer Selbstüberhöhung, aber auch, wo diese Lösung nicht mehr angenommen wird, in einer Art routinemäßigen Persönlichseins finden können, das von der Distanz zu sich selbst lebt."[3]

Damit zeichnet sich eine spezifische Hybridvorstellung von Kirchengemeinden als ein Gefüge aus der Orientierung auf Organisation und Gemeinschaft ab. Hinzu kommt, was insbesondere die modernen Formen von Citykirchen oder Kirchen als

1 Rendtorff, T. (1960): S. 161.
2 Rössler, D. (1994): S. 586.
3 Luhmann N. (1972): S. 270.

religiöse Dienstleistungszentren anbetrifft, eine Marktausrichtung: Diese bezeichnet eine sehr moderne Orientierung von Kirchengemeinden (z. B. im Bereich der Kirchenmusik), in der bewusst und gezielt Angebote mit dem Interesse, sich auf dem Markt in der Konkurrenz mit anderen zu bewähren, entwickelt werden. Während Gemeinschaften von selbstzweckhaften Zielen her begriffen werden müssen, geht es hier um Erfolge durch den Tausch von Leistung gegen Geld, Mitgliedschaft oder Beteiligung.

Für die Analyse der Ausrichtung von Kirchengemeinden[4] müssen alle drei Aspekte berücksichtigt werden:

- Der Organisationsaspekt von Kirchengemeinden besteht vor allem in der Strukturierung der Tätigkeit der Pastorinnen und Pastoren bzw. der anderen haupt- und nebenamtlich beschäftigten Mitarbeiter und Mitarbeiterinnen. Er greift in Stellen- und Haushaltspläne und die gesamte Einbindung der Kirchengemeinde in übergemeindliche kirchliche oder auch andere kommunale verpflichtende Bindungen. Hier finden sich Organisationsbezüge, die in klassischer Weise Aspekte einer bürokratischen Organisation betreffen. Deswegen herrschen hier auch Bedingungen vor, die die für religiöse Kommunikation typischen Authentizitätserwartungen und Zumutungen geradezu ausschließen. Allzu stark dürfte dieser Aspekt in der Kirchengemeinde folglich nicht „aufgedreht" werden.
- Der Gemeinschaftsaspekt von Kirchengemeinden lässt sich häufig als vieles formatierend und durchdringend erfahren. Er offenbart sich vor allem in verschiedenen Gruppenbildungen in Kirchengemeinden. Über ihn wird das „Familienklima"[5] einer Kirchengemeinde geprägt. Pastoren können vom Organisationsbereich her Gemeinschaftsaspekte prinzipiell nicht aushebeln, da entsprechende Aktionen unmittelbar negativ auf ihr eigenes Handlungsspektrum durchschlagen. Organisationsimperative brechen sich folglich an solchen Gemeinschaftsaspekten. Und: Religiöse Kommunikation vor Ort ist an Gemeinschaft gebunden.
- Schließlich finden sich auch Aspekte des Marktes. Man kann allerdings erwarten, dass sich Kirchengemeinden in dominante Märkte nicht hineinbegeben, weil sie sich dort keine „Absatzchancen" ausrechnen (Ausnahme Kirchenmusik, vielleicht Nischentourismus). Vielfach dürfte sich deswegen ein vor allem negativer Marktbezug in der Arbeit von Kirchengemeinden auswirken, d. h., die Einstellung von Aktivitäten (Jugendarbeit), da sie in der Konkurrenz mit anderen auf den Märkten nicht mithalten können. Es könnte allerdings sein, dass diese Bezüge dann auf eine übergeordneten Ebene, zum Beispiel der Region oder dem Kirchenkreis, delegiert werden.

4 SI (2010).
5 Roosen, R. (1997): S. 524 ff.

Wo und wie aber lässt sich konkret ansetzen, um der Ausrichtung von Kirchengemeinden an diesen drei Aspekten genauer nachzugehen?

4.3. Vorschlag: Analyse des Entscheidungsverhaltens in kirchen-gemeindlichen Leitungsgremien

Wenn es um die Gestaltung der gemeindlichen Aktivitäten geht, ihre Konzeption, die personellen Verantwortlichkeiten und Zuordnungen, die Durchführung und ihre Bewertung, ist der Kirchenvorstand bzw. Gemeindekirchenrat, inklusive oder nebst Pfarrer bzw. Pastorin, das zentrale Gremium für diese Ebene kirchlichen Handelns. Für die Frage, ob und wie sich Gemeinden steuern, ist das Wirken dieses Gremiums also von grundlegender Bedeutung.

Dieses Wirken basiert nicht nur auf Entscheidungen im Sinne von Beschlüssen – die ihrerseits dann auch einer Umsetzung bedürfen. Es ist – weit darüber hinaus – an individuelle oder auch kollektive Wünsche und Vorlieben, Vermeidungshaltungen, Abgrenzungen und – nicht zuletzt – an Stimmungen gekoppelt. Deren Relevanz kennt jede und jeder mit ‚Sitzungserfahrung'.

Zudem gilt es auch die eher banal anmutende Einsicht zu beachten, dass Entscheidungen nicht auf schlichten Fakten, wie hier z. B. die gezählten Teilnehmer beim Gottesdienstbesuch oder die Mitglieder in Gesprächskreisen beruhen, sondern bestenfalls auf deren Deutung. In jedem Fall sind es subjektive oder intersubjektiv gewonnene Wahrnehmungen und Bewertungen, die das in diesem weiten Sinne verstandene Entscheidungsverhalten in Kirchenvorständen bzw. Gemeindekirchenräten steuern.

Dieses Entscheidungsverhalten lässt sich als eine Form sozialer Koordination begreifen, mit der die Gemeinde über die *Mechanismen* Markt, Organisation und Gemeinschaft gesteuert wird.[6] Im Unterschied zu anderen Ansätzen operiert dieses Verständnis nicht etwa mit festen Statusbeschreibungen, wonach man eine Gemeinde z B. entweder als Gemeinschaft oder als Organisation oder – bisher allerdings eher unüblich – als Markt betrachtet. Die bisherigen Darlegungen haben deutlich gemacht, dass solch alternative Betrachtungsweisen die konkreten Beobachtungen eben nicht einfangen.

Vielmehr könnte dem von Helmut Wiesenthal[7] entwickelten „Reglermodell" folgend danach gefragt werden, wie stark am „Mischpult" Gemeinde die Regler Markt, Organisation und Gemeinschaft (M-O-G) aus Sicht der Gemeindeleitungen jeweils ausgesteuert sind.

Die Operationalisierung dieses Modells zum Entscheidungsverhalten in kirchengemeindlichen Leitungsgremien erfordert die Berücksichtigung verschiede-

6 Wiesenthal, H. (2005): S. 223-264.
7 Wiesenthal, H. (2005): S. 223-264.

ner Beurteilungsebenen, auf denen die jeweilige Stellung der Regler M-O-G zu betrachten ist:

- Die individuelle Orientierung bzw. Motivation der Pfarrerin bzw. des Pastors und der Mitglieder des Leitungsgremiums zur Mitarbeit
- die Arbeit des Leitungsgremiums
- die Angebote / Aktivitäten in der Gemeinde
- die Gesamtausrichtung der Gemeinde

Zur Veranschaulichung zeigt die folgende Matrix konkrete Beispiele für die jeweilige Beurteilungsebene:

Abbildung 1: Matrix Beurteilungsebenen

Zum Beispiel ...

		Beurteilungsebenen			
		Individuelle Orientierung /Motivation	**Arbeit im KV**	**Für jedes Angebot / jede Aktivität**	**Gesamtausrichtung der Gemeinde**
Koordinationsmechanismen	**Markt**	Die Bekanntheit und das Image der Gemeinde in der Öffentlichkeit voranbringen	Entwicklung / Einführung neuer Angebote	neue Teilnehmer / Nutzer gewinnen	Gestaltung konkurrenzfähiger Angebote
	Organisation	Verantwortung für die Planung und Durchführung der Gemeindearbeit übernehmen	Klare Leitungsstruktur, Aufgabenorientierung	Erfüllung gesetzter Anforderungskriterien	Zielsetzung und Evaluation (vom Leitbild bis zur Balanced Church Card)
	Gemeinschaft	Kontakt mit KV-Mitgliedern	„Betriebsklima"	Vertrautheit der Teilnehmer/ Nutzerinnen	Zusammenhalt fördern

Hinzu käme dann noch die Frage, in welcher Weise inhaltliche Ausrichtungen auf diesen Beurteilungsebenen zum Tragen kommen. Man könnte hier versuchsweise zwischen sozialen, kulturellen und religiösen Inhalten unterscheiden: Der eine Kirchenvorsteher hat ein besonderes kulturelles Interesse, der andere möchte sich sozial engagieren. Bei dem einen Angebot – wie z. B. beim Gottesdienst – werden religiöse Inhalte stark im Vordergrund stehen, bei dem anderen kulturelle (Kirchenkonzert) oder soziale (Gemeindedienst). Aus all dem ergäbe sich ein Modell zur Untersuchung von Kirchengemeinden, in der die Koordinationsmechanismen Markt, Organisation und Gemeinschaft durch die verschiedenen Beurteilungsebenen hindurch mit kulturellen, sozialen oder religiösen Inhalten in eine Beziehung gesetzt werden.

Eine schematische Darstellung soll dieses Gesamt-Modell veranschaulichen:

Abbildung 2: Verknüpfung inhaltlicher Ausrichtungen mit Beurteilungsebenen

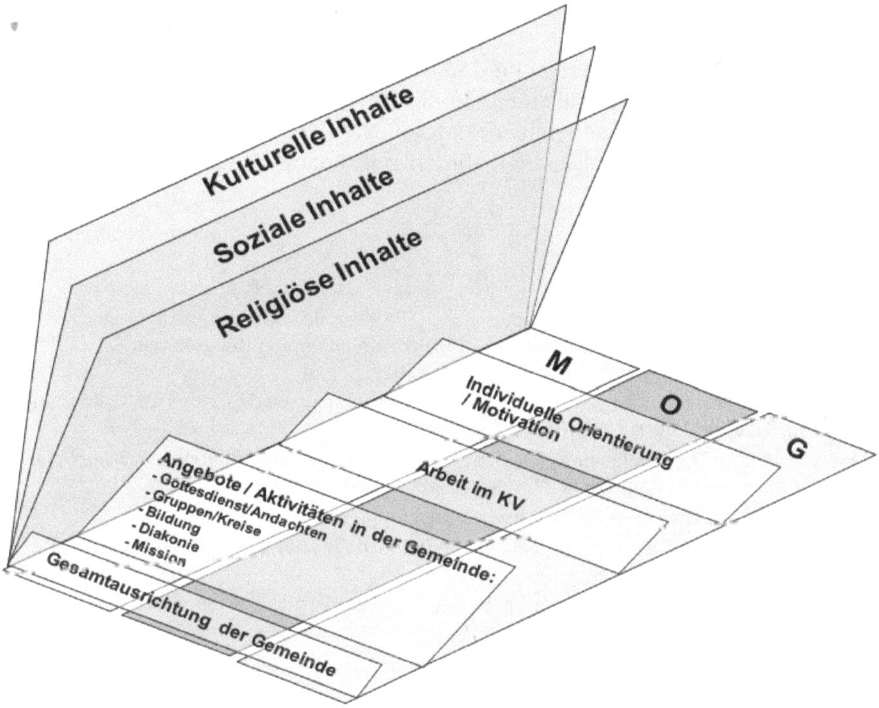

Eine Befragung unter den Leitungsgremien in den Kirchengemeinden (Kirchenvorsteher, Pastorinnen und Pfarrer) könnte dann ermitteln, wie sich aus ihrer Sicht die Kirchengemeinden in diesem Modell zu einem gegeben Zeitpunkt ausrichten. Um über die Momentaufnahme einer solchen Aussteuerung hinaus zu gelangen, braucht es Messwiederholungen, also Folgebefragungen in denselben Gemeindeleitungen (Panel) – im geeigneten zeitlichen Abstand. Eine Verschiebung in der Aussteuerung würde dann eine Veränderung, also Entwicklung in die eine oder andere Richtung anzeigen.

5. Fazit

Auf die Kirchengemeinden richten sich große Erwartungen, aber die Erforschung ihrer tatsächlichen Funktionsweise steht noch am Anfang. Das liegt wohl daran, dass ihre Existenz für viele lange Jahrzehnte zu selbstverständlich war, als dass man großes Augenmerk auf sie richten zu müssen meinte. Für andere war sie als Hort eines überholten Normengehorsams der Kirche unattraktiv geworden und an den Rand der Gesellschaft gerückt. Heute nun rückt sie neu in den Fokus der Aufmerksamkeit: von der Sozialraumplanung über die Gemeinwesendiakonie bis hin zum Kirchenmanagement wird sie wieder entdeckt und es richten sich erneut Hoffnungen auf ihre Belebung.

Voraussetzung für eine Belebung des „schlafenden (?) Riesen" aber bleibt, das Ineinandergreifen der Mechanismen, die ihn bewegen können, zu verstehen. Mit dem hier vorgelegten Modell soll eine Möglichkeit angeboten werden, den Konstellationen, die eine solche Belebung fördern oder hemmen, genauer nachzugehen.

Literaturverzeichnis

Luhmann, N. (1972): Die Organisierbarkeit von Religionen und Kirchen. In: Wössner,J. (Hg.): Religion im Umbruch. Soziologische Beiträge zur Situation von Religion und Kirche in der gegenwärtigen Gesellschaft. Stuttgart. S. 245 – 285

Rendtorff, T. (1960): Die Kerngemeinde im Verständnis des Gemeindepfarrers. In: Goldschmidt/Greiner/Schelsky (Hg.): Soziologie der Kirchengemeinde. Stuttgart. S. 153 – 163

Roosen, R. (1997): Die Kirchengemeinde – Sozialsystem im Wandel. Analysen und Anregungen für die Reform der evangelischen Gemeindearbeit. Berlin/New York.

Rössler, D. (1994): Grundriss der Praktischen Theologie. Berlin.

SI (2010): Wie geht's der Kirchengemeinde? Überlegungen für ein Kirchengemeinde-Panel. Texte aus dem SI. Hannover.

Wiesenthal, H. (2005): Markt, Organisation und Gemeinschaft als „zweitbeste" Verfahren sozialer Koordination. In: Jäger/Schimank (Hg.): Organisationsgesellschaft - Facetten und Perspektiven. Wiesbaden.

Kulturelle Stolperfallen
Wie reagieren Pfarrerinnen und Pfarrer auf Zielstellungen?

Dieter Beese

Die Evangelische Kirche von Westfalen hat vor zehn Jahren durch ihre Reformvorlage „Kirche mit Zukunft. Zielorientierungen für die Evangelische Kirche von Westfalen" (2000) einen umfassenden Reformprozess eingeleitet. Als Mitglied des Prozess-Lenkungsausschusses im Reformprozess „Kirche mit Zukunft" der Evangelischen Kirche von Westfalen (2001-2005) und der Perspektivkommission „Aufgaben und Ziele in der EKvW" (2006-2008) habe ich einige Einblicke in den Reformprozess der westfälischen Kirche gewonnen und ihn als Praktischer Theologe (Schwerpunkt Kybernetik) teilnehmend begleitet. Der Ev. Kirchenkreis Münster hat mit einer Sondersynode 2001 das Reformthema aufgegriffen und versucht, der Herausforderung zur Reform mit seinem Programm „Evangelische Volkskirche in der Diaspora" gerecht zu werden. Daran bin ich als Superintendent intensiv beteiligt. Punktuell bin ich auch mit den Reformprozessen der EKD in Berührung gekommen. Ich wurde gebeten, in dem hier vorliegenden Beitrag vor dem Erfahrungshintergrund meiner Mitwirkung an unterschiedlichen Reformprozessen einige Beobachtungen und Reflexionen zur Reaktion von Pfarrerinnen und Pfarrern auf Zielstellungen mitzuteilen.

Die folgenden Überlegungen haben nicht den Anspruch, den westfälischen Reformprozess und den Reformprozess des Ev. Kirchenkreises Münster abschließend auszuwerten oder ihn auf wissenschaftlichem Niveau zu analysieren. Die Zugangs- und Darstellungsweise ist eher ungeschützt und subjektiv. Sie dient dem Ziel, eine gleichermaßen konsequente wie maßvolle Zielorientierung in der kirchlichen Arbeit zu stärken. Dies erscheint mir als angemessener und zeitgemäßer Gebrauch der Möglichkeiten, die eine presbyterial-synodale Kirchenordnung gibt, um der Verheißung und dem Auftrag des Evangeliums von Jesus Christus in der Verkündigung und der Ordnung der Kirche zu entsprechen.

Dem Pfarrdienst kommt dabei besondere Bedeutung zu. Er verhält sich aufgrund seiner besonderen Eigenart auffallend eigensinnig gegenüber Reform- und Planungsprozessen im Allgemeinen wie gegenüber zielorientiertem Handeln im Besonderen. Dies kann zu Situationen führen, die von zielorientierten Reformplanern als kulturelle Stolperfallen wahrgenommen und erlebt werden. Stolperfallen können jedoch bei allem Anstoß, den sie erregen, auch als kreative Denkanstöße genutzt werden. Dann verhelfen Sie dazu, aufrechten Gang, Bodenhaftung und den festen Blick auf das Ziel des Glaubens (Phil. 3,13-16)[1] miteinander zu verbinden.

1. Zielorientierung als Thema

Zielorientiertes Denken und Handeln erfährt in offenen Gesellschaften unter den Bedingungen der Globalisierung gleichermaßen eine Relativierung wie auch eine Renaissance. Je größer die Möglichkeiten sind, mit denen Menschen auf ihre soziale und natürliche Umwelt Einfluss nehmen können, desto mehr hängt davon ab, welche Entscheidungen getroffen, welche Ziele verfolgt, welche Methoden angewandt, welche Bündnisse geschlossen und welche Mittel eingesetzt werden. Dies führt dazu, dass die Notwendigkeit ethischer Reflexion und Orientierung für die Lebensgestaltung zunehmend offensichtlich wird und kybernetische Fragen für die Selbstgestaltung der Kirche an Bedeutung gewinnen.

Die Renaissance zielorientierten Denkens verdankt sich der vielfältigen Möglichkeiten, die Folgen geplanten Handelns kontinuierlich zu beobachten, zu kommunizieren und auszuwerten. Große Ressourcen werden in die elektronische Kommunikations- und Medientechnik investiert. Die Verkehrsinfrastruktur wird ausgebaut und selbstverständlich genutzt. Arbeitsbeziehungen werden in kommuni-

1 „13 Meine Brüder, ich schätze mich selbst noch nicht so ein, dass ich's ergriffen habe. Eins aber sage ich: Ich vergesse, was dahinten ist, und strecke mich aus nach dem, was da vorne ist, 14 und jage nach dem vorgesteckten Ziel, dem Siegespreis der himmlischen Berufung Gottes in Christus Jesus. 15 Wie viele nun von uns vollkommen sind, die lasst uns so gesinnt sein. Und solltet ihr in einem Stück anders denken, so wird euch Gott auch das offenbaren. 16 Nur, was wir schon erreicht haben, darin lasst uns auch leben."

kativer und struktureller Hinsicht organisatorisch perfektioniert. Damit lassen sich Zielvorgaben wesentlich schneller und präziser umsetzen als zuvor. Verlässlich erwartbare und verifizierbare Ergebnisse können zeitgleich gesichert werden. Durch zielorientiertes strategisches Handeln mit dem Instrumentarium moderner Organisations- und Personalentwicklung und Kommunikationstechnik können auch die Partizipations- und Integrationschancen von Personen und Gruppen, die bis dahin von Entwicklungs- und Entscheidungsprozessen ausgeschlossen sind, erheblich wachsen. Kompetenzen wie Eigenverantwortlichkeit, Fähigkeit zu interkultureller Kommunikation und Kooperation und eine Feedbackkultur tragen dazu bei, auch über große räumliche und kulturelle Distanzen hinweg gemeinsames Handeln zu orientieren und zu realisieren. Internationale Hilfsorganisationen wie Brot für die Welt, Misereor und eine Vielzahl ökumenischer Projekte geben dafür ein Beispiel.

Allerdings besteht jederzeit das Risiko, ein Maß an Überkomplexität und Größe zu erreichen, das praktisch nicht mehr steuerbar und ethisch nicht mehr integrierbar ist, so dass Planungsdilemmata eintreten. Dazu kommt: Organisiertes Handeln findet jederzeit in machthaltigen Räumen statt. So kann gerade die erstrebte Effektivität und Effizienz zum Problem werden. Dominante Interessen mit entsprechenden Machtpotentialen setzen sich wirksam gegen schwächere Mitspieler durch, Machtgefälle verschärfen sich zu Ungunsten der Unterlegenen, Zielbildungen werden durch Lobbyismus manipuliert, wahre Ziele verschleiert und vorgebliche Ziele propagiert. Der Verzicht auf Selbstdurchsetzung aufgrund vorausschauender Einsicht im Interesse der Lebensmöglichkeiten künftiger Generationen ist nach Hans Jonas[2] die höchste denkbare und zugleich notwendige menschliche Leistung. Von der Erbringung dieser Leistung hängt es ab, welche Qualität des Lebens möglich ist und welche Zukunftschancen es hat. Weithin sind Menschen jedoch selbst bei gutem Willen mit dem Anspruch verantwortlicher Selbststeuerung individuell ebenso überfordert wie als Gemeinschaft.

In Frage gestellt wird zielorientiertes Denken angesichts einer offensichtlichen Ernüchterung nach der Planungseuphorie der siebziger Jahre des 20. Jahrhunderts. Die technischen und moralischen Steuerungsdilemmata in Folge einer Logik des Misslingens insbesondere in Politik, Ökonomie und Bildung sind offensichtlich: Hypertrophe Ansprüche wie Halbierung der Arbeitslosigkeit in einer Nationalökonomie oder Überwindung der Armut als globales Millenniumsziel stehen in dramatischem Widerspruch zu gesellschaftlicher Desintegration, ökologischen Desastern, drohenden Staatsbankrotten und humanitären Katastrophen aufgrund verfehlter Steuerung.

Der ideologische Missbrauch vorgeblich humaner Ziele gibt Anlass, behaupteten wünschenswerten Zielstellungen zu misstrauen: Angeblich werden Demokratie und Menschenrechte eingeführt und der Terror bekämpft. Aber militärische Interventionen verschärfen bestehende Konflikte, fordern einen hohen Tribut an Men-

2 Jonas, H.(1979).

schen und Material und hinterlassen anarchische Verhältnisse. Angeblich werden Kundenwünsche global optimal und preisgünstig bedient. Aber die internationalen Abhängigkeitsverhältnisse führen durch selbst erzeugten Kostendruck zu skandalösen Unrechtsverhältnissen in und gegenüber den ökonomisch schwächsten und politisch instabilsten Regionen der Erde. Gesellschaften werden durch vermeintliche Reformen für eine Zukunft in weltweiter Konkurrenz neu formiert, aber die Kosten und Lasten dafür werden auf die Bevölkerung des eigenen Landes oder auf die Bewohner ohnehin gefährdeter Entwicklungsländer abgewälzt, während wachsende Vermögen sich auf einen immer kleiner werdenden Kreis von Personen konzentrieren. Friedens- und Migrationspolitik, Finanzmanagement und Gesundheits- oder Bildungsplanung: Auf allen Handlungsfeldern gelingt zielorientiertes Handeln, das dem Wertgehalt der Menschenrechtscharta entspräche, auch in Deutschland offenbar immer nur in einem zwar beachtlichen aber doch zugleich schmerzlich begrenzten Rahmen.

Die Kirchen in Deutschland spüren seit der grundlegenden Veränderung der politischen Situation nach dem Sturz der Mauer wie alle anderen Teile der Staaten und ihrer Gesellschaften weltweit einen hohen Veränderungsdruck, der vertraute Traditionen und Formen in Frage stellt. Weithin wird diese Veränderungsdynamik innerkirchlich und gesellschaftlich als Krise der Kirche kommuniziert. Die Reaktionen darauf verlaufen weithin gleichförmig: Strukturelle Anpassungen und Reduktion der Ausgaben. Tiefgreifende Konflikte begleiten diese Prozesse, in denen die Sozialgestalt der Kirche zur Debatte steht. Den überkommenen theologischen Programmen entsprechend werden Kirchenbilder artikuliert, die sich legitimierend und handlungsleitend im Sinne von Reformimpulsen oder vorsichtigen Anpassungsstrategien oder im Sinne entschiedenen Beharrens auf überkommenen Formen und Mentalitäten auswirken.

Kirchenreformen beruhen auf der Hoffnung und auf dem Vertrauen, dass es theologisch angezeigt und auch realisierbar ist, die Entsprechung von Botschaft und Ordnung der Kirche durch zielorientiertes Handeln zu befördern. Deshalb spielt Zielorientierung in Reformprozessen eine zentrale und auch umstrittene Rolle.

In Kirchenreformen kommt dem Pfarramt entscheidende Bedeutung zu, ist doch die evangelische Kirche ein Geschöpf des Wortes Gottes und wird durch das Wort Gottes geleitet, dessen Predigt dem Pfarramt aufgetragen ist. Deshalb ist es sinnvoll, sich der Frage zu stellen, wie Pfarrerinnen und Pfarrer auf Zielstellungen reagieren. Das Evangelium von Kreuz und Auferstehung Jesu Christi, das durch das Pfarramt öffentlich verkündigt wird, zielt auf einen neuralgischen Punkt: Was verdient den Namen „Leben“, wenn dem Glauben an Jesus Christus Neues Leben verheißen ist, das Ewiges Leben zu sein beansprucht?

Der Pfarrdienst arbeitet sich nicht zufällig, sondern notwendigerweise im Lichte des Zuspruchs und Anspruchs des Wortes Gottes an den Möglichkeiten und Grenzen menschlichen Handelns und an den Voraussetzungen und Folgen teleologischen Denkens ab. „Im Unterschied zum zyklischen Verständnis der Welt als ewiger Kreislauf [...] hat das Christentum ein ausgesprochen geschichtliches Weltverständnis entwickelt, demzufolge das Dasein mit der Schöpfung begonnen hat und mit der Weltvollendung seinen Abschluss finden wird. Anfang und Ende, Urzeit und Endzeit greifen nicht als naht- und geschichtslose, nur durch ein menschliches Zwischenspiel voneinander getrennte Pole ineinander; vielmehr führt nach christl[ichem] Verständnis von dem als Schöpfung geschichtlich verstandenen Anfang auch ein geschichtlicher Weg zu dem als Ziel und Bestimmung der Schöpfung begriffenen Ende, das mehr enthalten wird, als am Anfang war."[3]

Die christliche Gemeinde trägt also durch ihren „vernünftigen Gottesdienst im Alltag der Welt" (Röm 12,1-3) als cooperator Dei, wie sie glaubt, dazu bei, dass es zu dem „Mehr" *in der Geschichte* kommt, durch das sich Ursprung und Ziel kategorisch voneinander unterscheiden. Das Ewig Gleiche soll sich nicht stets ungebrochen wiederholen. Die Kirche vermittelt durch ihre Wesens- und Lebensäußerungen das Vertrauen darauf, dass Ursprung und Ziel der Geschichte im dreieinigen Gott selbst liegen. Glaube enthält den Handlungsimpuls, durch gemeinsame tätige Liebe aus Glauben in der Hoffnung auf Gottes Kommen dazu beizutragen, sich dem verheißenen Ziel der Versöhnung und Vollendung zu nähern. Das Pfarramt kommuniziert durch sein Wirken Gottes Wort als Zuspruch und Anspruch und zielt auf des Menschen Antwort als Glaube und Liebe.

Das Evangelium von Jesus Christus widersetzt sich der Stratifizierung der Geschichte durch menschliche Planung und ersetzt den alten Menschheitstraum von der Weltherrschaft (Sein wie Gott) durch die Hoffnung auf das Kommen des Gekreuzigten in Herrlichkeit. Innovation und Umkehr, Zukunft und Advent, Planung und Fügung, Sichtbarkeit und Verborgenheit, Nähe und Ferne stehen in eschatologischer Spannung zueinander. Damit provoziert jedes Reformdenken einen prinzipiellen Diskurs über die theologische Legitimität von Zielstellungen.[4] Dieser Diskurs wird auf der Ebene der konkreten kirchlichen Praxis der evangelischen Kirche vornehmlich im Pfarramt geführt.

3 Bauder, W./Link H.-G.(1979).

4 Im biblischen Sprachgebrauch ist zu unterscheiden zwischen den Wortgruppen um [1] *eggys* („nahe" im Gegensatz zu „fern sein"), [2] *eschatos* („äußerster", „letzter", „geringster" im lokalen, temporalen und qualitativen Sinne) [3] *telos* („Drehpunkt", „Scharnier", „Kulminationspunkt", „Ziel", „Ende" als Ziel einer Bewegung, Vollendung und Vervollkommnung) und [4] *skopos* (Phil. 3,14: das Ziel, das ins Auge gefasst und behalten wird, um – alles Andere zurücklassend - den Preis der Berufung nach oben durch Gott in Christus zu erlangen). Je nach Schwerpunktsetzung erkennen Pfarrerinnen und Pfarrer eine theologisch legitime Zielstellung eher in der spirituellen (Gottesnähe), sozial-kommunikativen (Rangumkehrung), existentialen (Eigentlichkeit), oder ethischen (Pragmatik) Dimension des Glaubens. (Bauder / Link 1979, S. 1486) Im Konflikt um zielorientiertes *Handeln* ergeben sich daraus entsprechende Positionen und Konfliktlinien.

1.1. Westfälische Ziele -„Kirche mit Zukunft"- Kirchenreform in Westfalen

1.1.1. „Was wir wollen..." – die Forderung nach Zielorientierung

Vor zehn Jahren hat die Evangelische Kirche von Westfalen durch die Reformvorlage „Kirche mit Zukunft. Zielorientierungen für die Evangelische Kirche von Westfalen" in der gesamten westfälischen Landeskirche eine breite Diskussion über die Sozialgestalt der Kirche auf der Ebene der Kirchengemeinden und Kirchenkreise in Gang gebracht: „Was wir wollen. Zielorientierung in der Kirche". Mit dieser programmatischen Forderung brachte die Autorengruppe ihre Erwartung an die Kirche der Zukunft auf den Punkt.[5] Sie bezog sich dabei ausdrücklich auf die Reformimpulse Wolfgang Hubers und die Forderungen von Rüdiger Schloz, griff also programmatisch die Reform- und Planungsdebatten der 70er Jahre auf: Die Kirche müsse ihren Auftrag auf neue Weise ernst nehmen, ihren Ort in der Gesellschaft überzeugend wahrnehmen und sich strukturell von einer Behörde mit ihren Mentalitäten zu einer mitgliederfreundlichen Organisation wandeln.[6]

An die Reform*vorlage* schloss sich mit der Landessynode 2001 ein Reform*prozess* an, der seinerseits zielorientiert angelegt war. Ein von der Kirchenleitung eingesetzter Prozess-Lenkungsausschuss steuerte diesen Prozess. Der Ausschuss bildete die Schaltstelle für vier Projektgruppen, die sich mit den Schwerpunktthemen Kirchenbild, Mitarbeit, Pfarrdienst und Leitungsstrukturen befassten. Die vier Zieldimensionen Glauben leben, Menschen gewinnen, Mitglieder stärken, Verantwortung übernehmen, geben den Reformbemühungen eine allgemeine Richtung. Zielorientierung wurde insgesamt zu einem wesentlichen Bestandteil des Reformprozesses in der westfälischen Kirche. Der Prozess schloss nach fünf Jahren förmlich ab. Eine Reihe von Dokumenten sicherte das offizielle Ergebnis.

Der Aspekt der Zielorientierung selbst war bis zum förmlichen Abschluss des Reformprozesses in Westfalen nur am Rande Gegenstand einer expliziten Diskussion. Auch fanden eine methodische Operationalisierung der vier Zieldimensionen und eine Zielerreichungskontrolle nicht statt. Die Beziehung zwischen der Reformorganisation in Projektgruppen und der Regelorganisation mit ihren Routinen war nicht spannungsfrei. Aufgrund dieser Erfahrung gewann die Forderung zunehmend an Gewicht, den Reformimpuls „Kirche mit Zukunft" und die Steuerungsmaßnahmen der Regelorganisation in einer theologischen Perspektive zu integrieren und im Rahmen einer abgestimmten Zuordnung der „Aufgaben und Ziele in der EKvW" auf allen Ebenen und in allen Bereichen der Landeskirche zu verbinden. Die Kirchenleitung legte zur Landessynode 2008 einen entsprechenden Bericht vor, den eine aus hauptamtlichen Kirchenleitungsmitgliedern und Superintendenten zusammengesetzte Perspektivkommission erstellt hatte. Derzeit wird

5 EKvW(2000):S. 8-10.
6 Ebd.

in Westfalen kritisch und lebhaft diskutiert, inwieweit diese Fortschreibung des Reformprozesses dem Auftrag der Kirche entspricht.

Pfarrerinnen und Pfarrer sind in vielfacher Hinsicht an den Debatten und Entscheidungen beteiligt und von ihnen betroffen. Das Angebot bzw. die Zumutung, zielorientiert zu arbeiten, stößt in der Pfarrschaft auf ein höchst ambivalentes Echo, das von hohen Erwartungen über einen kritisch- entspannten Umgang bis zu prinzipieller Ablehnung reicht. Ich will dies im Folgenden entfalten.

1.1.2 Kirchenordnung und Pfarrdienstrecht

Die Kirchenordnung und das Pfarrdienstrecht sprechen von Auftrag, Aufgaben und Pflichten, nicht von Zielen. Begründet ist der Auftrag des Pfarramts mit seinen Rechten und Pflichten in der Ordination. Bestenfalls implizit kann von einer Zielvorgabe gesprochen werden.

Dies schlägt sich in den Formulierungen der Ordnung der Kirche und des Pfarrdienstes nieder. Die Kirchenordnung der EKvW spricht im Abschnitt II. Ämter und Dienste in der Kirchengemeinde, A. Das Amt der Pfarrerin und des Pfarrers, vom „Auftrag" der Verkündigung und Sakramentsverwaltung (Art. 20 (1) 1), vom „Dienst der Unterweisung und Seelsorge" (Art. 20 (1) 2) und von der „Berufung" zur Leitung der Kirchengemeinde in gemeinsamer Verantwortung mit den Presbyterinnen und Presbytern (Art. 20 (2) 1). Aus Auftrag, Dienst und Berufung ergeben sich die „besonderen Aufgaben" der Pfarrerinnen und Pfarrer: Leitung des öffentlichen Gottesdienstes, Vollzug der Amtshandlungen, Seelsorge, Förderung des kirchlichen Dienstes an Kindern, Jugendlichen und Erwachsenen, „dass der missionarische Auftrag erfüllt, Liebe geübt wird und Gerechtigkeit waltet." (Art. 21, Zitat: (1) 4) Eine Dienstpflicht besteht gegenüber der Kirchengemeinde, aber auch gegenüber der gesamten Kirche, weshalb der Pfarrerin oder dem Pfarrer auch entsprechende zusätzliche Aufgaben übertragen werden können (Art. 21 (2) 1 u. 2). Aus der Dienstpflicht ergeben sich die Amtspflichten, die durch eine Dienstanweisung geregelt werden.

Lediglich aus der Formulierung „dass der missionarische Auftrag erfüllt, Liebe geübt wird und Gerechtigkeit waltet" (s. o.) kann eine implizite Zielorientierung erhoben werden. Diese jedoch bezieht sich nicht direkt auf das Pfarramt, sondern darauf, dass der Dienst der Kirche an Kindern, Jugendlichen und Erwachsenen geschieht und dabei durch das Pfarramt gefördert wird und durch das Pfarramt Mitwirkung erfährt. Wann also der missionarische Auftrag der Kirche durch den benannten Dienst erfüllt, wann Liebe geübt wird und wann Gerechtigkeit waltet, wird nicht näher bestimmt. Dies könnte, beispielsweise in einem Gemeinde-, Kirchenkreis- und Landeskirchenkonzept, Gegenstand einer Zielorientierung sein: Sofern die Indikatoren a, b und c zuträfen, wären die benannten Ziele in einer gewissen Weise (aber nicht hinreichend oder gar abschließend) entsprechend einer einschlägigen Planung und Abstimmung erreicht. Eine Zieldefinition im strengen

Sinne ist von der Natur der Sache her aber prinzipiell ausgeschlossen. Die Erfüllung des missionarischen Auftrags, der Nächstenliebe und der Gerechtigkeit stehen unverfügbar unter eschatologischem Vorbehalt.

Das Pfarrdienstrecht konkretisiert die Vorgaben der Kirchenordnung. Sein Fokus richtet sich dementsprechend nicht auf Institutions- oder Organisationsziele, sondern auf die Aufgaben und Pflichten der Person im Amt. Diese ist in ihrer Lebensführung, in ihrem dienstlichen wie in ihrem außerdienstlichen Verhalten ihrem Auftrag verpflichtet, an die ganze Gemeinde gewiesen und in die Dienstgemeinschaft aller Mitarbeitenden hineingestellt. Auch ihre Pflichten als Gemeindeglieder hat die Amtsperson gewissenhaft zu erfüllen. (PfDG § 32) Eine darüber hinaus gehende Verpflichtung des Pfarramts gegenüber irgendwelchen Zielvorgaben besteht nicht.

Über die Art und Weise, wie Pfarrerinnen und Pfarrer die Pflichten erfüllen, die sich aus ihrem Auftrag ergeben, wird keine Aussage getroffen. In der Wahl der Arbeitsmethoden besteht also im Rahmen von Dienst, Auftrag und Amtspflicht völlige Freiheit. Allerdings lassen sich die Verpflichtung zur Verkündigung an die tatsächliche Gemeinde in einer bestimmten Zeit und an einem bestimmten Ort sowie die gemeinsame Leitungsverantwortung mit den Presbytern für die Gemeinde- und Kirchenleitung unter den jeweils aktuellen Bedingungen mit mangelnder Sorgfalt und unterbestimmter Professionalität nicht vereinbaren.

In der Pflicht zur Fortbildung auch nach abgeschlossener Ausbildung kommen das Interesse der Kirche an einer auftragsadäquaten Amtsführung und damit ein Qualitätsanspruch des kirchlichen Dienstes zum Ausdruck. Die öffentliche Verkündigung des Evangeliums setzt voraus, dass wissenschaftliche Erkenntnisse der historisch-kritischen Forschung für eine verantwortliche Schriftauslegung beachtet werden. Auftragsgemäße Seelsorge setzt voraus, dass wissenschaftliche Erkenntnisse der Psychologie in die Amtstätigkeit einbezogen werden. Verantwortliche Leitungstätigkeit bedarf einer hinreichend intensiven Beschäftigung mit den Voraussetzungen und Methoden der Leitung von Institutionen und Organisationen und der Führung von Personen, mit denen sich entsprechende Zweige der Sozialwissenschaften und des Kirchenrechts befassen. Kenntnis, Übung und Erfahrung mit eingesetzten Instrumenten sind für eine auftragsgemäße Amtsführung unabdingbar. Sie geben Verhaltenssicherheit und bieten Entlastung durch stabilisierende Routinen angesichts komplexer Situationen im Dienst der Aufgabenwahrnehmung.

Da die Kirche ihren Pfarrerinnen und Pfarrern Schutz und Fürsorge in ihrem Dienst zu gewähren hat (PfDG § 2 (2) 2), muss sie darauf achten, dass Personen in der Wahrnehmung ihres Amtes nicht überfordert werden, sondern adäquat aus- und fortgebildet werden. Durch geschwisterliche Beratung und Dienstaufsicht muss die Kirche ihre Amtsträger nicht zuletzt aus seelsorglichen Gründen zu einer Amtsführung anhalten, in der Amt und Person auftragsgemäß zusammenwirken.

1.1.3. Pfarrberuf und Kirchenreform

Berufsbild

In der Reformvorlage „Kirche mit Zukunft“ (2000) wird der Pfarrberuf (in der Reihenfolge nach den ehrenamtlichen und hauptamtlichen Mitarbeitenden) wie die ganze Kirche zum *Gegenstand zielorientierter Entwicklungsplanung*: „Ziel muss sein,“ so die Vorlage, „durch eine gute Ausbildung, Wertschätzung von Engagement, Förderung von Fähigkeiten und Klärung der Aufgaben die besonderen Chancen zu nutzen, die für die Kirche auch heute noch im Pfarramt liegen.“[7] Die erstrebte Reform des Pfarrbildes ist einer Kultur der Wertschätzung und Anerkennung verpflichtet. Diese soll durch eine professionelle Personalentwicklung, die Verbesserung der Rahmenbedingungen und die Einbettung in den gesamten Auftrag der Kirche deutlich werden. Zugleich wird jedoch angemahnt, das Profil des Pfarramts zu schärfen und klare Prioritäten zu setzen. Dies hat Auswirkungen auf die individuelle Amtsführung: Pfarrerinnen und Pfarrer bedürfen einer gesamtkirchlichen Haltung und eines breiten Spektrums an Kompetenzen (theologische, spirituelle, seelsorgliche, pädagogische, soziale und diakonische, ökumenische und kybernetische Kompetenz).

Insbesondere die Forderung nach kybernetischer Kompetenz von Pfarrerinnen und Pfarrern greift den Aspekt der Zielorientierung wieder auf. Sie macht die Pfarrerin und den Pfarrer zum *Subjekt zielorientierter Entwicklungsplanung*. Kybernetische Kompetenz im Pfarramt wird beschrieben als „Fähigkeit zu planvollem, zielgerichtetem Handeln, Selbstorganisation, Prioritätensetzung, Zukunftsorientierung, Leitungs- und Steuerungsfähigkeit, Kenntnis von verschiedenen Methoden (z. B. für die Bereiche Moderation, Bildung, Gruppenprozesse), Fähigkeit zur Kontrolle von Arbeitsergebnissen, Grundkenntnisse in Verwaltung, Finanzen, Recht und Baufragen.“[8] Diese markante Profilierung des Berufsbildes im Sinne eines Planers und Gestalters der kirchlichen Sozialgestalt steht in nachweislicher Spannung zum pastoral-seelsorglich konturierten pfarramtlichen Selbstbild, wie es in Berufszufriedenheitsbefragungen zu Tage tritt. Die Berechtigung und Verpflichtung, im Pfarrdienst institutionell- organisatorische Leitungsverantwortung wahrzunehmen (im Unterschied zu operativen Verwaltungstätigkeiten) ist durch die Kirchenordnung nicht nur gedeckt, sie könnte auch einen Hinweis geben auf eine gewisse einseitig idealisierende Selbstwahrnehmung in der Pfarrschaft. Diese blendet die von der Kirchenordnung und der Tradition des Pfarramtes vorgegebene kybernetische Dimension des Pfarramts in Teilen aus und führt zu Entfremdungserfahrungen zwischen idealem Selbstbild und beruflicher Alltagserfahrung. Die Impulse der Kirchenreform heben demgegenüber wieder ins Bewusstsein, dass im

7 EKvW(2000): S. 46.
8 EKvW (2000): S. 50.

ordinierten Amt die Leitungsverantwortung im gesamtkirchlichen Kontext und der Verkündigungs-, Seelsorge- und Lehrauftrag zusammen gehören.

Personal

Im weiteren Verlauf des westfälischen Reformprozesses entstanden Dokumente, die den Aspekt der Zielorientierung weiter in der Kirche verankerten.

Zu den ersten Ergebnissen der Projektgruppen des Prozesses zählten die „Grundsätze für Leitung, Führung und Zusammenarbeit in der EKvW". Sie „dienen", wie es in der Einleitung heißt, „der Verbesserung der Zusammenarbeit und der Klärung der Leitungs- und Führungsverantwortung in der Kirche unter Beachtung der presbyterial-synodalen Ordnung."[9] Die Grundsätze gehen davon aus, dass die Kirche sich durch ihren Auftrag von Unternehmen und Vereinen ebenso unterscheidet wie von staatlichen und kommunalen Behörden und deshalb *eigene* Leitungs-, Kooperations- und Kommunikationsstrukturen entwickelt. Leitung durch Zielvereinbarungen dient in dieser Sichtweise der institutionellen Selbstbestimmung der Kirche bei der Wahrnehmung ihres Auftrags und bei der Erfüllung ihrer Aufgaben. Sie trägt dazu bei, gemeinsam erarbeitete Rahmenvorgaben zielorientiert und verbindlich umzusetzen.[10] Sowohl bei Mitarbeitenden wie auch bei „Personen in Leitungs- und Führungsverantwortung" soll eine Überprüfung der Zielerreichung stattfinden. Pfarrerinnen und Pfarrer erscheinen hier implizit als *Ausübende und Betroffene zielorientierter Personalentwicklung und -führung.*

Bestandteil der Grundsätze für Leitung, Führung und Zusammenarbeit ist das regelmäßige Mitarbeitendengespräch. Der „Leitfaden für das Regelmäßige Mitarbeitendengespräch in der Evangelischen Kirche von Westfalen" trifft dazu grundsätzliche und praktische Aussagen. Das Regelmäßige Mitarbeitendengespräch (RMG) wird zwischen Vorgesetzten und Mitarbeitenden, aber auch zwischen Dienstaufsicht führenden Pfarrerinnen und Pfarrern mit den Pfarrerinnen und Pfarrern ihres Verantwortungsbereichs geführt. Der Leitfaden erklärt das RMG zu einem „grundlegenden Leitungsinstrument". Es sei ein „wesentlicher Baustein der Personalentwicklung in der EKvW":[11] „Die oder der Vorgesetzte spricht mit den Mitarbeitenden über deren berufliche Situation und Entwicklung mit dem Ziel, die Arbeitszufriedenheit, die Arbeitsergebnisse und die Zusammenarbeit zu würdigen und zu verbessern. Dazu gehört auch, Gaben zu erkennen, sich auf Ziele zu verständigen und Kriterien zu verabreden, die eine angemessene Einschätzung und Beurteilung der Ergebnisse ermöglichen." [12] Zugleich heißt es: „Für beide Seiten muss klar sein, es geht um einen regelmäßigen und fairen Dialog zwischen zwei gleichberechtigten Gesprächspartnern. Das Regelmäßige Mitarbeitendengespräch

9 EKvW(2003): S. 3.
10 Ebd.: S. 5.
11 EKvW(2004): S. 6.
12 Ebd.

ist kein Kontroll- und kein Beurteilungsinstrument – weder für die direkten noch für die nächst höheren Vorgesetzten." [13] Ob die vermeintliche Gleichberechtigung der Gesprächspartner den tatsächlichen Gegebenheiten entspricht und entsprechen kann, sei dahingestellt. Pfarrerinnen und Pfarrer fungieren jedenfalls im RDG als interne Kommunikatoren. Sie sind *Beteiligte an einer zielorientierten Beeinflussung der kirchlichen Binnenkultur.*

Dienst- und Handlungsgemeinschaft

Das „Kirchenbild" mit dem Titel „Unser Leben. Unser Glauben. Unser Handeln" nimmt eine nicht unwesentliche Zuordnung vor. Entsprechend dem didaktischen Schema Sehen – Urteilen – Handeln erfolgt zunächst eine beschreibende Darstellung des vorfindlichen kirchlichen Lebens, dann eine allgemeinverständliche kurze Auslegung des Bekenntnisses zum dreieinigen Gott mit biblischen Bezügen. Das Handeln der Kirche wird schließlich als zielorientiertes Handeln beschrieben: „Auf der Grundlage unseres Glaubens lassen wir uns von Zielen leiten, die den vielfältigen Aktivitäten in unserer Landeskirche die gemeinsame Ausrichtung geben." [14]

Kollektives Handlungssubjekt ist die Evangelische Kirche von Westfalen, die sich als Handlungsgemeinschaft mit Wir-Formulierungen artikuliert, z. B.: „Wir machen uns auf den Weg zu den

Menschen." Oder: „Wir sind offen und einladend." Zu diesem „Wir" zählen die haupt- und ehrenamtlich Mitarbeitenden, wie auch die (im Kirchenbild anders als in der Reformvorlage an erster Stelle genannten) Pfarrerinnen und Pfarrer. Pfarrerinnen und Pfarrer sind hier angesprochen als *Mitverantwortliche für eine Dienstgemeinschaft als zielorientierte Handlungsgemeinschaft.* Der zweite Teil des Kirchenbildes „Unsere Geschichte. Unser Selbstverständnis" verweist in einem besonderen Abschnitt zum Selbstverständnis der westfälischen Kirche darauf, dass in dieser Gemeinschaft das Allgemeine Priestertum aller Getauften und das ordinierte Amt sich gegenseitig bedingen und ergänzen.[15]

Mitgliederorientierte Organisation

Das zielorientierte Handeln der evangelischen Kirche nimmt institutionell-organisatorische Gestalt an in der Form einer konzeptgestützten Planung in Kirchengemeinden und Kirchenkreisen. Der Leitfaden „Gemeinde auf gutem Grund. Eine Hinführung zur Erstellung von Gemeindekonzeptionen für Kirchengemeinden und Kirchenkreise. Kriterien – Planungshilfen – Arbeitsfolien" beruht auf einem Beschluss der Landessynode 2005: Alle Gemeinden und Kirchenkreise in der Evan-

13 Ebd.: S. 7.
14 EKvW(2004a): S. 20.
15 EKvW (2004b): S. 25.

gelischen Kirche von Westfalen sind aufgefordert, eine Konzeption zu erstellen, die zehn vorgegebenen Kriterien entsprechen soll. Eines dieser Kriterien nimmt den Aspekt der Zielorientierung auf: Die Konzeption „benennt […] auf die Gemeindewirklichkeit bezogene Leitsätze und Ziele für das Ganze der Gemeindearbeit und die einzelnen Arbeitsfelder der Gemeinden für einen festgelegten Zeitraum (ca. vier Jahre).“ Sie „enthält Regelungen zur Umsetzung der Leitsätze und Ziele in der Gemeindearbeit und zur regelmäßigen Überprüfung (spätestens alle vier Jahre) und Fortschreibung […]“.[16]

Pfarrerinnen und Pfarrer sind ausdrücklich in ihrer Verantwortlichkeit für die Konzeptentwicklung und Zielstellung der Kirchengemeinden und Kirchenkreise mit ihren Einrichtungen und Diensten genannt. De facto tragen sie aber als Mitglieder der Presbyterien von Amts wegen und als ordinierte Amtsträger die entscheidende persönliche Mitverantwortung für das Zustandekommen und die Qualität der Konzepterstellung. Sie begegnen hier als stillschweigend vorausgesetzte *Hauptverantwortliche für die zielorientierte Organisationsentwicklung* der kirchlichen Gemeinden, Einrichtungen und Dienste.

Die Ergebnisse und Erfahrungen aus dem Reformprozess „Kirche mit Zukunft“ und die Diskussion über das Impulspapier „Kirche der Freiheit“ sind aufgenommen und weitergeführt worden im Perspektivpapier „Aufgaben und Ziele in der EKvW“. Das Papier „bietet einen Orientierungsrahmen, der – orientiert am Kirchenbild der EKvW – (1) einen Vorschlag für die gemeinsame Steuerung von Aufgaben auf allen drei kirchlichen Handlungsebenen (Aufgabenpriorisierung) enthält, (2) eine Zuordnung von Aufgaben und Ebenen zur Entwicklung mittelfristig lebensfähiger Einheiten anbietet, (3) einen Orientierungsrahmen für die Qualität der Entscheidungsprozesse bereitstellt.“[17] Mit Hilfe von Zielstellungen für das Jahr 2020 will dieses Perspektivpapier dazu beitragen, dass der Anspruch des Kirchenbildes der EKvW: „Auf der Grundlage unseres Glaubens lassen wir uns von Zielen leiten, die den vielfältigen Aktivitäten unserer Landeskirche in unserer Landeskirche die gemeinsame Ausrichtung geben“,[18] verbindlich und nachvollziehbar eingelöst wird. Wie im Leitfaden zur Konzeptentwicklung, so wird auch im Bericht „Aufgaben und Ziele“ keine explizite Aussage über den Pfarrdienst getroffen. Das Pfarramt ist aber in seiner gesamtkirchlichen Dimension, die in der Ordination begründet ist, beteiligt und in die Verantwortung genommen. Der Pfarrdienst ist Teil der kirchlichen Dienstgemeinschaft. Er steht je an seinem Verantwortungsort zugleich in der Gesamtverantwortung für das Zeugnis und den Dienst der evangelischen Kirche.

Im Perspektivpapier „Aufgaben und Ziele“ findet sich die folgende grundlegende Aussage zur Zielorientierung kirchlichen Handelns: „Dass wir durch Zielorientierung führen, haben wir im Kirchenbild […] und in den ‚Grundsätzen für Führung, Leitung und Zusammenarbeit‘ festgelegt. Das neue Visitationsgesetz

16 EKvW(o. J.): S. 18.
17 EKvW (2008): S. 3.
18 EKvW (2004)

sieht ausdrücklich Zielvereinbarungen zur Ergebnissicherung vor.[19] Über die Erarbeitung und Operationalisierung von Zielen können wir verbindlich vereinbaren und schrittweise sichtbar machen, wer welche Beiträge zur Erreichung der gemeinsamen Ziele (Menschen gewinnen, Mitglieder stärken, Glauben vermitteln, Verantwortung übernehmen) beiträgt und wer sie auf welcher Ebene in welchem Bereich einbringt. Aus den Zielvereinbarungen in den Handlungsfeldern der Verfassungsebenen [...], die den Gesamtzielen entsprechen, ergeben sich Qualitätsstandards, die zu erfüllen sind. D. h.: Qualitätsstandards gelten nicht unabhängig von unseren selbst gesetzten Zielen. Die Qualität unseres Handelns bemisst sich vielmehr daran, dass unser Handeln der Erreichung unserer Ziele dient. Die Legitimation der Ziele im Rahmen der geltenden Ordnung unserer Kirche ist von wesentlicher Bedeutung. Die Kirche hat ihre Ziele selbst theologisch zu reflektieren und zu verantworten und kann sich ihre Ziele nicht vorgeben lassen. Hier kommt das Kriterium der ‚Mitgliederorientierung' zur Geltung: Am Evangelium orientierte und zu orientierende Glieder der Kirche (in Organisationsperspektive: Mitglieder) nehmen im Hören auf das Evangelium das Wort Gottes wahr und antworten darauf in abgestufter Mitwirkungsverantwortung." [20]

Pfarrer werden somit zu *Sachwaltern der Mitgliederorientierung als Qualitätsziel der kirchlichen Arbeit.* Präses Alfred Buß verknüpft die Handreichung „Mitgliederorientierung als Leitbegriff kirchlichen Handelns" ausdrücklich mit den Zielen des Kirchenbildes der EKvW: „Die Menschen mit all ihren Sinn- und Lebensfragen ernst nehmen, ihnen offen und einladend die biblische Botschaft weitergeben und sie dabei unterstützen, den christlichen Glauben zu entdecken – dies benennt das Kirchenbild unserer Landeskirche als Ziele des kirchlichen Handelns. // Diese Ziele schließen ein, Menschen als Adressaten der biblischen Botschaft in den Blick zu nehmen und ihre Lebenssituation zu verstehen. Nur wer sich an den Menschen orientiert, wird mit ihnen die orientierende Kraft des Evangeliums entdecken können. Dies meint der Begriff der Mitgliederorientierung." [21]

Auftragsorientierte Institution

Im Leitfaden „Pfarrberuf mit Zukunft" wird der Pfarrdienst unter Berücksichtigung der aktuellen Pfarrbilddiskussion ausdrücklich und in extenso in einem kirchenoffiziellen Dokument beschrieben. Ausgehend vom Ordinationsvorhalt gilt die besondere Aufmerksamkeit der Qualitätssicherung des Pfarrdienstes. Als wesentliche Qualitätsmerkmale für den Pfarrdienst lassen sich identifizieren: die Freiheit des

19 „Der Visitationsbericht ist im Leitungsorgan der Visitierten innerhalb von sechs Monaten zu behandeln. Aus dem Bericht werden Zielvereinbarungen zwischen den visitierenden und visitierten Leitungsorganen entwickelt, deren Umsetzung nachgehalten wird." (VisG § 4 (3) 1,2.).

20 EKvW (2006): S. 12.

21 EKvW (2005): S. 5.

Amtes, das geistliche Leben, der Auftrag zur Stärkung der Gläubigen, kollegiale und ephorale Begleitung sowie eine klare sachliche und zeitliche Wahrnehmung und Abgrenzung der pastoralen Aufgaben. Von Zielen ist die Rede im Blick auf „die Grundlagen und Ziele des eigenen [!] Handelns in der jeweiligen [!] Gemeinde oder im Kirchenkreis“.[22] Aufgrund der Besonderheit des Amtes wird eine detaillierte quantifizierte Arbeitszeitregelung abgelehnt. Das Pfarramt wird profiliert als auftragsorientierte Institution. Pfarrerinnen und Pfarrer treten hier in die *Verantwortung für die Qualitätsziele pastoralen institutionellen Handelns* ein. Zur Sicherung z. B. der Gottesdienstqualität „lassen sich“ aus den Kriterien des Gottesdienstbuches „konkrete Handlungsziele für die Gottesdienstgestaltung entwickeln und in einer Gemeinde umsetzen.“ [23]

Der Leitfaden repräsentiert einen behutsamen Versuch, die Kernfunktionen des Pfarramts mit der zielorientierten Leitung und Entwicklung der Kirchengemeinde (bzw. anderer kirchlicher Körperschaften, Einrichtungen und Dienste) zu verbinden. Dies geschieht, indem für die Einführung einer Dienstvereinbarung über die Dienstanweisung hinaus plädiert wird. Die Dienstanweisung, in der die Verantwortlichkeiten des Pfarrdienstes innerhalb der Gemeinde (Schwerpunktaufgaben, zusätzliche Aufgaben, Vertretungsregelungen) beschrieben werden, vermittelt die Organisations- und Personalentwicklung der Gemeinde mit der profilierten Amtstätigkeit der ordinierten Person. Das Pfarramt repräsentiert in der Gestalt einer konkreten exponierten Person das theologische Thema im Spannungsfeld von (präsenter) Institution („immer schon und so auch jetzt, was wir auch gut machen wollen“) und (zukunftsorientierter) Organisation („jetzt noch nicht ganz, aber bald schon mehr und besser, wenn wir uns Mühe geben“).

2. Zielorientierung – Selbstverständlichkeit und Provokation

2.1. Zwischen Planungseuphorie und Verweigerung

Zielorientiertes Handeln ist selbstverständlich. In einer Welt der Organisationen geht das nicht anders. Kein Verband, kein Verein, kein Unternehmen kann seinen Auftrag erfüllen, wenn keine Klarheit darüber besteht, was erreicht und bewirkt werden soll: Einflussnahme auf die Willensbildung anderer, Erhöhung der Mitgliederzahl, Steigerung der Einnahmen und Senkung der Kosten. Man kann sich darüber streiten, ob und inwieweit bestimmte Ziele sinnvoll sind, wie etwa Vollbeschäftigung als Staatsziel, Shareholder value als Unternehmensziel, nützliche Erkenntnis als Forschungsziel oder die Ausbildung arbeitsfähiger Gesellschaftsmitglieder als Bildungsziel. Ist aber ein Ziel erst einmal gesetzt, so werden ihm alle

22 Hervorhebungen vom Verfasser. EKvW (2009): S. 10.
23 EKvW (2005): S. 16.

Ressourcen und Verfahren funktional zugeordnet, und alles Handeln erhält seine Berechtigung ausschließlich von diesem Ziel her, so lange es als maßgeblich gilt.

Charles Montesquieu stimmte einst in seinem Geist der Gesetze (1748) das hohe Lied auf die Langsamkeit der Verwaltung durch die Beamten an: Jene bekömmliche Langsamkeit dämpft und verzögert die überspannten Ideen der Fürsten, bis allzu hochtrabende Pläne auf ein menschlich verträgliches Maß geschrumpft sind.[24] Was für die politische Steuerung die administrative Macht des Faktischen ist, kann für die kirchliche Steuerung der Eigensinn des pastoralen Amtes und eine von ihm geprägte kirchliche Binnenkultur sein. Ehrgeizige Globalzielplanungen leitender Instanzen landen dann schließlich als unverbindliche Richtungsimpulse in den Kirchengemeinden, Einrichtungen und Diensten. Andererseits: Wie ein wiehernder Amtsschimmel beflügelnde Ideen des Souveräns unter seine Hufe bringen und in Grund und Boden treten kann, so können inspirierende Reformideen kirchlicher Synoden und Bischöfe einer déformation professionelle des Pfarrberufs zum Opfer fallen. Dann fällt nur ein Bruchteil des kostbaren Saatguts auf fruchtbares Land. Die Hoffnung des Glaubens, dass die Saat trotz der Hitze theologischer Grundsatzdebatten, der widerspenstigen Dornen und der eklektisch pickenden Vögel aufgeht und zur Zeit der Ernte vielfältig Frucht bringt, wird dann durch die Zeiten tragen.

In der Kirche jedenfalls erzeugt die Erwartung, zielorientiert zu handeln, ein zwiespältiges Echo. Das Spektrum reicht von den außerordentlich ambitionierten Planungen des Impulspapieres „Kirche der Freiheit", das seine Ziele bis in das Jahr 2030 spannt und ihm ein entsprechendes Pfarrbild zuordnet, bis zu entschiedenem Widerspruch, der in der angeblichen Kirche der Freiheit nur eine „Kirche der Macher" erkennen kann.[25] Reformorientierte Zielplanungsprozesse erfreuen sich nicht nur tatkräftiger Unterstützung, sie stoßen auch auf deutlichen Widerstand. Die kirchliche Kultur will sich zielbestimmten Masterplänen nicht recht fügen; sie lässt sich nicht einfach mit einem Netz, einer Matrix oder einem System von Zielstellungen überziehen. Wer sich auf den Weg macht, kirchliche Arbeit umfassend zielorientiert zu gestalten, kommt bald in Kontakt mit kulturellen Stolperfallen und dabei, wenn es übel ausgeht, heftig zu Fall.

24 „Was wäre aus der herrlichsten Monarchie der Welt geworden, wenn die Beamten nicht durch ihre Langsamkeit, ihre Beschwerden und Gesuche sogar die Tugend ihrer Könige in ihrem Lauf gebremst hätten? Diese Monarchen hätten nur auf ihre große Seele gehört, und die Dienste, die ihnen in verschwenderischer Tapferkeit und Treue geleistet wurden, mit ebenso verschwenderischer Belohnung vergelten wollen." (5. Buch, 10. Kapitel „Über die prompte Ausführung in der Monarchie").

25 Beim Zukunftskongress in Wittenberg 2007 hatte ich die Gelegenheit, mich in einem Statement „Versöhnung mit der praktischen Vernunft" zum Impuls des Rates der EKD im Sinne einer mittleren Linie zu äußern: www.kirche-im-aufbruch.ekd.de/images/Dokumentationsband.pdf., S. 35-37. Siehe auch: EKD (2007): S. 42-50.

2.2. Das Pfarramt und sein Eigensinn

In besonderer Weise widerständig und eigensinnig ist das Pfarramt. Während zielorientiertes Handeln den Herausforderungen der Gegenwart, ihren Notwendigkeiten und ihrer Logik entspricht, verhält sich das Pfarramt demgegenüber unzeitgemäß und unangepasst. Woher kommt das? Die Existenz und Funktion des Pfarramts ist – wie das Sein und Wesen der Gemeinde insgesamt - nicht durch Handlungsziele legitimiert. Es erweist seine Daseinsberechtigung nicht durch Selbstbehauptung in der Konkurrenz oder Erfolg in den Augen des Publikums oder in der seiner Funktionalität entsprechend definierten Standards, nicht einmal durch die Zufriedenheit des Handlungssubjekts selbst. Seine Legitimation und seine Verpflichtung fließen aus den vergangenen Taten Gottes, die in die Tradition eingegangen sind, aus der stetigen Gegenwart Gottes, die hier und jetzt in Glauben, Liebe und Hoffnung immer schon ans Ziel kommt, und aus der künftigen Vollendung in Gott, die in jedem Falle vom Ende aller menschlichen Möglichkeiten her auf die Welt zukommt. Diese in dreifacher Hinsicht auf den Advent Gottes ausgerichtete Kontur des Pfarramts ist konstitutiv für das Werden und Sein der Kirche des Wortes Gottes und lässt sich durch keinerlei Planungen domestizieren.

Das ist die eine Seite. Gleichzeitig gilt: Das Wort wurde Fleisch, die Gemeinde lebt jeweils in ihrer Zeit. Sie folgt ihrer Mission für die Menschen ihrer Zeit mit ihren Worten, ihren Taten und auch durch ihre Ordnung. Widerwillige Zugeständnisse an den bösen Zeitgeist oder die arge Welt entsprechen nicht der frohen Botschaft, die in Freimut und Zuversicht ausgerichtet sein will. Wer den Juden ein Jude und den Heiden ein Heide wird, der wird auch der offenen differenzierten Gesellschaft mit ihren vielfältigen Aufgaben eine intermediäre Organisation und den verunsicherten und von Desintegration bedrohten Menschen eine verlässliche Institution sein. Die Gemeinde Jesu gibt Gott und den Menschen Rechenschaft sowohl über den Grund der Hoffnung, der in ihr ist, wie auch über ihr Tun und Lassen, in welcher sozialen Gestalt sie auch immer auftreten mag. Sie weiß: Wer einen Turm bauen will, überschlägt die Mittel, ob er es auch zu Wege bringe. Andernfalls macht er sich lächerlich. Zugleich hört sie aber auch die Mahnung: Des Menschen Herz erdenkt sich seinen Weg, Gott aber lenkt seinen Schritt. Man wird von einem paradoxen Planungsmandat sprechen können. Die Gemeinde mit ihrem Pfarramt plant, als plante sie nicht.

2.3. Wort und Antwort

Das mir gestellt Thema „Kulturelle Stolperfallen. Wie reagieren Pfarrerinnen und Pfarrer auf Zielstellungen?“ verbindet zwei Perspektiven: die Planer- und Leiterperspektive und die Perspektive derer, die von Planungen oder Planungserwartungen betroffen sind oder ihr skeptisch gegenüberstehen. Eine „Stolper*falle*“ droht dem, der hochgemut losgeht und dabei etwas Wichtiges übersieht. Was für ihn eine

Stolperfalle ist, etwa eine vermeintlich zu überwindende überlieferte Mentalität oder verkrustete Struktur, das ist Anderen ein vertrauter, behaglicher, ja geradezu gesegneter Ort oder sogar ein heilsamer, womöglich heiliger Anstoß, ein Stein, von den Reich-Gottes-Bauleuten verworfen, der zum Eckstein werden kann. Zielstrebige Planer sind dem Risiko, in Stolperfallen zu Fall zu geraten besonders ausgesetzt. Vielleicht sind sie aber auch als Berufene, als zum Leitungsamt durch das Wort Ordinierte, einfach von ihrer Mission beseelt: In ihrer Perspektive erscheinen widerstrebende Pfarrerinnen und Pfarrer als solche, die auf Zielstellungen „reagieren", während andere schon längst „agieren": Während Moses auf dem Weg ins gelobte Land *voran*zieht, murrt das Volk und sehnt sich nach den Fleischtöpfen Ägyptens *zurück* und verweigert sich nicht nur der menschlichen, sondern auch der göttlichen Führung.

Eine Kultur des Stolperns und die Re-Aktion als eigentliche Aktion könnten sich gleichwohl als bemerkenswert attraktiv und ansprechend für den Umgang mit Zielstellungen erweisen. Wenn Stolpern keine Katastrophe und die Re-Aktion auf eine stets vorausgehende Aktion, nämlich das ständige Voraussein Gottes, die sachgemäße und menschengerechte Struktur christlicher Lebensführung ist, dann könnten unsere Füße auf einen weiten Raum des entspannt - verbindlichen Umgangs mit Zielen zu stehen und in Bewegung kommen.

3. Spontane Experten-Kurzinterviews

Wie reagieren Pfarrerinnen und Pfarrer auf Zielstellungen? Die folgenden fünfzehn nach dem Zufallsprinzip durchgeführten spontanen Experten-Kurzinterviews spiegeln aus der Außen- und Innenperspektive des Pfarramts die Reaktion von Pfarrerinnen und Pfarrern auf Zielstellungen. Gefragt wurden Pfarrerinnen und Pfarrer, aber auch andere haupt- und ehrenamtlich Mitarbeitende sowie einfache Mitglieder der Kirche. Der Gesprächsimpuls lautete: Bitte äußern Sie sich spontan in drei Punkten zum Thema „Pfarrer und Zielstellungen".

Drei grobe Tendenzen lassen sich dabei beobachten, die auch Anhalt an der Alltagserfahrung haben: Sowohl innerhalb wie auch außerhalb der Pfarrschaft, also bei anderen hauptamtlichen kirchlich Mitarbeitenden wie ehrenamtlich oder gar nicht in der Kirche beschäftigten Mitgliedern, finden sich

- grundsätzlich Anfragen oder starke bis vorsichtige Vorbehalte gegenüber einer zielorientierten Dienstwahrnehmung,
- eine eher pragmatische, auf Sachgemäßheit und Professionalität in der Handhabung gerichtete Sichtweise,
- eine zielorientierte (a) kritisch analytische, eine (b) fordernde sowie eine (c) positiv zustimmende Haltung gegenüber Zielstellungen in der Kirche.

3.1. Anfragen und Vorbehalte

Kunsthistorikerin, ehrenamtliche Chorsängerin, 28 J.

Vielleicht ist „Zielorientierung“ nur ein neues Wort für das, womit man sich sowieso abfinden muss, nur jetzt unter einem anderen Etikett. Dann kann ich den möglichen Widerstand von Pfarrern verstehen.

1. Auf die konkreten Ziele kommt es an und auf die Art und Weise, wie sie erreicht werden sollen: Die Kirche könnte ja ein Ort sein, an dem es nicht darauf ankommt, Ziele zu erreichen und Erfolge vorzuweisen. Dann gelten Selbstzweck und Eigenwert statt Effektivität und Effizienz.
2. Die Angst wird eine Rolle spielen: Ist Kirche jetzt wie jedes andere Unternehmen und arbeitet mit Vorfestlegungen unter dem Gewand von Vereinbarungen? Zwar braucht es Klarheit, aber jeder muss sich auch angenommen wissen, wie er ist. Cui bono? Wem kommen die Ziele zu Gute? Wenn das meinen Zielen entspräche, fände ich das sogar gut.

Pfarrfrau, psychosoziale Einzelfallbegleiterin, ehemalige Presbyterin, 54 J. (versetzt sich hypothetisch in die Pfarrer-Rolle):

Alle wollen immer, dass man losgeht. Man fühlt sich getrieben: Jetzt geht’s in der Kirche auch schon darum, einen Punkteplan abzuarbeiten. Ist bisher alles schlecht und planlos? Wo bleiben Individualität und Selbstbestimmung? Erfahren die Pfarrer selber das, was sie mit anderen tun sollen?

1. „Die Gemeinde will das nicht.“ Es braucht einen langen Atem, wenn man nicht gleich von mehrheitlicher Zustimmung ausgehen kann. Will ich wirklich andere mitbestimmen und zum Zuge kommen lassen?
2. Das Gesamtziel muss akzeptabel sein. Bei uns also: „Wir wollen dafür sorgen, dass Frau N. noch allein in ihrer Wohnung leben kann.“ Dann ziehen auch alle an einem Strang, um das Ziel zu erreichen.

Kreiskirchliche Pfarrerin, 46 J.

In einer Zielmatrix steht nicht alles, was ich tue. Dadurch bleibt vieles unsichtbar.

1. Zielstellungen vermitteln mir das Gefühl, Erwartungen der Leitung nicht zu genügen.
2. Zielstellungen zu lesen ist das Eine. Kontinuierlich darüber zu reden, bleibt unverzichtbar.

Kritische Anfragen an zielorientiertes Denken und Handeln im Pfarrberuf, wie sie in den Statements thematisiert werden, lassen sich unter folgenden Aspekten notieren:

Ethisch wird gefragt: Entspricht eine emphatisch und modisch eingeforderte Zielorientierung der wahren Situation? Die Pfarrerinnen und Pfarrer sind davor zu schützen, dass mit aufgeputzten Worten und illusionären Hoffnungen (Wachstum) oder leeren Drohungen (Zukunftslosigkeit) lediglich ein zentralistischer und ekklesiastischer Machtanspruch durchgesetzt wird. Publizierte Reformziele und die Behauptung, mit bestimmten Maßnahmen ließen sich vorgestellte Ziele überhaupt erreichen, entpuppen sich bisweilen als schlichte verbale Verkleidung von Entscheidungen, die ohnehin vollzogen werden: strukturelle Anpassung an das allgemeine Trends, die landauf landab immer auf dasselbe hinauslaufen: Stellenabbau, Mittelkürzung, Gebäudevermarktung. Statt für 1.000 bin ich nun eben für 3.000 Gemeindeglieder allein zuständig, natürlich mit wachsenden Aufgaben und weniger Personal und Haushaltsmitteln bei gestrichenem Urlaubs- und Weihnachtsgeld.

Theologisch-anthropologisch kann gefragt werden: Welches Menschenbild wird uns für die pastorale Praxis nahe gelegt? Wird die Gemeinde dadurch zu einer richtigen Gemeinde, dass sie Planungsziele erreicht und Erfolge vorweist? Eine derartige Versuchung zur Werkgerechtigkeit führt gern den Hochmut und die Resignation im Schlepptau, den Stolz auf die vermeintlich perfekte Gemeinde und die Traurigkeit und Enttäuschung über das bleibend Menschlich Allzumenschliche, das man nicht los wird. Was ist aus der Freiheit vom Gesetz geworden? Sie macht doch erst die Gemeinde zu einer richtigen Gemeinde. Hier muss niemand etwas vorweisen. Das macht die Kirche zu einem Ort der Freiheit. Zielorientierung ist das Ende der Freiheit eines Christenmenschen, weil sie zu einem Exzess an Beobachtung, Dokumentation und Kontrolle führt kann.

Kybernetisch wird die Frage aufgeworfen: Wie bildet sich das unterscheidend Christliche in der Sozialgestalt und Kultur der Gemeinde Jesu ab? Wenn alle Welt Leitbilder entwickelt, entwickeln wir auch Leitbilder. Wenn alle Welt zielorientiert handelt, entdecken auch wir Zielbildungen und Zielplanungen. Wenn jeder sich mit sich selbst beschäftigt, beschäftigen wir uns auch mit uns selbst und machen Controlling. Womöglich setzt sich etwas fort, das mit der Ehe von Thron und Altar begonnen hat, durch die Kollaboration mit autoritären Systemen diskreditiert ist und nun dem ökonomistischen Machbarkeitswahn verfällt: Die Vergesslichkeit gegenüber dem notwendigen Entsprechungsverhältnis von Botschaft und Ordnung der Kirche. Der Entsprechung von Botschaft und Ordnung wird nicht durch vermeintlich erreichbare Handlungsziele Genüge getan, sondern darin, dass Ortsgemeinden sich als geschwisterliche Gemeinschaften um Wort und Sakrament versammeln und im Glauben aus dem Hören auf das Wort im Gehorsam das Evangelium in Zeugnis und Dienst verbreiten.

Ideologiekritisch wird notiert: Wem nützt der neue Trend zielorientierten Handelns? Profitieren nicht am Ende die jeweils aktiven und an den Schaltstellen der Organisationsmacht sitzenden Eliten und grauen Eminenzen? Solange das Pfarramt in Gottesdienst, Amtshandlung, Lehre und Seelsorge eine Institution ohne Ansehen der Person für die ganze Gemeinde repräsentiert, haben auch alle ohne Ansehen der Person Zugang zum öffentlichen Zeugnis des Evangeliums. Sobald aber Zielgruppen gebildet, Handlungsziele formuliert und Profile geschärft werden, sind eben die nicht priorisierten Personen und Gruppen außen vor. Das werden eher die sein, die nichts zur gelobten Zielerreichung beitragen können und immer als die Ersten zu den Letzten gehören.

Seelsorglich wird bemerkt: Jede Zielorientierung enthält unausgesprochen eine latente Abwertung dessen, was ist, nicht die Stärkung und Ermutigung dessen, was schwach ist und sich erst langsam entwickeln können muss. Die unausgesprochene Forderung lautet: Werde endlich, was du noch nicht bist, aber längst sein solltest. Genüge den Ansprüchen und weise das nach. Sie lautet nicht: Du bist schon längst etwas, trau dich, es tatsächlich zu sein. Pfarrerinnen und Pfarrer fragen, ob sie selbst erfahren, was sie an anderen tun sollen: Ermutigung, Anerkennung, Stärkung als Ziel des christlichen Dienstes am Menschen, und nicht ein Mehr an Forderung und Erwartungen bei gleichzeitigem Weniger an Vertrauen und Unterstützung.

3.2. Sachliche und professionelle Anforderungen

Diplompsychologin, 25 J.

1. Die Reaktion hängt davon ab, wie die Pfarrer eingestimmt, vorbereitet und einbezogen sind.
2. Sie hängt weiterhin davon ab, wie einsichtig der Nutzen und wie hoch der Zusatzaufwand eingeschätzt wird.
3. Sie hängt schließlich davon ab, wie kurzfristig die Ziele zu erreichen sind.

Erzieher und Student der kognitiven Neurowissenschaft, 26. J.

1 .Aus der Erzieher-Ausbildung kann das Kriterium herangezogen werden: In welcher Haltung wird die Zielstellung vermittelt? Werde ich klar konfrontiert?
2. Wird meine Haltung und Urteilsfähigkeit in Frage gestellt?
3. Sind die Annahmen über den jeweils Anderen und die gegenseitigen Erwartungen richtig oder falsch?

Gemeindepfarrer, 48 Jahre (Mittlere Kreisstadt)

1. Zielorientierung in der Gemeinde heißt für mich, systematisch zu arbeiten und sich nicht einfach von den Dingen überrollen zu lassen, die über einen kommen.

2. Dazu gehört, sich in einem abgestimmten Prozess mit Kollegen und Gemeindeleitung zu verständigen.
3. Außerdem gehört dazu eine Zeitvorstellung (Was wollen wir bis wann erreichen?), Mittelvorstellung (Wie kommen wir dahin?), Bündnispartner (Wer kann uns helfen?) und Ressourcen (Was brauchen wir dafür?).

Psychologisch ist menschenfreundlich und fachgerecht vorzugehen. Wer Menschen dazu bringen will zielorientiert zu handeln, und Pfarrerinnen und Pfarrer sind eben auch Menschen, der muss schlichtweg professionelle Standards beachten: Pfarrerinnen und Pfarrer sind in Zielstellungen einzustimmen, vorzubereiten und einzubeziehen. Theoretisches und praktisches Handwerkszeug müssen zur Verfügung gestellt und eingeübt werden. Aufwand und Ertrag müssen stimmen, und das Erfolgserlebnis des ersten erreichten Ziels darf nicht zu lange auf sich warten lassen.

Pädagogisch gilt dasselbe: Gibt es eine glaubwürdige Haltung bei denen, die den sozialen und emotionalen Bildungsprozess zur Zielbildung anstoßen und leiten? Wo Lernen gelingen soll, müssen Transparenz und Erwartungsklarheit herrschen. Es ist unglaubwürdig, wenn diejenigen, die Zielorientierung propagieren, selbst nicht transparent ihr Handeln offen legen und sich daraufhin befragen lassen, ob sie selbst tun, was sie von anderen erwarten. Die Konfrontation mit berechtigten Lernanforderungen ist zu unterscheiden von einer Infragestellung der Haltung und Urteilsfähigkeit derer, die für zielorientierte Arbeit gewonnen werden sollen. Die Lernziele des Erkenntnis- und Übungsfortschritts bei zielorientiertem Arbeiten bedürfen einer adäquaten wechselseitigen Wahrnehmung derer, die sich im gemeinsamen Lernprozess bewegen.

Ethisch ist zu sagen: Wer Ziele erreichen will, oder wer Menschen dazu bringen will, Ziele zu erreichen, der muss ihnen auch die Zeit und den Raum dazu geben, also das richtige Maß finden. Die pastorale Kultur orientiert sich traditionell eher am 23. Psalm als am Bild vom Wettkampf der Athleten im Stadion (1. Kor. 9,24-27). Außerdem sind das Pfarramt und die Gemeinde über Generationen hinweg geprägt. Zudem hat niemand das Recht, eine Gemeinde gegen ihren Willen zu zwingen, sich in einen Marathonläuferverein oder eine Sprintstaffel zu verwandeln. Wer sich entwickeln soll, braucht dazu Zeit und Raum. Das verträgliche Maß wird verfehlt, wo Maßlosigkeit herrscht. Andererseits entspricht es berechtigter Erwartung, anvertraute Gaben und Talente auch nutzbringend einzusetzen nach dem Maß, in dem sie gegeben sind. Davon ist auch Rechenschaft abzulegen.

Kybernetisch ist insbesondere auf die kommunikativen und kooperativen Anforderungen zielorientierter Vorgehensweise zu achten. Abstimmung mit Pfarrkollegen und Gemeindeleitung, die Ermittlung des richtigen Maßes für die Zeitplanung, die Wegfindung und den Mitteleinsatz, die Bereitschaft, sich auch von Dritten helfen zu lassen, wirken zusammen. Sie sind Teil der Sache selbst, um die es im Auftrag der Kommunikation des Evangeliums geht. Wer systematisch arbeitet und sich nicht von den Dingen überrollen lässt, die vermeintlich über ihn kommen, erlebt sich als Subjekt christlicher Freiheit, die verantwortlich gestaltet.

Damit klingt bereits ein theologisch-inhaltlicher Aspekt teleologisch ausgerichteter Methodik in der kirchlichen Arbeit an.

3.3. Wertschätzung zielorientierten Handelns - Analyse und Kritik fehlender Zielorientierung

Leitende Pädagogin, 51 J.

1. Pfarrer und Ziele? [Spontan heiteres Gelächter].
2. Für sich selbst beanspruchen Pfarrer nach Verabredungen in der Regel einen großen Freiraum für Interpretationen. Gegenüber anderen, z. B. Mitarbeitenden können Ziele und deren Einhaltung dagegen nachdrücklich eingefordert werden.
3. Das ist eine echte Ambivalenz, die in der Besonderheit des Pfarramts begründet ist.

Landeskirchlicher Verwaltungsbeamter, höherer Dienst, 58 J.

1. Immer wieder erklärungsbedürftig ist die Ziel - Mittel - Relation bei Veranstaltungen: Was und wen wollen wir erreichen, und welche Form mit welchem Aufwand ist dafür erforderlich?
2. Ich komme leider von ganz schlechten Beispielen her: Pfarrer haben oft nicht im Blick, dass außer Pfarrern auch noch andere Menschen zu Veranstaltungen kommen, die etwas Bestimmtes brauchen (Technik, Verpflegung, klare Abläufe, Verlässlichkeit).
3. Sie haben kein Gespür für Finanzen und können nicht zwischen repräsentativ und protzig unterscheiden.

Pfarrerin, promovierte Seelsorgerin, 49 J.

1. Pfarrer tun sich schwer, messbare Ziele zu formulieren und sich nachher den Erfolg messbar vor Augen zu führen. Auch in der Seelsorgeausbildung hatte der Empathiebegriff lange etwas Zielloses.
2. Das Ziel der basileia tou theou [Gottesherrschaft] ist schon als Zukunft antizipiert. Mit Gottes Gegenwart ist das Ziel schon erreicht, also wozu Zielplanung? „Ziele? O, Hilfe!“ - „Wir sind schon längst am Ziel.“
3 .Die kollegiale Kultur folgt der Regel: Es gehört sich nicht, eigene berufliche Ziele zu formulieren, gleich ob karriereorientiert oder gemeindebezogen.

Geschäftsführender Pfarrer im Bildungsbereich, 48 J.

1. Die vermeintliche Selbstverständlichkeit der Pfarraufgabe verhindert eine bewusste Selbstorganisation. Im Unterricht wäre das völlig undenkbar: Didaktische Reduktion ist unbedingt nötig, aber in der Gemeinde fallen Prioritätensetzung und Schwerpunktbildung schwer.
2. Die Konzentration auf das Thema Wortverkündigung und das tradierte Berufsethos (Gottesdienste, Besuche) lassen oft den Blick zum Horizont nicht zu: „Es ist alles sowieso immer schon da."
3. Eine latente depressive Verstimmung wird durch Zielstellungen manifest: „Ich leide ohnehin schon, und jetzt kommt der noch mit seiner Zielplanung..."

Superintendentin, 47 J.

1. Pfarrer können sehr schwer Ziele für sich formulieren.
2. Sie verwechseln oft Mittel und Ziele. Bei Gemeindekonzepten gibt es mehr Beschreibungen als wirkliche Ziele.
3. Pfarrer folgen gern persönlichen Zielen. Das hat etwas Beliebiges.

Verwaltungsleiterin, 57 J.

1. Wie andere Menschen auch sind Pfarrer eben unterschiedlich. Einige haben Ziele, andere sind ziellos. Das gilt für gemeindliche wie für persönliche Ziele. Manche haben etwas vor, andere haben sich eingerichtet.
2. Ich finde, es müsste allen klar gemacht werden, wie wichtig Ziele sind, um etwas zu erreichen.
3. Pfarrer sind oft „frei schaffende Künstler", die stark nach Lust- und Neigungsprinzip agieren. Das wird schwierig, wenn die innere Bindung fehlt. Rechenschaft nach außen ist ein ganz heikles Thema.

Es fällt auf, dass Gesprächspartner, die es gewohnt sind, zielorientiert zu arbeiten oder dies befürworten, unter fehlender Zielorientierung in der kirchlichen Arbeit leiden und schmerzhafte Erfahrung damit verbinden. Sie tragen unterschiedliche Ansätze kritischer Ursachenanalysen vor und machen dadurch Voraussetzungen und Folgen unterbestimmter Zielstellungen bei Pfarrerinnen und Pfarrern deutlich.

In *ethisch*er Hinsicht geht es um Gerechtigkeit: Es wird Mitarbeitenden in Kirche, Gemeinde und Diakonie nicht gerecht, wenn Pfarrerinnen und Pfarrer von anderen erwarten, dass die konzeptgeleitet und mit klaren Prioritäten verlässlich Vereinbarungen erfüllen und bestimmte Ziele erreichen, sich selbst aber auf derartige Verbindlichkeiten nicht einlassen. Der Rückzug auf die Besonderheiten des Pfarramts gerät schnell zur Inanspruchnahme berufsständischer Privilegien. Der

Verweis auf die Unabhängigkeit des pastoralen Dienstes kaschiert leicht fehlende Teamfähigkeit, Kritikfähigkeit, Konfliktfähigkeit und Verbindlichkeit.

Der Gerechtigkeitsaspekt gilt auch für Personen, die als Zielgruppe von Veranstaltungen, Partner gemeinsamer Aktionen oder als Empfänger kirchlicher Leistungen und Handlungen in Betracht kommen. Der Perspektivwechsel, kirchliches Handeln mit den Augen Anderer zu sehen, wird im programmatischen Begriff „Mitgliederorientierung" aufgegriffen. Die berechtigten Bedürfnisse und Erwartungen des Anderen wahrzunehmen und ernst zu nehmen führt dazu, sich verbindlich und verlässlich ihnen gegenüber zu erklären und zu verhalten. Das Beispiel vom barmherzigen Samariter ist aufschlussreich: Die Amtsroutine der Priester und Leviten hat ihr inneres Recht und ihre innere Logik. Sie hilft aber dem unter die Räuber Gefallenen nicht. Erst wenn Aufmerksamkeit, Aktivität, zeitliche und räumliche Ressourcen und wechselseitiges Vertrauen (Samariter und Wirt) dem Ziel zugeordnet werden, dass der Verletzte bekommt, was er braucht, wird auch der Auftrag der Nächstenliebe erfüllt.

Wer Zielorientierung vermisst, befragt *pastoraltheologisch* in kritischer Weise das Selbst- und Berufsverständnis von Pfarrerinnen und Pfarrer. Damit sind zwei Themenbereiche berührt: (1) Die Bereitschaft, eigene Ziele des Fortkommens und des Erfolgs aufzudecken und zu ihnen zu stehen, (2) die Bereitschaft, gute Werke nicht nur unter dem Aspekt der Selbstrechtfertigung, sondern auch als Ausdruck dankbaren Dienstes aufzufassen, dem ein gewisses Qualitätsbewusstsein entspricht. Das Streben nach Anerkennung und Erfolg im Pfarrberuf ist im Gefolge einer bestimmten Auslegung der Rechtfertigungslehre verpönt. Diese Reserve ist gegenüber jeder Form von Karrierismus und Leistungsfetischismus theologisch unverzichtbar, kann aber daran hindern, sich am Gelingen zu freuen, dem Nächsten gerecht zu werden und selbst Anerkennung und Wertschätzung anzunehmen, ohne sich verdeckt von ihr abhängig zu machen.

Bejahung zielorientierter Arbeit

Physiotherapieschülerin, Ehrenamtliche im Sportverein, 22 J.

1. Müssen die [die Pfarrerinnen und Pfarrer] das nicht sowieso? Wenn ich einen Patienten behandle, muss ich natürlich ein Behandlungsziel haben, das ich überprüfen kann und mir dazu die Schritte überlegen. Das muss ich ja hinterher der Krankenschwester und dem Arzt erklären können, was ich gemacht habe.
2. Die Frage ist: Organisiere ich mich oder agiere ich mal so und mal so? Wenn man das nicht gewohnt ist, wird man eher eine kritische Rückmeldung geben und Zielstellungen ablehnen.
3. Leute, die von ihrer Arbeit überzeugt sind, machen das gern. Wenn man aber nicht überzeugt ist und mit der Zeit ein bisschen schludrig geworden ist, dann macht man das nicht so gern.

Gemeindepfarrer, 47 J. (ländliche Kleinstadt)

1. Mir hilft es, meine Arbeit zu strukturieren. Es ist ein Instrumentarium, um in einem Leitungsgremium wie einem Presbyterium Diskussionen gezielter zu führen und auch Prioritäten zu setzen.
2. Darf nicht dogmatisiert werden und muss immer die Offenheit lassen, auf aktuelle Situationen reagieren zu können.
3. Zielorientierung hilft, eine mittelfristige Zeitkomponente in den Alltag hinein zu nehmen. Ich überblicke durch die Methode einen größeren Zeitraum als den heutigen Tag.

Gemeindepfarrer, 53 J. (Kreisfreie Stadt, regionales Oberzentrum)

1. Zielorientierung heißt für mich, dass wir uns fragen: „Wo wollen wir in kurzer, mittlerer oder längerer Frist sein?"
2. Es heißt für mich, dass wir unser Handeln darauf hin planen.
3. Allerdings dürfen wir uns nicht zu sehr binden. Wir dürfen uns die Freiheit nicht nehmen lassen, das Grobziel im Auge zu behalten und gleichzeitig auch noch nach rechts und links zu schauen.

Auffallend ist, dass die Interviewpartner, die in ausdrücklich positiver Weise von Zielstellungen in der kirchlichen Arbeit sprechen, berufsethische, berufspraktische und methodische Argumente vorbringen und theologische oder ideologische Prinzipienfragen zurückstellen. Diese sind für sie entweder irrelevant oder hinreichend geklärt.

Berufsethisch wird das Verhältnis von Berufsmotivation und der Bereitschaft zu Transparenz, Sorgfalt, Verantwortung und Kommunikation thematisiert. Die Verankerung in einem derartigen Berufsethos kann zu großer Verwunderung darüber führen, dass ein Verzicht auf oder ein Unterlassen von verantwortlicher Zielbildung überhaupt in Betracht kommen kann. Selbstverständlich muss es jederzeit möglich sein, dass ich Auskunft gebe über mein Tun und Lassen, mit dem ich auf Menschen einwirke, die sich mir anvertraut haben oder die mir anvertraut sind. Verweigerung von Verantwortung und Sorgfalt lässt Rückschlüsse auf die Berufsmotivation zu und macht Anderen die Sache schwer: Sie wissen nicht, wohin ich unterwegs bin, sie wissen nicht, was ich mit ihnen vorhabe und was sie von mir zu erwarten haben, und sie wissen nicht, wo sie Anschluss an mein Handeln finden (können mich also auch nicht unterstützen und mir helfen oder mich auffangen, wenn etwas aus dem Ruder läuft).

Kybernetisch wird durch eine erfahrungsgesättigte Wertschätzung zielorientierter Arbeit deutlich: Erfahrung mit zielorientierter Arbeit im pfarramtlichen Dienst trägt zur Entideologisierung eines vermeintlich modernistischen Instruments zur auftragsgemäßen Bewältigung der Arbeit bei. Es hat gegenüber dem pastoralen Auftrag funktionalen Charakter. Mögliche Dogmatisierungen von Zielstellungen sind nicht in diesem Instrument begründet, sondern in dem Zusammenhang, in den Zielplanungen eingebettet werden. Zielorientierung steht jeweils im Dienst einer bestimmten impliziten oder expliziten Kirchentheorie.

Die positive Rezeption kirchlicher Zielorientierung verweist auf eine Reihe von Chancen: Zielorientierung wird erfahrbar als

- eine *Strukturierungshilfe*, die von ansonsten permanent fälligen ad-hoc-Planungen und –Entscheidungen entlastet,
- eine *Kommunikationshilfe*, die Leitungsgremien bei der Fokussierung und Außendarstellung ihrer Beratungsgegenstände und -ergebnisse unterstützt,
- eine *Entscheidungshilfe*, die Vorrangiges von Nachrangigem zu unterscheiden hilft und damit von der Überforderung durch Erwartungsdiffusion entlastet,
- eine *kreative Provokation*, die Frage nach dem bewusst Nichtgeplanten und Nichtplanbaren zu stellen und für die Offenheit nicht planbarer Situationen zu sensibilisieren,
- eine *Präventionsmaßnahme* zur Vermeidung von Dauerüberforderungen, die einen Überblick über gegliederte Zeiträume gibt; sie weist dem jeweils heutigen Tag, der seine eigene Plage hat, den ihm gemäßen Ort zu und wirkt so dem Sorgen entgegen.

4. Sieben Thesen zu einer Kultur zielorientierten Stolperns

In einer christlichen Kultur des Stolperns könnten sich vermeintliche Stolper*fallen* als Stolpersteine in Stolper*chancen* verwandeln. Ergeben sich aus den mentalen und strukturellen Besonderheiten des Pfarramts Elemente einer evangeliumsgemäßen Kultur des Stolperns? In einer fehlerfreundlichen Kultur können vermeintliche Fehler sich in Ressourcen und Lernanlässe verwandeln, statt Rechtfertigung für negative Sanktionen oder erlittene Depressionen zu sein. In sieben Thesen sei hier versucht, mittels rhetorischer Probebohrungen eine solche Stolperperspektive zu beschreiben.

1. Mancher stolpert über seine eigenen Füße, ein anderer, weil man ihm ein Bein stellt. In der Regel stolpern wir, weil etwas im Weg liegt, das wir in seiner Gefahr für unser Fortschreiten nicht erkannt haben.
   1.1. Der Kölner Bildhauer Gunter Demnig erinnert an die Opfer der NS-Zeit, indem er vor ihrem letzten Wohnort kleine Gedenktafeln aus Messing auf den Bürgersteig verlegt. Er nennt sie „Stolpersteine“. Stolpern wird zu einem Lernanlass, der gefährliche Erinnerung für eine humanere Zukunft freilegt.
   1.2. Der Hans-Guck-in-die-Luft aus dem Struwwelpeter stolpert über die alltäglichen Gefahren, weil er nur Augen für die hohen Dinge hat, die Nase zu hoch trägt und die Risiken des Alltags unterschätzt. Immerhin: Denen, die über ihn lachen, weil sie vermeintlich sicher mit beiden Beinen auf

dem Boden stehen, zeigt er, dass der bezaubernde Anblick des Himmels es wert sein kann, zum Gespött der Menschen zu werden.

1.3. Georg Christoph Lichtenberg spricht offensichtlich aus Erfahrung: „Der gerade Weg ist der kürzeste, aber es dauert meist am längsten, bis man auf ihm zum Ziel gelangt." (Duden 12 1993, S. 786) Das Stolpern unterbricht den üblichen Gang der Dinge. Vermeintlich gerade Planungswege können in den Abgrund führen; wer immer nur auf dem Boden der Tatsachen bleibt, ist nicht davor gefeit, sich im Kreis zu drehen. Offensichtlich bedarf es verschiedener Stimmen: Die vor Stürzen warnen, die zum Gehen mahnen und die den Blick auf das Ziel lenken.

2. Jedes Kind, das Laufen lernt, macht mindestens so viel Erfahrung mit dem Stolpern wie mit dem Gehen. Menschen mit aufrechtem Gang und erhobenem Haupt sind zugleich Stolperexperten. Kultur ist als gelebte Philosophie die Manifestation eines bestimmten Geistes. Das gilt in Staat und Gesellschaft ebenso wie in Unternehmen, Behörden, Haus und Familie. Eine Kultur, die den aufrechten Gang lehrt, pflegt ihre Stolpersteine und gibt dem Stolpern Raum.

2.1. Eine hochwertige Kultur pflegt das Stolpern als Kunst. Stolperfallen stellen in der Kulturlandschaft einer hoch entwickelten Kultur Orte der Innovation dar. Sie haben hohen Lern-, Erinnerungs- und Unterhaltungswert.

2.2. In der Unkultur verbreiten Stolperfallen als gefürchtete Orte von Absturz und Untergang Angst und Schrecken, weil in ihnen das Stolpern mit Blamage und Strafen verbunden ist.

2.3. Der Umgang mit Stolperfallen ist ein Indikator für das kulturelle Entwicklungsniveau. Kultiviertes Stolpern will gelernt und geübt sein.

3. Die verstärkte Einführung zielorientierten Handelns in einer Institution kann nicht nur einen kulturellen Wandel, sondern auch einen Kulturbruch herbeiführen. Je kreativer und verständiger der Umgang mit dem Stolpern, desto besser können Stürze und Brüche vermieden werden.

3.1. Mit wachsender Ambitioniertheit organisationsförmigen Handelns in der Institution Kirche nimmt auch die Zahl der Stolperfallen zu: Keine Innovation ohne Widerstand, kein Aufbruch ohne Risiko. Eine Landkarte möglicher Stolperfallen hilft.

3.2. Die Kirche ist gegenüber anderen Institutionen und Organisationen nur sehr bedingt ein Sonderfall: Zielorientierungen verlangen in allen gesellschaftlichen Bereichen Innovations- und Lernbereitschaft. Widerstandsmanagement ist ein Dauerthema in allen politischen, ökonomischen und kulturellen Veränderungsprozessen.

3.3. Die Gemeinde kennt allerdings durch das Evangelium von Kreuz und Auferstehung das besondere Geheimnis der Verheißung, die den Gestrauchelten gilt, ihnen aufhilft und neue Orientierung gibt.

4. Die Theologie ist die Philosophie der Kirche. Widerstand artikuliert sich deshalb binnenkirchlich in theologischen Formulierungen und findet in frömmigkeitsgebundenen Haltungen seinen Ausdruck. Das Pfarramt steht kritisch und

gestaltend für das theologische Thema ein und macht theologische Kriterien als ausschlaggebend geltend für legitime Urteile, Entscheidungen und Zielplanungen in der Kirche. Pastorale Amtstätigkeit geht mit der bleibenden Zweideutigkeit menschlichen zielorientierten Handelns um und ist zugleich ein Teil davon.

4.1. Messbarkeit und Machbarkeit in Menschenhand symbolisieren menschliche Eigenmächtigkeit und den Hochmut der Erbauer des Turmbaus zu Babel. - Zugleich sind sie Formen der Rechenschaft gegenüber jedermann und Ausdruck geschwisterlicher Gegenseitigkeit.

4.2. Handlungs- und Erfolgsorientierung des menschlichen Geistes steht tendenziell für ein Schwärmertum, das die Herrschaft Gottes auf die Erde zwingen will (in Münster hatte dies das Scheitern der Reformation zur Folge). - Zugleich bildet sie den gemeinsamen Willen ab, der Zukunft des Gekommenen für alle sichtbar entgegen zu gehen.

4.3. Zukunftsorientierung des menschlichen Willens steht in der Gefahr, die großen Taten Gottes an den Vätern und die erfüllende wie erfüllte aber auch potentiell überraschend wunderbare Gegenwart des Christus auszublenden. - Zugleich hält sie an der Verheißung und dem Gebot fest, dass durch Christus Neues Leben *in die Welt* kommt und kommen soll.

4.4. Leistungsorientierung der menschlichen Beweggründe gibt von sich aus nicht Empathie und wohlwollender Annahme der Schwachen Raum, sondern setzt gern auf das Urteil des Zeitgeistes, das den Menschen nach seinem Nutzwert für die Gesellschaft beurteilt. - Zugleich wird ein guter Baum immer auch gute Früchte tragen, die Nahrung geben und Freude schenken. Ein Ethos der Dankbarkeit schämt sich dessen nicht, was es tut.

5. Im berufsständischen Bewusstsein des kirchlichen Schlüsselpersonals konzentriert sich das kollektive Unbewusste der ganzen Glaubensgemeinschaft in personalisierter symbolischer Form:

5.1. Der Pastor ist Hirte, also König, der sein Volk leitet, Priester, der für die Menschen betet und Prophet, der seines Herrn Stimme laut werden lässt; er versteht sich nicht als Architekt, Kaufmann oder Techniker.

5.2. Verkündigung erfolgt durch die ordinierte Persönlichkeit im Amt auf der Basis von Vertrauen in der Kommunikation des Evangeliums. Diese ist prinzipiell nicht abschließbar und ist immer auf den Anderen als Mitgeschöpf angewiesen. Ordinierte Personen sind nicht angestellte Funktionäre, Handwerker oder Dienstboten, die fertige, standardisierte Produkte abzuliefern haben.

5.3. Der Erfolg des evangelistischen und diakonischen Dienstes ist Geschenk, wird nicht von Menschen gemessen, sondern von Gott gewogen. Er entzieht sich unseren Blicken. Das Amt ist der Gemeinde anvertraut, Gottes Wort steht ihr gegenüber steht der Gemeinde gegenüber. Deshalb lässt sich das Amt als Dienst am Wort durch eine kirchliche Zielplanung nicht verplanen und instrumentalisieren; es bleibt frei, allein an Gottes Wort gebunden, oder es ist nicht mehr das Amt der Kirche.

6. Im theologischen Sprachspiel und im spirituellen Habitus des Pfarrdienstes verschafft sich außer dem spezifisch Christlichen in mitteleuropäisch, deutsch und protestantisch modellierter Form auch das allgemein Menschliche Geltung:
   6.1. Herrschafts- und Ideologiekritik: Cui bono? Die Frage, wer den Nutzen hat, und ob Aufwand und Ertrag im richtigen Verhältnis stehen, mag stören, lässt sich aber nicht von der Hand weisen. Auch Zielplanungen sind auf ihre Zielgemäßheit hin zu befragen.
   6.2. Das Überkommene erfreut sich bald allgemeiner Gewöhnung, und natürliche Skepsis sträubt sich gegenüber Veränderung: Wozu ist das gut? Die Legitimität des Herkommens hat nicht immer Unrecht, genau so wenig wie der Ruf zur Umkehr in ein neues Leben. Maßgeblich ist die Frage: Was dient dem Auftrag?
   6.3. Ob Tradition oder Innovation, Institution oder Organisation: Das menschliche Bedürfnis nach Würde, Achtung und Zuwendung durch Teilhabe, Aufklärung und Begleitung lässt sich nicht still stellen, und das ist gut so.
7. Institution, Organisation und Person wirken wechselweise aufeinander ein. Stolpersteine bilden eine Kriteriologie für die Qualität zielorientierten Handelns in diesem Wechselspiel.
   7.1. Jeder Widerstand und der Umgang mit ihm sind Indikatoren für die Qualität der Prozesse, die in einem gesellschaftlichen Bereich ablaufen oder gestaltet werden.
   7.2. Dem Stolpern kommt beim Management von Erneuerungsprozessen heuristische, suchende Funktion zu. Zielfindung dient dem Auftrag, Zieldiffusion, Zielkonkurrenzen und Ziellosigkeit dienen ihm nicht. Das Heuristische, das Suchen, steht im Dienst des Findens. Dem Suchenden ist durch das Evangelium nicht weniger als das Finden verheißen. Zielfindung ist also nicht ausgeschlossen, sondern auch Gegenstand göttlicher Verheißung.
   7.3. Suche ich in Zielvorgaben das *Heil*, erleide ich *Unheil* durch sie, oder sind sie Hilfe und *Instrument* bei der Erfüllung des Auftrags? Im letzteren Fall lohnen sich die Fragen: Ist das tatsächliche Leitbild authentisch und akzeptabel, gleich ob mündlich oder schriftlich, bottom up oder top down oder im Gegenstromverfahren erzeugt? Gibt es eine motivierende und ermutigende Vision, die wir miteinander teilen? Sind Führung, Beteiligung und Unterstützung in der Zusammenarbeit ausbalanciert? Werden die Menschen, denen die Botschaft gilt, tatsächlich erreicht? Ist die Kommunikation transparent und kreativ? Sind die Ziele spezifisch, messbar, anregend, realistisch und terminiert?

Aus Stolperfallen können Stolpersteine werden, die Anstoß erregen und Anstöße vermitteln. Eine Kultur kreativen Stolperns steht der Kirche der begnadigten Sünder gut an. Auch ein schönes Kirchenbild: Strauchelnde und Gestrauchelte, die sich aufhelfen lassen, damit sie erhobenen Hauptes in aufrechtem Gang dem Ziel ihrer Geschichte zuversichtlich entgegengehen, der Botschaft und Verheißung folgend, die sie verkündigen: Sie erheben ihre Häupter, weil ihre Erlösung naht.

Literaturverzeichnis

Aufgaben und Ziele in der EKvW, Bericht der Kirchenleitung, Landessynode 2008 (http://www.evangelisch-in-westfalen.de/fileadmin/ekvw/dokumente/dokumentationen/4.3_Aufgaben_und_Ziele_in_der_EKvW_1.pdf).

Bauder, W./Link, H.-G.: Art. (1971): Ziel. In: Coenen, Lothar/Beyreuther, Erich/Bietenhard, Hans (Hg.): Theologisches Begriffslexikon zum Neuen Testament. Studien-Ausgabe Band 2, 5. Aufl. Wuppertal, S. 1486-1488.

Beese, Dieter (2007): Versöhnung mit der praktischen Vernunft. In: EKD: Kirche der Freiheit im 21. Jahrhundert. Zukunftskongress der Evangelischen Kirche in Deutschland. Lutherstadt Wittenberg 25. - 27. Januar 2007. Dokumentation des Zukunftskongresses der EKD. Hannover, S. 35-37. www.kirche-im-aufbruch.ekd.de/images/Dokumentationsband.pdf.

Beese, Dieter (2009): Glauben leben. Skizzen zur Sozialgestalt der Evangelischen Kirche. Münster.

Duden Band 12 (1993), Zitate und Aussprüche. Herkunft und aktueller Gebrauch, Leipzig, Wien, Zürich.

EKD (2006): Kirche der Freiheit. Perspektiven für die Evangelische Kirche im 21. Jahrhundert. Ein Impulspapier der EKD. Hannover.

EKD (2007): Kirche der Freiheit. Materialband. Diskussion des Impulses. Diskussion des Impulspapiers des Rates der EKD „Kirche der Freiheit. Perspektiven für die Evangelische Kirche im 21. Jahrhundert. Hannover.

Gemeinde auf gutem Grund. Eine Hinführung zur Erstellung von Gemeindekonzeptionen für Kirchengemeinden und Kirchenkreise. Kriterien – Planungshilfen – Arbeitsfolien. In: EKvW: Gemeinde Leiten. Handbuch für die Arbeit im Presbyterium. Bielefeld 2008, 2, Ordnungen und Veröffentlichungen der Landeskirche.

EKvW (o. J.): o.T., o.O.

EKvW (2000): Kirche mit Zukunft. Zielorientierungen für die Evangelische Kirche von Westfalen. Bielefeld.

EKvW (2004a): Unser Leben , Unser Glaube, Unser Handeln. Teil 1, Bielefeld

EKvW (2004b): Unsere Geschichte, Unser Selbstverständnis, Teil 2, Bielefeld

EKvW (2005): Globalisierung. Wirtschaft im Dienst des Lebens – Stellungnahme der Evangelischen Kirche von Westfalen zum Soesterberg-Brief. Materialien für den Dienst, Bielefeld 1/2005.

EKvW (2009): Leitfaden Pfarrberuf mit Zukunft. Leitfaden 10-Jahres-Gespräch. Arbeitshilfe der EKvW. Bielefeld 1/2009.

EKvW (2009): Die Soziale Marktwirtschaft ethisch weiterdenken. Marktwirtschaft gesellschaftlich und kulturell einbetten, Wettbewerb ökologisch und sozial ausrichten, Primat der Politik global stärken. Materialen für den Dienst. Bielefeld 1/2009.

Jonas, Hans (1979): Das Prinzip Verantwortung. Versuch einer Ethik für die technologische Zivilisation. Frankfurt a. M., Suhrkamp 1984.

Kirchenordnung der Evangelischen Kirche von Westfalen in der Fassung der Bekanntmachung vom 14. Januar 1999 (KABl. 1999, S. 1), in: EKvW: Das Recht in der Evangelischen Kirche von Westfalen. Band 1, Bielefeld, 13. Ergänzungslieferung Juli 2010, KO 1.

Kirchengesetz über die Ordnung der Visitation in der Evangelischen Kirche von Westfalen – Visitationsgesetz (VisG) – vom 17. November 2006 (KABl. 2006, S. 265), in: ebd., VisG 70.

Kirchengesetz über die dienstrechtlichen Verhältnisse der Pfarrerinnen und Pfarrer in der Evangelischen Kirche der Union (Pfarrdienstgesetz – PfDG) vom 15. Juni 1996 (ABl. EKD 1996, S. 470, KABl. 1996, S. 269) mit den Bestimmungen des westfälischen Ausführungsgesetzes zum Pfarrdienstgesetz (ausgenommen §§ 10a bis 10c) sowie den Bestimmungen des Einführungsgesetzes der EKU zum Pfarrdienstgesetz. In: ebd., PfDG 500.

Kunz, Ralph (2007): Kybernetik. In: Grethlein, Christian / Schwier, Helmut: Praktische Theologie. Eine Theorie- und Problemgeschichte. Leipzig, S. 607-684.

Leitfaden für das Regelmäßige Mitarbeitendengespräch in der Evangelischen Kirche von Westfalen. Arbeitshilfe der EKvW 1/2007. In: EKvW: Gemeinde Leiten. Handbuch für die Arbeit im Presbyterium. Bielefeld 2008, 2, Ordnungen und Veröffentlichungen der Landeskirche.

Link, H.-G. (1971): Art.: „Ziel". In: Coenen, Lothar / Beyreuther, Erich / Bietenhard, Hans (Hg.): Thelogisches Begriffslexikon zum Neuen Testament. Studien-Ausgabe Band 2, 5. Aufl. Wuppertal, S. 1488-1491.

Mitgliederorientierung als Leitbegriff kirchlichen Handelns. Arbeitshilfe der EKvW 1/2005.
Montesquieu, Charles (1965): Vom Geist der Gesetze. Eingeleitet, ausgewählt und übersetzt von Kurt Weigang. Stuttgart.

Schippers, R. (1971): Art.: „Ziel". In: Coenen, Lothar / Beyreuther, Erich / Bietenhard, Hans (Hg.): Thelogisches Begriffslexikon zum Neuen Testament. Studien-Ausgabe Band 2, 5. Aufl. Wuppertal, S. 1491-1497.

Unser Leben. Unser Glaube. Unser Handeln. In: EKvW: Gemeinde Leiten. Handbuch für die Arbeit im Presbyterium. Bielefeld 2008, 2, Ordnungen und Veröffentlichungen der Landeskirche;

Unsere Geschichte. Unser Selbstverständnis. In: ebd.

Wöhe, Günter (2002): Einführung in die Allgemeine Betriebswirtschaftslehre. 21. Aufl., München, B. 3. Unternehmensziele, S. 95-102.

Gemeindebarometer – ein Werkstattbericht

Martin Rieger

1. Vorbemerkung

Eine Kirchengemeinde in Deutschland: Kirchengemeinderat oder Pfarrgemeinderat bereiten die anstehende Klausurtagung vor. Thema wird vor allem die Situation der Gemeinde sein, ein Jahr nach der Zusammenlegung mit der Nachbargemeinde. Die Situation der Gemeinde wird sich in den kommenden Jahren durch Personalabbau und demographischen Wandel weiter verändern. Ziel der Klausurtagung ist eine Bestandsaufnahme ohne Ausflüchte und Beschönigung. Nur eine ehrliche Analyse kann zu den richtigen Konsequenzen führen. Aktuelle und bereits absehbare Herausforderungen sollen auf den Tisch. Natürlich sollen auch die Stärken und künftigen Chancen benannt werden. Das alles geschieht aus der Einsicht, dass rosarote Brillen bestenfalls ein kurzfristiges Wohlgefühl hervorrufen würden. Als verantwortungsbewusstes Gremium der Gemeinde möchte man jedoch eine zukunftsträchtige und damit verantwortungsvolle Perspektive entwickeln. Deshalb werden vor der Klausurtagung sowohl alle Mitglieder des Gremiums als auch die gesamte Gemeinde eingeladen, sich an einer Befragung zu beteiligen, dem Gemeindebarometer. Als Online-Tool lässt sich mit geringem Aufwand und anonym in kürzester Zeit eine Analyse der Gemeindesituation durchführen. Gemeindemitglieder ohne Internetzugang können selbstverständlich Fragebögen ausfüllen, die von der Jugendgruppe in das System eingepflegt werden. Durch die getrennte Befragung zwischen Gemeinderat und Gesamtgemeinde erhält das Gremium neben der Selbsteinschätzung zugleich eine Fremdeinschätzung durch Gemeindemitglieder. Im Ergebnis liegt eine Evaluation anhand objektiver Kriterien über Stärken und Schwächen der Gemeinde vor. Auch werden unterschiedliche Einschätzungen deutlich. Gut präpariert mit diesen Befunden geht es in angeregte Diskussionen der Klausurtagung. Deutlich wird artikuliert, was die drängendsten Herausforderungen der Gemeinde sind und welche Möglichkeiten die Gesamtsituation bereit hält. Am Ende der Tagung steht ein Maßnahmenkatalog, der nach und nach umgesetzt werden soll. Es wird vereinbart, diesen Maßnahmenkatalog der Gemeinde gegenüber offensiv zu kommunizieren. Auch wird vereinbart, nach einem halben Jahr die Umsetzung der Maßnahmen zu überprüfen. Nach einem Jahr soll erneut der Gemeindebarometer genutzt werden, um erste Erfolge zu messen oder um ein Nachjustieren zu bedenken.

Sind Sie neugierig geworden, welche Gemeinde hier beschrieben wurde?

Dem Autor ist bisher leider keine derartige bekannt. Noch lebt ein solcher Gemeindebarometer in der Ideenwerkstatt. Verlässt er einmal den Bereich der Fiktion?

2. Herausforderungen für einen Gemeindebarometer

Es gibt einen weit verbreiteten Anti – Messungs – Affekt im kirchlichen Bereich. Fakten können unbequem sein, weil sie eventuell Missstände aufzeigen. Die Erkenntnis von Missständen wiederum kann zu Veränderungs- oder Rechtfertigungszwängen führen. Diese sind anstrengend, sie bringen Unruhe in eine Organisation. Veränderungsprozesse müssen (sollten) nämlich organisiert werden. Doch wer sollte diese Veränderungen organisieren, angesichts des Personal- und Finanzmangels? Deswegen gibt der Anti – Messungs – Affekt den Impuls: fangen wir erst gar nicht an! Denn bereits Goethe wusste zu formulieren: „Die Geister, die ich rief, die werde ich nicht mehr los." Der Anti – Messungs – Affekt hat in der Ablehnung eines Gemeindebarometers Sekundanten.

Grundsatzfragen werden bemüht: lässt sich die Qualität von Gemeindeaktivitäten überhaupt messen? Ist es denn möglich, einen solch emotionalen Bereich „Aktivität einer Kirchengemeinde" durch ein Messinstrument zu erheben? Die theologische Grundsatzfrage richtet sich an die Angemessenheit eines solchen Unterfangens: darf man kirchliches Leben überhaupt unter „Effektivitätsgesichtspunkten" bewerten? Ist nicht gerade Pfingsten als „Geburtsfest" der Kirche ein Ausdruck dieser dynamischen, charismatischen Seite von Kirche, die eine Unberechenbarkeit mitbringt? Und bedeutet „Unberechenbarkeit" nicht zugleich „Unmessbarkeit"?

Und weitere Argumente gegen einen Gemeindebarometer sind schnell gefunden: einmal vorausgesetzt, es ließen sich Daten zur Qualität eines Lebens der Kirchengemeinde erfassen, wie würde dann mit den Ergebnissen umgegangen werden? Welche Konsequenzen würden daraus abgeleitet werden? Gerade in den Zeiten von Neustrukturierungen kirchlicher Organisationseinheiten sind diesbezügliche Bestandsaufnahmen emotional extrem aufgeladen und könnten als Argumente für weitere unerwünschte Veränderungen „missbraucht" werden. Die Wahrheit macht halt noch längst nicht automatisch frei – ist sie gegenwärtig nicht eher Grundlage für Freisetzungen, sprich Personalabbau? Ein Instrument zur Messung von Qualität einer Gemeinde zu entwickeln, steht fast automatisch unter dem Generalverdacht, als Rechtfertigungsinstrument für eine erneute Personal- oder Finanzreduktion herzuhalten. Deswegen verwundert es kaum, dass Überlegungen zur Entwicklung eines Messinstrumentes über die Ausprägung von Aktivitäten einer Kirchengemeinde nicht geringen kirchenpolitischen Sprengstoff bereit halten. Ohnehin scheinen sich die angekündigten oder bereits durchgeführten Veränderungsprozesse der vergangenen Jahre mancherorts bereits zu „Transformationsphobien" entwickelt zu haben.

Die Ängste über mögliche unerwünschte Reaktionen im Sinne von Reduktionen bisheriger Zuwendungen scheinen die Hoffnung über Informationen zur Unterstützung der Gemeinden zu überlagern. Dann lieber alles so weiter wie bisher? Oder lässt sich eher eine Grundskepsis vermuten, ob der Komplexität des Unterfangens? Wäre die Entwicklung eines Messinstrumentes nicht ähnlich ambitioniert, so könnten manche einwenden, wie die Suche nach einer alles erklärenden „Weltformel"? Selbst wenn also weder ein Anti-Messungs-Affekt vorliegt, noch theologische oder ideologische Vorbehalte genannt werden und auch keine Ängste vor Konsequenzen die Befragung hemmen – dann könnte noch diese letzte Grundskepsis die Entwicklung eines Gemeindebarometers hemmen.

3. Religionsmonitor

Die Idee eines „Gemeindebarometers" ist angelehnt an das Instrument zur Messung von Religiosität, den „Religionsmonitor" der Bertelsmann Stiftung. Aus den positiven Erfahrungen des Religionsmonitors speist sich die Zuversicht: wenn es möglich ist, sogar das komplexe, vielfältige Gebilde „Religiosität" zu messen, dann muss auch eine Messung von konkreter kirchengemeindlicher Aktivität und Qualität möglich sein. Eine Kurzerläuterung des Religionsmonitors kann aufzeigen, wie sich analog dazu ein Gemeindebarometer entwickeln könnte. Der Religionsmonitor wurde erstmalig im Jahr 2007 in 21 Ländern angewandt und besteht aus etwa 100 Fragen.[1]

1 Rieger (2009): S. 11 ff. In folgenden Ländern wurde der Religionsmonitor 2007 angewandt: Australien, Brasilien, Deutschland, Frankreich, Großbritannien, Guatemala, Indien, Indonesien, Israel, Italien, Marokko, Nigeria, Österreich, Polen, Russland, Schweiz, Spanien, Südkorea, Thailand, Türkei, USA.

Abbildung 1: Inhaltliches Schema des Religionsmonitors.[2]

Soziologie		Allgemeine Intensität
Theologie		
Psychologie		
KERNDIMENSIONEN	Intellekt	Interesse an religiösen Themen
	Ideologie (Glaube)	Glaube an … Gott / etwas Göttliches – ein Leben nach dem Tod
	Öffentliche Praxis	Gottesdienst – Gemeinschaftsgebet – Tempelbesuch
	Private Praxis	Gebet – Meditation
	Erfahrung	Du-Erfahrung – Einheits-Erfahrung
	Konsequenzen	Allgemeine Alltagsrelevanz der Religion
Zentralität		nichtreligiös – religiös – hochreligiös

Ein besonderes Charakteristikum des Religionsmonitors ist seine differenzierte Betrachtung von Religiosität durch verschiedene Kerndimensionen, die Strukturprinzipien von Religion. Die „intellektuelle" Kerndimension berücksichtigt unter anderem Fragen zur religiösen Suche und Reflexivität oder das Interesse an religiösen Büchern. Den Glauben an Gott oder an ein Leben nach dem Tod nimmt die sogenannte „ideologische" Kerndimension in den Blick. Die Bedeutung des Gottesdienstes erfasst die Kerndimension „öffentliche Praxis". Über die Ausprägung von Gebet und Meditation informiert die Kerndimension „private Praxis". Weil Religiosität weit über den kognitiven und exogenen Bereich hinausgeht, widmen sich die Fragen der Kerndimension „Erfahrung" der religiösen Gefühlswelt. Schließlich wird eine allgemeine Relevanz der Religion für elf Lebensbereiche in den Alltagskonsequenzen aufgezeigt.[3]

Ähnlich dem Religionsmonitor müssten bei einem Gemeindebarometer zunächst Kerndimensionen von Gemeindepraxis definiert werden. Leitende Fragen wären also: was sind Strukturprinzipien des gemeindlichen Lebens? Was sind die Grundkategorien, nach denen das Leben der Gemeinde organisiert ist?

4. Modelle gemeindlicher Qualitätsmessung

Im Jahr 2009 trafen sich Vertreter aus Kirche und Wissenschaft auf Einladung der Bertelsmann Stiftung zu einem Gedankenaustausch über die Idee eines „Gemein-

2 Bertelsmann Stiftung.
3 Huber (2008): S. 17 ff.

debarometers". Dabei wurden Modelle gemeindlicher Qualitätsmessungen im In- und Ausland vorgestellt und im Expertenkreis diskutiert. Folgende Beispiele sind Zugangswege zum Gemeindebarometer:

Ein „Geographisches Informationssystem" wird in einem deutschen Bistum entwickelt, das sich in einem intensiven Umstrukturierungsprozess befindet. Weil größere pastorale Räume eine grundsätzliche Neuorientierung der Verantwortlichen erfordern, wurde das bisherige Kartenmaterial digitalisiert und mit neuen Grenzen versehen. Ziel dieses Vorhabens ist eine bessere Vernetzung zum gemeinschaftlichen Wirken über die alten Grenzen hinaus. Durch die visuelle Darstellung der neuen räumlichen Zusammenhänge soll sich ein Mehrwert in der Planung oder Verwaltungsarbeit ergeben. Pastorale Schwerpunkte in den jeweiligen Gemeindeteilen lassen sich dann besser ausmachen und haupt- und ehrenamtliche Kräfte leichter koordinieren.

Bereits seit den 80er Jahren praktizieren katholische Kirchengemeinden in den USA Selbstevaluationen. Es wurde versucht, Kriterien für eine lebendige Gemeinde zu entwickeln, z. B. die Zusammenarbeit des Seelsorgeteams, angemessene Ausbildung und Erfahrung. Die Selbstevaluationsprogramme befragen sowohl Gemeindemitglieder als auch Verantwortliche und Gremien. Neben diesen Selbsteinschätzungen wurden zusätzlich statistische Daten, z. B. die Häufigkeit der Teilnahme an Gottesdiensten erhoben. Konnte man während der Datenerhebung und Datenauswertung ein großes Interesse der Gemeinden beobachten, so fehlte doch ein weiterführender Prozess der Gemeindeentwicklung auf der Grundlage der Daten. Eine landesweite Studie konnte jedoch aufzeigen, dass erfolgreiche Gemeinden sich ähneln hinsichtlich einer umfassenden pastoralen Planung, einem ausformulierten Leitbild und einem weiten Spektrum an Aktivitäten.

Das vom evangelischen Theologen Christian A. Schwarz entwickelte Konzept einer „natürlichen Gemeindeentwicklung" ist besonders im freikirchlichen Bereich und international stark verbreitet. Im Zentrum steht die These: um Wachstum einer Gemeinde zu erreichen, muss deren Qualität verbessert werden. Als Indikatoren fungieren acht mess- und planbare Qualitätsprinzipien einer Gemeinde.[4] Die Impulse dieses Ansatzes und die Erfahrungen damit könnten bei der Entwicklung eines Gemeindebarometers gewiss gut einfließen. Ob die genannten Qualitätsprinzipien die Entscheidenden sind, bleibt jedoch dahin gestellt. Auch der Kontextbezug fehlt fast vollständig.

Eine Untersuchung der anglikanischen Kirche von wachsenden Gemeinden definiert mittels sieben Kriterien die Gemeindewachstum fördernden Faktoren. Eine zentrale Bedeutung kommt dabei der Veränderungsbereitschaft, der Außenorientierung oder der Frage nach dem Selbstverständnis (Berufung und Sendung) zu.

4 Vgl. Schwarz (1996) Bevollmächtigte Leitung, Gabenorientierte Mitarbeiterschaft, Leidenschaftliche Spiritualität, Zweckmäßige Strukturen, Inspirierender Gottesdienst, Ganzheitliche Kleingruppen, Bedürfnisorientierte Kleingruppen, Liebevolle Beziehungen.

5. Gemeindetheologie und Ekklesiologie

Der erwähnte Workshop mit Vertretern aus Wissenschaft und Kirche offenbarte jedoch bereits einen umfänglichen Diskussionsbedarf hinsichtlich des Begriffes „Gemeinde". Hingewiesen wurde auf die verschiedenen Organisationseinheiten, die unter dem Begriff „Gemeinde" subsumiert werden. Beispielsweise meint „Gemeinde" sowohl die regionale oder parochiale Pfarrgemeinde als auch die „Schwerpunktgemeinde", wie etwa die „Jugendkirche" vor Ort. Es gibt eine Vielzahl von höchst unterschiedlichen Gemeindeverständnissen. Wäre dann also nur eine Mehrzahl von Gemeindebarometern möglich, unter denen die Gemeinden ihren konkreten Gemeindebarometer auswählen?

Ebenfalls würde wohl für mehrere Gemeindebarometer sprechen, dass die Kerndimensionen die Strukturprinzipien des Gemeindelebens beschreiben, sie also konkrete Ausdrucksformen kirchlichen Lebens sind. Kerndimensionen beschreiben konkrete Verwirklichungen vom Kirche-sein. Bei der Definition von Kerndimensionen geht es also um Grundfragen von Gemeindetheologie. Und jede Gemeindetheologie ist wiederum Ausdruck einer Ekklesiologie. Folglich gibt es also eine Interdependenz zwischen den Kerndimensionen eines Gemeindebarometers als Ausdruck einer konkreten Gemeindetheologie und einer dieser Gemeindetheologie zugrundegelegten Ekklesiologie. Deswegen werden sich vermutlich zwischen den Konfessionen deutliche Unterschiede in den Gewichtungen der Kerndimensionen zeigen, beispielsweise hinsichtlich der gottesdienstlichen Praxis. Es wird sich zwar in allen Konfessionen eine Ausprägung gottesdienstlichen Lebens finden lassen. Man kann aber erwarten, dass sich Unterschiede in der Intensität und Vielfalt der gottesdienstlichen Formen zwischen den Konfessionen und gewiss auch zwischen den Gemeinden der gleichen Konfession im Gemeindebarometer abbilden werden. Längst ist die Vielfalt religiöser Einstellung und Praxis innerhalb der christlichen Denominationen Realität geworden. Es ist evident, dass es weder „die" Gemeinde der evangelischen Landeskirche oder des katholischen Bistums gibt, noch überhaupt „den" Protestant oder „den" Katholiken. Die individuelle Religiosität ist ein komplexes Gebilde, das sich mehr oder weniger mit den ekklesiologischen Selbstverständnissen der Kirchen deckt. Heterogenität und „Patchwork-Religiosität" sind längst eine Realität im inneren Raum der Kirchen.[5] In der Konsequenz ist das Ringen um die kirchliche Einheit im Sinne des Evangeliums (Joh 17), nicht mehr nur eine Aufgabe der Ökumene zwischen den christlichen Kirchen, sondern auch eine Herausforderung der konkreten Ortsgemeinden. Diesem Anliegen könnte ein Gemeindebarometer dienen. Trotz aller Differenzen zwischen den christlichen Gemeinden und innerhalb dieser Gemeinden könnte er Gemeinsamkeiten aufzeigen.

5 Nassehi (2009): S. 169 ff.
Gabriel (2009): S. 113 u. S. 117.
Müller/Pollack (2009): S. 420 ff.
Ahrens/Schulz/Wegner (2009): S. 540 ff.
vgl. a. zu „Syn-Christen": Zulehner (2009): S. 369 ff.

So könnten gemeinsame Kerndimensionen als Strukturprinzipien christlicher Gemeinden deutlicher benannt werden: Gemeinsame Strukturprinzipien, die in den konkreten Konfessionen und Gemeinden nur unterschiedlich stark ausgeprägt sind.

6. Kerndimensionen der Gemeinde

Analog zum Religionsmonitor müssten also Kerndimensionen christlichen Gemeindelebens definiert werden, die zumindest ansatzweise in den allermeisten christlichen Denominationen gefunden werden. Es kann davon ausgegangen werden, dass die Ausprägung, die Bedeutung und die Intensität der Praxis dieser Kerndimensionen in der konkreten Gemeinde in einem starken Zusammenhang stehen mit dem ekklesiologischen Selbstverständnis der christlichen Denominationen.

Diese Kerndimensionen bilden also die Grundstruktur einer Gemeinde ab und sind folgerichtig auch die inhaltliche Grundstruktur eines Gemeindebarometers. In der Konsequenz müsste der weitaus größte Teil aller Aktivitäten einer Gemeinde diesen Kerndimensionen zuzuordnen sein. Alle Tätigkeiten, von der Bibelrunde über den Gottesdienst bis hin zur Obdachlosenhilfe, müssten den Kerndimensionen zugeordnet werden können.

Methodisch wäre es empfehlenswert, einerseits zunächst alle bekannt gewordenen Aktivitäten der Kirchengemeinden aufzulisten. In einem weiteren Schritt könnten diese einzelnen Tätigkeitsformen zu Grundkategorien verdichtet werden. Spätestens nach einem weiteren Kategorisierungs- oder Abstraktionsschritt wären mögliche Kerndimensionen gefunden. Zugleich sind Reflexionen vor dem Hintergrund der systematischen Theologie für den Erkenntnisprozess notwendig. Die leitende Frage könnte lauten: welche Grundvollzüge oder Grunddimensionen von lokalisierter Kirche lassen sich aus der Ekklesiologie ableiten? Sowohl die pragmatisch induktive als auch die theologisch deduktive Methode sollten keineswegs gegeneinander ausgespielt werden. Strittige Kategorisierungen könnten durch Konsens orientierte Expertenbefragungen geklärt werden.

Für die Umsetzung in konkrete Fragemodule ist ein interdisziplinärer sozialwissenschaftlicher Diskurs notwendig. Am Ende der Diskussion ist ein Fragebogen konzipiert, dessen Items Auskunft geben können über die Wichtigkeit und tatsächliche Ausprägung der Kerndimensionen.

Eine erste Expertenbefragung zu Kerndimensionen kirchengemeindlichen Tuns ergab neben den vier häufig zitierten Dimensionen in der katholischen Pastoraltheologie Communio (Koinonia), Liturgia, Martyria und Diakonia folgende weitere Dimensionen, die durchaus mit den eben genannten Schnittmengen bilden können: Religiöse Bildung, Identität / Klare Vision der Gemeinde, Klima / Atmosphäre in der Gemeinde, Offenheit gegenüber neuen Gemeindemitgliedern, Offenheit gegenüber Menschen außerhalb der Gemeinde, Ökumenische Aspekte, Versöhnungsbereitschaft, Missionarischer Charakter, Öffentlichkeitsarbeit, Sensibilität für Demographie, Veränderungsbereitschaft, Leitungskompetenz.

7. Chancen eines Gemeindebarometers

Inwiefern der Barometer eine konkrete Gemeinde unterstützen könnte, wurde oben bereits angedeutet. Als Online-Tool würde der Gemeindebarometer, analog zum Online-Tool des Religionsmonitors,[6] sofort nach Beendigung der Befragung das Antwortverhalten zu den Kerndimensionen widerspiegeln. Dann wüsste ein Gemeindegremium, wie stark die einzelnen Kerndimensionen bzw. Strukturelemente der Gemeinde ausgeprägt oder gewollt sind. Wie mit diesen Erkenntnissen umgegangen wird, liegt dann in der Verantwortung der konkreten Gemeinde. Eine genauere statistische Auswertung könnte weitere Ergebnisse, etwa hinsichtlich der Altersgruppenverteilung etc. produzieren. Nachgedacht werden könnte auch über einen Link oder über einen Button zur Gemeindeberatung. Dann könnten etwa die zuständigen Mitarbeitenden in den Bistümern oder den Landeskirchen auf der Grundlage der Ergebnisse des Gemeindebarometers ihre Unterstützung anbieten. So würde der Barometer noch mehr als ein hilfreicher Prozess für eine Gemeinde wahrgenommen werden, der sie darin unterstützt, zukunftsorientiert zu leben.

Unabhängig von der Selbstevaluation der Gemeinden würde der Barometer nach einer gewissen Laufzeit beeindruckende empirische Daten bereit halten. Vermutlich wäre es dann möglich, erstmalig ein repräsentatives Bild gemeindlichen Lebens zu zeichnen. Ein großartiges Feld für die praktische Theologie. Leicht könnte diese Bestandaufnahme Ähnlichkeiten und Unterschiede zwischen den Gemeinden einer Region oder Konfession aufzeigen. Eine nicht zu überschätzende Chance von Seelsorgs- oder Pastoralplänen auf einer soliden empirischen Grundlage.

Auch könnten sich ganz neue Fenster für den ökumenischen Dialog öffnen. Geworben werden könnte für das gegenseitige Verständnis und die Anerkennung der Vielfalt der Gemeinden, die vorher kaum bekannt war. Es würde noch deutlicher sichtbar, welche Gemeinsamkeiten und Unterschiede zwischen dem großen Teil der katholischen und evangelischen Gemeinden bestehen. Manche Stereotypen könnten aufbrechen. Auch wären vielleicht Faktoren benennbar, die erfolgreiche Gemeinden auszeichnen oder wie soziales Engagement von Gemeinden besonders gefördert werden könnte etc. Schließlich könnte sich eine internationale Weiterentwicklung des Gemeindebarometers höchst interessant gestalten.

Bei weniger werdenden Ressourcen von Gemeinden stellen sich Verteilungsfragen ganz neu. Wenn man sich nicht mehr alles automatisch leisten kann, dann stellen sich Fragen der Priorisierung gemeindlichen Tuns. Ein „weiter so“ geht irgendwann nicht mehr, ein „wie es war im Anfang, so auch jetzt und alle Zeit und in Ewigkeit“ ermöglicht keinen Erhalt des bisherigen Status quo, sondern ist vielmehr eine Verdrängung beziehungsweise wissentliche Kapitulation vor notwendigen Veränderungsprozessen. Ein Selbstevaluationsinstrument, das unverdächtig wäre, als externes Controllingvorhaben zu gelten, könnte also eine wichtige Unterstützung für die Gemeinden sein – nicht nur in Transformationsprozessen. Wenn

6 Vgl. www.religionsmonitor.com.

nicht jede Form von Messbarkeit kirchlichen Tuns unter Generalverdacht gestellt wird, doch nur ein Instrument „kirchlicher Obrigkeit" zu sein, sind die positiven Möglichkeiten eines Gemeindebarometers evident.

8. Praxisbeispiel „Maria Frieden"

Welche Kraft eine ehrliche Analyse und ein konstruktiver Umgang mit den Ergebnissen in einer Kirchengemeinde entfaltet, sei an einem konkreten Beispiel erläutert. Im Herbst 2009 wurde in der katholischen Kirchengemeinde „Maria Frieden" in Berlin-Mariendorf eine Fragebögen gestützte Umfrage durchgeführt. Diese Umfrage bildete keineswegs alle Facetten gemeindlichen Lebens ab, so dass die Ergebnisse auch nur ansatzweise die Möglichkeiten eines differenzierten Gemeindebarometers aufleuchten lassen.

Die Pfarrgemeinde „Maria Frieden" liegt im Dekanat Tempelhof – Schöneberg und besteht aus rund 5.800 Gemeindemitgliedern, von denen rund 650 – 700 sonntäglich die Gottesdienste mitfeiern. Am ersten Sonntag des Monats sind es Dank der vom Dekanat gut frequentierten Jugendmesse sogar bis 850 Gottesdienstbesucher.

Die Struktur der Umfrage umfasste drei standardisierte Fragebereiche in Bezug auf Gemeindegruppen, auf Gottesdienste und hinsichtlich der Identifikation mit der Gemeinde und der Kirche. Dem schloss sich ein explorativer Teil an. Als soziodemographische Daten wurden schließlich Alter, Geschlecht, Bildungsstand, Partnerschaft, Kinderzahl, Migrationshintergrund, Konfessionszugehörigkeit und ehrenamtliche Tätigkeit erfragt.[7] Die Fragebögen lagen den „Pfarrnachrichten" bei, die im Dezember in alle Haushalte der Gemeinde getragen wurden.

7 Beim Religionsmonitor sind es die soziodemographischen Fragen nach Alter, Geschlecht, Partnerschaft, Kindern, Erwerbstätigkeit, Ehrenamt, Größe der Ortschaft, Bildungsbiographie, Parteienpräferenz.

Abbildung 2: Fragebögen der Umfrage in „Maria Frieden“.[8]

	gar nicht	wenig	mittel	ziemlich	sehr	weiß nicht, k. A.
Das Angebot an Gruppierungen und Aktivitäten ist ausreichend.	☐	☐	☐	☐	☐	☐
Wie wichtig ist Ihnen die Teilnahme an Gruppen der Gemeinde, wie z. B. Chor, Jugendgruppe, etc.?	☐	☐	☐	☐	☐	☐
Wie wichtig ist Ihnen die Teilnahme an Veranstaltungen in der Gemeinde, z. B. Gemeindefeste?	☐	☐	☐	☐	☐	☐
Wie stark interessieren Sie sich dafür, mehr über die Angebote der Kirchengemeinde zu erfahren?	☐	☐	☐	☐	☐	☐
Könnten Sie sich vorstellen, eine ehrenamtliche Tätigkeit in unserer Gemeinde zu übernehmen?	☐	☐	☐	☐	☐	☐
Wie stark interessieren Sie sich dafür, mehr über religiöse Themen zu erfahren?	☐	☐	☐	☐	☐	☐
Wie wichtig ist Ihnen die Teilnahme am Gottesdienst?	☐	☐	☐	☐	☐	☐
Wie häufig nehmen Sie am Gottesdienst teil?	☐	☐	☐	☐	☐	☐

	gar nicht	wenig	mittel	ziemlich	sehr	weiß nicht, k. A.
Familienmesse (09:30 Uhr)	☐	☐	☐	☐	☐	☐
Hochamt (So., 11:00 Uhr)	☐	☐	☐	☐	☐	☐
Abendmesse (Sa. + So., 18:30 Uhr)	☐	☐	☐	☐	☐	☐
Lateinisches Hochamt (3. So. im Monat)	☐	☐	☐	☐	☐	☐
Jugendmesse (1. So. im Monat, 18:30 Uhr)	☐	☐	☐	☐	☐	☐
Monatswallfahrt (1. Do. im Monat)	☐	☐	☐	☐	☐	☐
Werktagsmesse	☐	☐	☐	☐	☐	☐
Festtagsgottesdienst (Weihnachten, Ostern)	☐	☐	☐	☐	☐	☐
Rosenkranzgebet (täglich, 18:00 Uhr)	☐	☐	☐	☐	☐	☐
Andachten (z. B. Kreuzweg, Mai-Andacht)	☐	☐	☐	☐	☐	☐

	gar nicht	wenig	mittel	ziemlich	sehr	weiß nicht, k. A.
Maria Frieden ist eine aktive, lebendige Gemeinde.	☐	☐	☐	☐	☐	☐
Ich fühle mich als Teil der Gemeinde Maria Frieden.	☐	☐	☐	☐	☐	☐
Ich fühle mich als Teil der kath. Kirche.	☐	☐	☐	☐	☐	☐
Alles in allem: Als wie religiös würden Sie sich selbst bezeichnen?	☐	☐	☐	☐	☐	☐

500 Fragebögen wurden ausgefüllt, rund die Hälfte davon anonym. Der weitaus größte Teil der Respondenten gehörte zur „Kerngemeinde“ in der Altersspanne von 10 Jahren bis 92 Jahren, die meisten Antwortenden waren zwischen 40 und 65

8 Pfarrgemeinde „Maria Frieden“ in Berlin.

Jahren alt. Sie feiern mehrheitlich die Hl. Messe jeden Sonntag mit und sind teilweise in Gruppen engagiert. Darüber hinaus gelang es aber, auch einen Teil der distanzierteren Gemeindemitglieder zu erreichen. Dank einer differenzierten Auswertung[9] konnten sehr interessante Ergebnisse gewonnen werden.

Beispielsweise wurde deutlich, dass überdurchschnittlich viele Gemeindemitglieder einen Migrationshintergrund haben und diese signifikant jünger sind als die Antwortenden ohne Migrationshintergrund.[10] Die Umfrage zeigte eine überwiegend große Zufriedenheit mit den Angeboten innerhalb der Gemeinde. Auch wurde die Teilnahme an Gruppen und Aktivitäten und an den Gottesdiensten als wichtig eingestuft. Allerdings sagten ein relativ großer Teil der Mitglieder von sich, bisher noch nicht zu Veranstaltungen und Gruppenangeboten eingeladen worden zu sein.[11] Ein Frageteil drehte sich um die Gottesdienste der Gemeinde, vermutlich die am meisten emotional aufgeladene Verwirklichung des Gemeindelebens. Insgesamt wurde eine große Zufriedenheit mit den unterschiedlichen Formen der Gottesdienstgestaltung deutlich.

Interessanterweise spielte statistisch betrachtet das Alter beim Antwortverhalten keine Rolle. Es ließen sich keine altersspezifischen Unterschiede in Bezug auf Religiosität, Kirchenbindung oder Bindung an die Pfarrgemeinde feststellen. Auch die Bewertung der Gottesdienste fiel nur marginal anders aus.[12] Eine große Homogenität zeigte sich auch hinsichtlich der Bildung, weil durchweg alle Gemeindemitglieder, die sich an der Umfrage beteiligt haben, gut ausgebildet sind. Zwischen dem Schulabschluss und dem Antwortverhalten gab es keine Zusammenhänge, weder in Bezug auf die Religiosität, die Kirchen- oder Pfarreibindung oder hinsichtlich der Bewertung der Gottesdienste.[13]

Wesentliche Unterschiede zeigten sich jedoch bei einer geschlechtsspezifischen Betrachtung der Befunde. Zunächst einmal haben wesentlich mehr Frauen als Männer den Fragebogen beantwortet.[14] Dann bewerteten Frauen höher Bindung,

9 Die Auswertung wurde vorgenommen von Prof. Dr. Margit Stein (Fachhochschule Nordhausen, jetzt: Hochschule Vechta). Dem Autor liegt ein differenzierter Bericht über die Auswertung vor. Im Folgenden wird dieser Bericht „Maria Frieden" genannt.

10 Vgl. Maria Frieden (o. J.): S. 5f. Deutschlandweit kann davon ausgegangen werden, dass ca. 4 – 4,5 Millionen Katholiken einen Migrationshintergrund besitzen.

11 Vgl. Maria Frieden (o. J.): S. 10 Menschen, die die Teilnahme an Gruppen und Aktivitäten der Pfarrgemeinde für wichtig erachten, wurden zumeist auch häufiger zu diesen eingeladen (... mittlere Korrelation). Wer die Teilnahme an Gruppen und Aktivitäten der Pfarrgemeinde für wichtig erachtet, hält auch die Teilnahme an sonstigen Veranstaltungen für bedeutsam (... starke Korrelation) und ist auch eher bereit, in der Kirchengemeinde Maria Frieden ein Ehrenamt zu übernehmen (... mittlere Korrelation). ... Zudem haben Menschen, die die Teilnahme an Veranstaltungen als wichtig ansehen, auch eher ein Interesse mehr über Angebote zu erfahren (... mittlere Korrelation). (s. ebd.).

12 Vgl. Maria Frieden (o. J.): S. 19 Korrelationen schwächerer Art zeigen, dass die älteren Kirchenmitglieder sich als minimal religiöser einschätzen und sich etwas stärker als Teil der katholischen Kirche sehen. Auch wird die Gemeinde Maria Frieden als minimal attraktiver eingeschätzt. Jüngere fühlen sich etwas häufiger zu Gruppen und Aktivitäten eingeladen und schätzen die Teilnahme an Gottesdiensten als weniger bedeutsam ein (vgl. ebd.).

13 Vgl. Maria Frieden (o. J.): S. 21.

14 58,8 % Frauen, 39,6 % Männer, missing 1,6 %.

Attraktivität, Einbindung und Partizipation innerhalb der Pfarrgemeinde. Auch waren sie mit den unterschiedlichen Gottesdienstformen zufriedener als Männer.[15] Die einzige Gottesdienstform, die höher von den Männern bewertet wurde, war das Lateinische Hochamt.[16]

Ob jemand in einer Partnerschaft lebt oder nicht spielte für das Antwortverhalten praktisch keine Rolle.[17] Sehr große Unterschiede zeigten sich jedoch zwischen den Befragten mit und ohne Kinder. Menschen mit Familie fühlten sich hochsignifikant stärker als Teil der Kirche und ihnen war auch die Teilnahme an Gruppen oder Aktivitäten der Gemeinde, inklusive Gottesdienste, deutlich wichtiger. Erwartungsgemäß wurden auch die Familienmessen wesentlich besser bewertet, interessanterweise aber auch das Hochamt.[18]

Deutliche Unterschiede zeigten sich auch in Bezug auf den Migrationshintergrund. Personen mit Migrationshintergrund bezeichneten sich als hochsignifikant religiöser als die Personen ohne Migrationshintergrund. Auch war ihnen die Teilnahme am Gottesdienst wesentlich wichtiger, wobei sie sowohl die Jugendmessen und die Familienmessen als auch die Andachten und das Rosenkranzgebet deutlich besser bewerteten.[19]

Was passierte mit den Ergebnissen? Die Kommentare im explorativen Teil der Befragung wurden systematisiert. Die Ergebnisse wurden und werden seitdem vom Pfarrgemeinderat nach und nach jeweils zu Beginn der Sitzungen reflektiert.

Das Auffälligste sind aber gewiss die zahlreichen Gruppengründungen, die allesamt noch bestehen. Ein Beispiel: Die Gemeindebefragung ergab, dass es für die Altersgruppe 25 – 40 Jahren offensichtlich kein ausreichendes Gruppenangebot gibt. Vor allem die Kinderlosen dieser Altersgruppe bemängelten das, weil sie einerseits den Jugendgruppen entwachsen seien und sich andererseits nicht von Familienkreisen angesprochen fühlten. Daraufhin gründete sich eine Gesprächsrunde für junge Erwachsene. Auch entstand eine Männerrunde für diese Altersgruppe. Interessant ist auch die Gründung eines Aktionskreises der Generationen übergreifenden Aktivitäten. Außerdem zeigte die Umfrage ein starkes Interesse eines großen Teils der Gemeinde, mehr über religiöse Themen zu erfahren. Das führte zu neuen Initiativen in der Bildungsarbeit. Und weil rund 200 der interessierten Gemeindemitglieder bei der Gemeindebefragung ihre email-Adressen hinterlegten, können diese Angebote nun leichter bekannt gemacht werden.

Noch andere gelungene Beispiele könnten aufgezählt werden, die aus der Gemeindebefragung entstanden, die wahrlich nur ein sehr kleiner Gemeindebarometer war. Je differenzierter ein Gemeindebarometer ausfallen würde, je ausführlicher

15 Vgl. Maria Frieden (o. J.): S. 17.
16 Vgl. Maria Frieden (o. J.): S. 16 Das Lateinische Hochamt bekommt die niedrigste Bewertung der Frauen, die aber auch bei 3,04 liegt (vgl. ebd.).
17 Vgl. Maria Frieden (o. J.): S. 19 Kirchenmitglieder ohne Partner sind jedoch etwas bereiter, ein Ehrenamt zu übernehmen. Auch bewerten sie die Werktagsmessen als attraktiver (vgl. ebd.).
18 Vgl. Maria Frieden (o. J.): S. 19 f.
19 Vgl. Maria Frieden (o. J.): S. 22.

also eine „Marktanalyse“ der Defizite und Potentiale durchgeführt werden würde, desto besser und bedarfsgerechter könnte eine Gemeinde darauf reagieren. Selbstverständlich ist die Grundvoraussetzung, dass die Gemeindeleitung sich nicht nur auf dieses Analysetool einlässt, sondern auch auf die Ergebnisse angemessen reagiert.

Der Praxistest in einer Berliner Gemeinde zeigt, wie gut der Barometer Gemeinden unterstützen könnte, sich der eigenen Stärken und Schwächen zu vergewissern und Neues zu initiieren.

Ein standardisierter Gemeindebarometer als Online-Tool hätte wohl den Nachteil, dass sich gegenwärtig noch ein Teil vor allem älterer Gemeindemitglieder wegen nicht vorhandener Internetzugänge daran nicht automatisch beteiligen könnte. Das wäre aber sowohl durch eine Kombination mit Fragebögen als auch durch eine Generation übergreifende (einmalige) Aktion, etwa eines Internetcafes in den Gemeinderäumen, leicht zu überbrücken.

Wenn ein Online-Tool „Gemeindebarometer“, analog zum Religionsmonitor sogar eine „Gruppenfunktion“ aufweisen würde, dann wären Meinungsäußerungen von Gemeindegruppen speziell zu erheben. Beispielsweise könnten dann, wie eingangs „geträumt“, vor einer Klausurtagung zur Jahresplanung die Teilnehmenden um eine Selbsteinschätzung der Gemeindesituation gebeten werden. Das Ergebnis könnte eine gute Diskussionsgrundlage darstellen, auch hinsichtlich von Divergenzen in den Einschätzungen. Vorstellbar wäre auch eine Registrierung bei diesem Tool. Analog zum Religionsmonitor könnte dadurch ein „Längsschnitt“ ermöglicht werden, d.h. es könnten Vergleichswerte über einen bestimmten Zeitraum erhoben werden. So ließe sich eine Gemeindeentwicklung über mehrere Jahre leicht nachvollziehen und darstellen. Das wäre eine gute Gelegenheit, sich über den Erfolg der selbstentwickelten Pläne und Programme zu verständigen. Konkret könnte das bedeuten, sich beispielsweise nicht nur die Jugendarbeit als Schwerpunkt für die nächsten Jahre vorzunehmen und entsprechende Maßnahmen zu überlegen, sondern auch deren Erfolg zu messen.

9. Grenze des Gemeinebarometers

Selbstverständlich bleibt die Grundfrage, welche Erfolgskriterien für Gemeinden zugrunde gelegt werden. Ein Online-Tool kann nur eine technische Unterstützung zur Messung von Inhalten sein. Über die Inhalte und deren Erfolgskriterien muss an anderer Stelle eine (nicht virtuelle) Verständigung stattfinden. Ein Gemeindebarometer kann eine Gemeinde also nicht von der Aufgabe befreien, sich über eigene Ziele und Akzentsetzungen zu verständigen. Gewiss könnte das Barometer aber eine Hilfe sein für diesen Prozess der Zieledefinition. Bekanntlich sollte am Anfang eines Strategieprozesses stets eine Bestandsaufnahme des Ist-Standes stehen. Auch könnten bereits beschlossene Maßnahmen für die definierten Teilprozesse durch ein Gemeindebarometer überprüft werden. Dennoch bleibt die Definition von Idealen und Zielen einer Gemeindeentwicklung stets eine Aufgabe von handelnden Personen, die an kein Umfrageinstrument delegiert werden kann.

10. Gemeindebarometer als Online-Tool

Idealtypisch wäre der Gemeindebarometer also ein Online-Tool mit konkreten Fragen über die Ausprägung bestimmter Inhalte und deren Wichtigkeit für das Gemeindeleben. Es gäbe also definierte Kern- oder Grunddimensionen gemeindlichen Lebens, z. B. Gottesdienstfeier, diakonischer Dienst etc. Fragen zur Relevanz und Ausprägung – so konkret wie möglich gestellt – gäben die Einschätzung der Respondenten wider. Eine Korrelationsanalyse könnte das Antwortverhalten mit soziodemographischen Aspekten in Beziehung setzen. Im Ergebnis könnte eine Gemeinde noch gezielter Angebote für bestimmte Personengruppen entwickeln. Vermutlich werden nicht alle Gemeinden, die den Gemeindebarometer anwenden, Korrelationsanalysen durchführen lassen. Doch schon eine standardisierte Ergebnisdarstellung könnte den Teilnehmenden sehr nützlich sein. Wieder einmal soll auf den Religionsmonitor hingewiesen werden. Dort gibt es die Möglichkeit, sich durch ein „Religiositätsprofil“ am Ende der Umfrage, die stärksten und geringsten Ausprägungen in den Kerndimensionen widerspiegeln zu lassen. Allein diese erste Auswertung könnte Gemeindegremien zu ersten Konsequenzen befähigen.

11. Zehn Schritte zum Gemeindebarometer

Zusammengefasst sei noch einmal kurz erläutert, wie die Idee eines Gemeindebarometers praktisch umgesetzt werden könnte:

1. Notwendig ist der politische Wille innerhalb der Kirchen, ein solches Selbstevaluationsinstrument als Angebot für die Gemeinden entwickeln zu wollen.
2. Ein Finanzzierungsmodell muss konkretisiert werden.
3. Mittels Expertenbefragungen würde eine Verständigung über Kerndimensionen und über eine angemessene Berücksichtigung soziodemographischer Daten abschließend erfolgen.
4. Mittels eines kleinen (!) Expertengremiums, mit zumindest soziologischer, psychologischer und theologischer Kompetenz, werden Faktoren und Indikatoren der Kerndimensionen weiter definiert und konkrete Items formuliert.
5. Es wird ein Online-Tool entwickelt, das analog zum „Religionsmonitor“ anonymisiert und automatisiert einen „Gruppenzugang“ ermöglicht. Ein Link ermöglicht die Weiterleitung zur Stelle „Gemeindeberatung“ des Bistums oder der Landeskirche.
6. Entschieden werden muss, ob dieses Online-Tool eine Erweiterung etwa im Sinne einer „diakonischen Landkarte“ erfährt. Dann könnten beispielsweise

Senioren- oder Kindertagesstätten als besondere Orte gemeindlicher Sorge visualisiert werden.

7. Mit etwa 5 Gemeinden würden Probeläufe des Tools organisiert werden.
8. Zur allgemeinen Freischaltung würde sich eine Informationskampagne empfehlen, um möglichst viele Gemeinden zur Teilnahme zu motivieren.
9. Nach einer Beteiligung von einigen 1000 Usern könnte eine Auswertung durchgeführt werden, die auf Faktoren erfolgreicher Gemeindearbeit hinweist. Eine theologische Reflexion der Befunde wäre nicht nur für die praktische Theologie höchst interessant.
10. Verbesserungsvorschläge würden den Gemeindebarometer weiter optimieren. Auch könnte eine internationale Ausweitung erfolgen.

Dieser Artikel wollte aufzeigen, dass Gemeindebarometer möglich sind. Auch konnte gewiss glaubhaft gemacht werden, dass ein solches Instrument für Gemeinden sehr hilfreich wäre, nicht nur in Umbruchzeiten. Gemeindebarometer sind längst überfällig und zeitgemäß, weil die Kirchengeschichte und damit auch die Geschichte einer Gemeinde stets eine Zeit der Veränderung ist („ecclesia semper reformanda").

Ob der Gemeindebarometer dennoch jemals die Gedankenwerkstatt verlassen darf und eine reale Entwicklung erfährt, bleibt jedoch dahingestellt.

Literaturverzeichnis

Ahrens, P.-A./Schulz, C. /Wegner, G. (2009): Religiosität mit protestantischem Profil. In: Bertelsmann Stiftung (Hg.): Woran glaubt die Welt? Analysen und Kommentare zum Religionsmonitor 2008. Bertelsmann Stiftung, Gütersloh.

Gabriel, K.(2009): Die Kirchen in Westdeutschland: Ein asymmetrischer religiöser Pluralismus. In: Bertelsmann Stiftung (Hg.): Woran glaubt die Welt? Analysen und Kommentare zum Religionsmonitor 2008. Bertelsmann Stiftung, Gütersloh.

Huber, S. (2009): Der Religionsmonitor 2008: Strukturierende Prinzipien, operationale Konstrukte, Auswertungsstrategien. In: Bertelsmann Stiftung (Hg.): Woran glaubt die Welt? Analysen und Kommentare zum Religionsmonitor 2008. Bertelsmann Stiftung, Gütersloh.

Müller, O./Pollack, D. (2009): Kirchlichkeit, Religiosität und Spiritualität: West- und osteuropäische Gesellschaften in Zeiten religiöser Vielfalt. In: Bertelsmann Stiftung (Hg.): Woran glaubt die Welt? Analysen und Kommentare zum Religionsmonitor 2008. Bertelsmann Stiftung, Gütersloh.

Nassehi, A. (2009): Religiöse Kommunikation: Religionssoziologische Konsequenzen einer qualitativen Untersuchung. In: Bertelsmann Stiftung (Hg.): Woran glaubt die Welt? Analysen und Kommentare zum Religionsmonitor 2008. Bertelsmann Stiftung, Gütersloh.

Rieger, M. (2009): Säkularisierung, Privatisierung oder Resakralisierung? In: Bertelsmann Stiftung (Hg.): Woran glaubt die Welt? Analysen und Kommentare zum Religionsmonitor 2008. Bertelsmann Stiftung, Gütersloh.

Schwarz, C. (1996): Die natürliche Gemeindeentwicklung. C & P Verlagsgesellschaft.

Stein, M.(o. J.): Auswertung der Befragung der Mitglieder der Kirchengemeinde Maria Frieden / Berlin. Vorliegend als Ausdruck. Im Text zitiert als: Maria Frieden.

Zulehner, P. M.(2009): Spirituelle Dynamik? Ein Vergleich zwischen Deutschland, Österreich und der Schweiz. In: Bertelsmann Stiftung (Hg.): Woran glaubt die Welt? Analysen und Kommentare zum Religionsmonitor 2008. Bertelsmann Stiftung, Gütersloh.

Politische Steuerung und das Management der Jüdischen Gemeinde zu Berlin als Körperschaft des öffentlichen Rechts (KdöR)[1]

André Lossin

1. Geschichte und Entwicklung der jüdischen Gemeindestruktur in Berlin

Jüdische Gemeinden in Deutschland können auf eine lange, aber auch sehr schmerzvolle Geschichte zurückschauen. Das jüdische Gemeindeleben war meistens dem in Deutschland latenten Antisemitismus ausgesetzt und damit in seiner Existenz immer wieder in Frage gestellt. Das bedeutete immer wieder Verfolgung, Vertreibung, Flucht und eine neue Heimat finden. Das ist eine tausendjährige kollektive Erfahrung der jüdischen Gemeinschaft und der Gemeinden. Diese mussten sich in der Diaspora immer wieder neu organisieren und konnten somit nicht wie z. B. die christlichen Kirchen organisch wachsen.

Dies galt auch für die jüdische Gemeinde in Berlin. Ihre Existenz begann bereits kurz nach der Stadtentstehung im Jahre 1241. Bis zum Beginn der Neuzeit wurden die Juden mehrfach aus der Stadt vertrieben. Seit dem Jahre 1671 mit der Verkündung des Potsdamer Edikts durch den damaligen Kurfürsten wurde erneut jüdische Zuwanderung nach Berlin ermöglicht.[2]

---

1 Anmerkung: „Im Unterschied zu anderen Körperschaften des Öffentlichen Rechts (Bund, Länder, Gemeinden, Kammern, Universitäten) sind Religionsgemeinschaften mit Körperschaftsstatus aber kein Teil des Staates und somit nicht öffentliche Gewalt im Sinne des Art. 1 Abs. 3 GG." In Folge dessen sind die Religionsgemeinschaften nicht grundrechtsverpflichtet, sondern grundrechtsberechtigt. Sie besitzen einen Körperschaftsstatus eigener Art (sui generis). Es gibt deshalb keine staatliche Rechtsaufsicht über die öffentlich-rechtlich organisierten Religionsgemeinschaften. Es sollen aber auch gegen solche Körperschaften Amtshaftungsansprüche möglich sein.

2 Juden in Berlin, der Edikt von Potsdam von 1671, Seite 15.

Der preußische König Friedrich Wilhelm IV hatte schon im Jahre 1847 der Jüdischen Gemeinde, zu jener Zeit bestand Berlin nur aus einem kleinen Zentrum, das Privileg einer Körperschaft des öffentlichen Rechts verliehen.[3] Durch die industrielle Revolution und den rasanten Aufstieg Preußens zur wirtschaftlichen Militärmacht zog es viele jüdische Menschen aus den östlichen Provinzen Preußens in die aufstrebende Stadt Berlin. Mit der Eingemeindung im Jahre 1920 wurden viele um Berlin liegende Dörfer Teil der Stadt Berlin. Und so wuchs die Jüdische Gemeinde zu Berlin im Jahre 1925 auf 173.000 Menschen an und spielt in dieser Zeit eine wichtige und prägende Rolle in Berlin.[4] Durch die Machtübernahmen der Nationalsozialisten im Jahre 1933 und die Etablierung eines barbarischen NS-Staates wurden fast alle jüdischen Einrichtungen enteignet und zerstört. Der nationalsozialistische Wahn endete mit der Vernichtung von Millionen jüdischer Menschen in Konzentrationslagern. Das jüdische Leben war in Deutschland nach dem Ende des Nationalsozialismus 1945 weitgehend ausgelöscht und die Gemeindestrukturen vernichtet.

Während der Zeit des Nationalsozialismus wurden 55.000 Berliner Juden Opfer der Shoa, die meisten anderen flohen oder wurden vertrieben. Lediglich 7000 Juden überlebten in Berlin im Untergrund oder in einer Ehe mit einem nichtjüdischen Ehepartner.[5] Viele wanderten zu ihren Verwandten nach Israel oder in die USA aus.

Das Jahr 1946 war aufgrund antisemitischer Pogrome in Polen für die Berliner Jüdische Gemeinde ein bedeutendes Jahr. Im Zuge dieser Pogrome flüchteten viele Überlebende aus Polen nach Berlin. Vermutlich 1946 erhielt die JGzB[6] wieder ihre Anerkennung als Körperschaft des öffentlichen Rechts zurück. Am 19. Januar 1953 erfolgte, aufgrund der bereits erfolgten Gründung der DDR mit Ost-Berlin als Hauptstadt, die Trennung der Jüdischen Gemeinde Berlin in eine West-Berliner und Ost-Berliner Gemeinde.[7] Der kleine Gemeindeteil verblieb im Ostteil der Stadt. Nach der Trennung blieb die West-Berliner Jüdische Gemeinde bis Ende der siebziger Jahre doch eine sehr kleine Gemeinde. Es folgte in den siebziger Jahren aufgrund der ersten großen Auswanderungswelle sowjetischer Juden eine Neuzuwanderung nach Berlin, allerdings hatte die gesamte Berliner Gemeinde 1990 nur noch rund 3.800 Mitglieder.

Der Zusammenbruch der DDR und die Regelung der damaligen DDR-Regierung erlaubte es, sogenannte Kontingentsflüchtlinge aufzunehmen. Dieser Umstand führte zu einem Zuzug von Juden aus den Ländern der ehemaligen Sowjetunion.[8] Auf diesen massiven Zuzug war die damalige Gemeindeverwaltung nicht eingestellt, es fehlten insbesondere Mitarbeiter, die die russische Sprache be-

3 http://de.wikipedia.org/wiki/Preußisches_Judengesetz_von_1847.
4 Nachama, A./Schoeps, J. H. (1992): S. 275.
5 Nachama, A./Schoeps, J. H. (2001): S. 328.
6 Nachama, A./Schoeps, J. H. (1992): S. 275. Genaue Unterlagen liegen hierzu nicht vor.
7 Nachama, A./Schoeps, J. H. (1992): S. 328.
8 Siehe Artikel des Zentralrates der Juden KdöR zu Zwanzig Jahre jüdische Zuwanderung nach Deutschland Quelle: www.zentralratdjuden.de/de/article/2646.html.

herrschten. Die Anzahl der Gemeindemitglieder wuchs wieder an. Heute hat die Gemeinde knapp 11.000 Mitglieder, aber vermutlich leben doppelt so viele jüdische Menschen in dieser Stadt. Damit hat sich die Anzahl der Gemeindemitglieder verdreifacht, die Anzahl der Mitarbeiter stieg von knapp 300 Mitarbeitern auf 400 Mitarbeiter im Jahre 2008.[9] Viele der Zuwanderer fanden in der Gemeinde eine berufliche Perspektive. Zum Teil mangelte es ihnen an entsprechenden beruflichen Qualifikationen, entscheidend war jedoch, dass sie mit den Neuankömmlingen kommunizieren konnten, was den bisherigen Mitarbeiterinnen mangels Kenntnisse der russischen Sprache nicht möglich war. Die Zuwanderung aus Russland, aus der Ukraine, aus dem Baltikum oder aus den Kaukasusstaaten, wie Georgien oder Aserbaidschan, hatte die Gemeindestruktur und damit die Verwaltung organisatorisch an ihre Grenzen gebracht.

1.1. Die Stellung der Jüdischen Gemeinde gemäß Staatsvertrag mit dem Land Berlin

In Folge der Zuwanderung gründeten sich viele jüdische Gemeinden in verschiedenen Städten, wie z. B. Brandenburg, Potsdam oder Magdeburg, und es kam es bei Fragen der rechtlichen Interessenvertretung zu inneren Auseinandersetzungen. So hat die kleine orthodoxe Gemeinde in Potsdam, die eine Abspaltung der eigentlich neu konstituierten Gemeinde war, gegen den bislang mit der Jüdischen Gemeinde bestehenden Staatsvertrag geklagt. Im Wesentlichen wurde die Frage diskutiert, welche jüdische Gemeinschaft in welcher Form Ansprüche auf Zuschüsse des Staates hat. Die jüdischen Gemeinschaften beziehen das Recht auf staatliche Förderung, so wie sie den christlichen Kirchen bzw. Religionsgemeinschaften vom Staat gewährt wird.

1.2. Entwicklung und die Folgen der Zuwanderung auf die Struktur der Jüdischen Gemeinde zu Berlin nach 1990

Mit der deutschen Einheit ab 1990 bot sich im Verhältnis zwischen der ständig wachsenden Jüdischen Gemeinde und dem Staat die Möglichkeit, an die Verfahren der alten Bundesländer anzuknüpfen. Das so einvernehmlich geschaffene Vertragsstaatskirchenrecht stellt einen schonenden Ausgleich staatlicher und religiöser Interessen dar. Die Regelungen werden nicht einseitig gesetzt, sondern sind eine Selbstbindung der Vertragsparteien, die staatlicher Souveränität und kirchlichem Selbstbestimmungsrecht, das aus der Trennung von Staat und Kirche resultiert, gleichermaßen gerecht wird. Nach der Wiedervereinigung Deutschlands hat das Vertragsstaatskirchenrecht durch die Vertragsschlüsse zwischen den neuen Bun-

9 Siehe Bilanz 2009 der Jüdischen Gemeinde Berlin KdöR.

desländern und den Kirchen aber auch den jüdischen Gemeinden wieder an Bedeutung gewonnen. Die Verträge zwischen den einzelnen Landesverbänden und dem jeweiligen Bundesland gelten als klassische Staatsverträge. Das Land Berlin schloss mit der Jüdischen Gemeinde zu Berlin den ersten umfassenden Vertrag, im Jahre 1993 den Staatsvertrag und im Februar 1994 das „Gesetz zum Staatsvertrag über die Beziehungen des Landes Berlin".[10] Bis dahin gab es lediglich Verwaltungsvereinbarungen zwischen dem Land Berlin und der Gemeinde. Durch eine solche Vereinbarung wird - rechtlich gesehen - lediglich die Verwaltung gebunden, während ein Staatsvertrag durch die Zustimmung des Parlaments Gesetzeskraft entfaltet.

Im Rahmen des Einigungsprozesses und der Regelung der Restitutionsfragen erhielt die Jüdische Gemeinde zu Berlin einen geringeren Teil ihrer Vermögenswerte zurück, die letzte Rückübertragung erfolgte aufgrund eines Vergleichs mit der Jewish Claims Conference im September 2009.

Zu den wichtigen Einrichtungen und Bereichen der Jüdischen Gemeinde zu Berlin gehören:

- der Kultusbereich (Rabbinat) mit acht Synagogen, Mikwen und vier Friedhöfen
- der Bildungsbereich mit zwei Schulen, nämlich einer Jüdischen Grundschule und einer Jüdischen Oberschule sowie einer Kindertagesstätte
- der Sozialbereich mit einem Altersheim, Betreutem Wohnen und einer Einrichtung der stationären Pflege
- der Kultur- und Integrationsbereich (Gemeindehaus und ein Integrationsbüro) sowie
- sonstige Einrichtungen, wie ein Jugendzentrum, eine Jüdische Volkshochschule sowie eine Bibliothek
- die allgemeine Verwaltung, mit den Abteilungen Finanzbuchhaltung, Zuwendungen, Bestellwesen, Steuer, IT Personal, Bau-und Grundstück.

Die Jüdische Gemeinde ist auch heute noch die größte jüdische Gemeinde Deutschlands. Die Berliner Gemeinde weist für das Jahr 2009 ein Bilanzvolumen von rund 50 Mio. € aus. Das Finanzvolumen lag bei rund 29 Mio. €. Die Einnahmen lagen bei rund 26,5 Mio. €. Die Personalausgaben einschließlich der Pensionslasten bewegen sich bei rund 17 Mio €. So sinken aufgrund eines Personalabbaus zwar die Personalkosten, jedoch steigen jährlich die Pensionslasten an. Aufgrund des im Jahr 2009 mit der Jewish Claims Conference geschlossenen Vergleiches in Fragen des Altvermögen (Restitution von Altvermögen) und der Rückübertragung von drei größeren Immobilien in das Vermögen der Jüdischen Gemeinde, konnte die Gemeinde für das Bilanzjahr 2009 zum ersten Mal nach Jahren mit einem großen Überschuss abschließen. Allerdings führen die Belastungen durch die betriebliche

10 Siehe Veröffentlichung der Senatskanzlei Berlin zu den Staatsverträgen mit den verschiedenen Religionsgemeinschaften Quelle: www.berlin.de/imperia/md/content/sen-kultur/bkrw/staatsvertrag_jued_gemeinde.pdf?start&ts=1279526380&file=staatsvertrag_jued_gemeinde.pdf.

Altersversorgung und ein nicht ausgelastetes Pflegeheim zu einem strukturellen Defizit von derzeit weit über eine Mio €. Das Defizit des Pflegeheims lässt sich mittel- bis langfristig durch einen strukturellen Umbau reduzieren. Die Kosten für die betriebliche Altersversorgung werden jedoch, wenn es nicht umgehend zu einer Neuordnung der betrieblichen Altersversorgung kommt, weiter dramatisch ansteigen.[11] Dieser Umstand würde zu einer bilanziellen Überschuldung der jüdischen Gemeinde führen.[12]

2. Leitung und Steuerung der Jüdischen Gemeinde zu Berlin

Aufgrund des grundgesetzlich verankerten besonderen Schutzes der Religionsgemeinschaften verfügen diese über eine hohe Autonomie und regeln ihre inneren Angelegenheiten selber. Das gilt für das Haushaltsrecht, Arbeitsrecht, Friedhofsordnung und für ihr Tarifrecht bzw. Teile des Arbeitsrechts als auch für die gesamte innere Organisation.[13]

Das höchste Gremium der JGzB ist die Repräsentantenversammlung (RV) und besteht aus 21 Mitgliedern. Sie wird alle vier Jahre durch die Gemeindemitglieder gewählt und tagt in der Regel einmal im Monat.[14] Für die Wahl bewerben sich sowohl Einzelkandidaten als auch politische Verbindungen, die im Allgemeinen weder einen Parteien- noch einen Vereinsstatus aufweisen.

Die gewählten Repräsentanten wählen aus der Mitte der Gemeindeversammlung fünf Vorstandsmitglieder sowie drei stellvertretende Vorstandsmitglieder. Die Vorstandsmitglieder arbeiten ehrenamtlich und haften persönlich, es besteht aber gemäß Satzung die Option, dass ein Vorstandsmitglied ein Gehalt beziehen kann.[15] Des Weiteren ermöglicht das Satzungsrecht, dass auch ein Vorstandsmitglied bestellt werden kann, das nicht der Repräsentantenversammlung angehört. Dieses verfügt dann in der RV lediglich über ein Rederecht, aber über kein Stimmrecht. Diese Form der Bestellung von Vorstandsmitgliedern hat in der Jüdischen Gemeinde zu Berlin Tradition, um Fachleute für wichtige Ressorts zu gewinnen, hat aber andererseits den Nachteil, dass dieses Vorstandsmitglied in der RV an Abstimmungen nicht beteiligt werden darf. Aus der Mitte des Vorstandes wird dann

11 Am 11. November 2010 hatte der Vorstand eine Vorlage zur Neuordnung der betrieblichen Altersversorgung in die Gemeindeversammlung eingebracht, um somit das dramatischen Ansteigen der Kosten für die betriebliche Altersversorgung zu verhindern. Für die Vorlage zur Neuordnung verfehlte die notwendige 2/3 Mehrheit, dennoch wurde die absolute Mehrheit bei der Abstimmung erlangt.

12 Siehe Tagesspiegel vom 14.01.2011, Claudia Keller http://www.tagesspiegel.de/berlin/juedische-gemeinde-steht-vor-der-insolvenz/3704250.html.

13 Siehe Grundgesetz Artikel 140.

14 Siehe Satzung der Jüdischen Gemeinde zu Berlin - K.d.ö.R in der Fassung vom 12. November 2008 hier § 6 Organe der JGzB.

15 Siehe Satzung § 21 Abs. 4.

die oder der Vorstandsvorsitzende gewählt. Die/der Vorsitzende verfügt satzungsgemäß über keine besondere rechtliche Stellung, sondern nimmt im Wesentlichen repräsentative Aufgaben des Vorstandes war.[16]

Der Geschäftsführer der Gemeinde ist im Gegensatz zum Vorstand kein Organ der Gemeinde. Eine Initiative des Vorstandes zur Änderung der Satzung, wonach der Geschäftsführer als Organ in der Satzung verankert wird, wurde abgelehnt. Dieser muss trotzdem durch die RV mit einfacher Mehrheit gewählt werden. Damit obliegt die Haftung für die Rechtsgeschäfte im Grundsatz bei den fünf Vorstandsmitgliedern und nicht beim Geschäftsführer. Grundsätzlich müssen alle wichtigen Entscheidungen, wie Änderungen von Satzungen oder Rechtsverordnungen, Einstellungen und Entlassungen von Rabbinern oder auch Vermögenskäufe oder Verkäufe mit einer 2/3-Mehrheit durch die RV entschieden werden.[17]

Für die Genehmigung des Wirtschaftsplans genügt eine einfache Mehrheit. Die Satzung der Jüdischen Gemeinde zu Berlin ist jedoch so ausgelegt, dass im Wesentlichen sowohl die strategische als auch die operative Steuerung durch den Vorstand erfolgt. Zwei Vorstandsmitglieder vertreten gemäß Satzung die Gemeinde gerichtlich und außergerichtlich,[18] so dass zwei Vorstandsmitglieder, wenn es nicht anders geregelt ist, die entsprechenden Rechtsgeschäfte abschließen können. Für Dritte ist es daher nicht erkennbar, ob diese beiden Vorstandsmitglieder ein Rechtsgeschäft eingehen dürfen oder nicht. Das wird zwar als Problem erkannt, ist aber bislang in der Satzung nicht detailliert geregelt. Dem jeweiligen amtierenden Vorstand bleibt die Möglichkeit einer eigenen internen Regelung zur Auslegung des § 22 der Satzung der JGzB, und diese wiederum im Amtsblatt veröffentlichen zu lassen, um Dritten die legitime Vertretung der Gemeinde bekannt zu machen.[19]

Die Gemeinde wird dadurch weitgehend vom Vorstand gesteuert. Zur Regelung der Amtsgeschäfte des Vorstandes gibt es keine Geschäftsordnung. Die Zuständigkeiten eines jeden Vorstandsmitgliedes beruhen im Wesentlichen auf Absprachen zwischen den Vorstandsmitgliedern oder in Einzelfällen auf einem Beschluss des Vorstandes, die den zuständigen Bereichen und Abteilungen schriftlich mitgeteilt werden.

Der Geschäftsführer führt zwar formal das operative Geschäft und entwickelt mit dem Vorstand die strategische Ausrichtung der Gemeinde, muss jedoch sein Handeln durch entsprechende Vollmachten auf der Basis eines Vorstandsbeschluss legitimieren lassen. Die Handlungsvollmachten des Geschäftsführers können vertraglich geregelt, aber bei einer Sonderregelung durch den Vorstand, wie bei einer vorläufigen Haushaltswirtschaft, einschränkt werden.

Der Vorstand hatte daher, aufgrund der unzulänglichen Regelung, festgelegt, dass alle wesentlichen Rechtsgeschäfte, die von zwei Vorstandsmitgliedern getätigt werden, vom Finanzdezernenten gegenzuzeichnen sind. Die jüdische Gemein-

16 Siehe Satzung § 22 Abs. 4.
17 Siehe Satzung § 8 Abs. 1.
18 Siehe Satzung § 22. Abs. 1.
19 Siehe Amtsblatt des Landes Berlin vom 05.03.2010 Ausgaben 9/2010, Seite 276.

de verfügt über keine Haushaltsordnung, es liegt lediglich ein veralteter Entwurf einer entsprechenden Ordnung vor. Die RV als auch der Vorstand haben bislang nicht auf die Fort- und Weiterentwicklung einer Haushaltsordnung aufgrund der komplexen rechtlichen Implikationen gedrängt. Im Wesentlichen wird das Budgetrecht in dieser Legislaturperiode durch entsprechende Verordnungen des Vorstandes, in Form von Haushaltsrundscheiben, gesteuert bzw. geregelt. Dazu wurde ein entsprechender Regelkreislauf implementiert.

Trotz der Kenntnis, dass die Vorstandsmitglieder bei grob fahrlässigen Verstößen mit eigenem Vermögen haften, legen die Vorstandsmitglieder großen Wert auf ihre außerordentlich weitgehende Entscheidungskompetenz. Sie wollen über eine weitreichende Entscheidungsmacht verfügen. Durch diese Satzungskonstruktion und aufgrund unklarer Ressortabgrenzungen kommt es wieder zu widersprüchlichen Entscheidungsabfolgen. Nur durch das Vorschalten eines weiteren Organs, des Geschäftsführers, der dann ebenso wie ein Vorstandsmitglied haftet, könnte die Haftung auch auf die Geschäftsführung ausgeweitet werden.

Der hohe Autonomiegrad der Jüdischen Gemeinde zu Berlin als Körperschaft des öffentlichen Rechts, teilweise fehlende Regelungen sowie der Umstand, dass der Vorstand ehrenamtlich tätig sein muss, haben daher in der Vergangenheit zu einer Reihe von Problemen für die Gemeinde geführt.

Den ehrenamtlichen Vorstandsmitgliedern, die meistens berufstätig sind, fehlt häufig die notwendige Zeit für Führungsaufgaben, aber oft auch entsprechende Fach- und Managementkenntnisse.

Dies hat nach dem Tod des früheren Vorsitzenden Heinz-Galinski im Jahre 1993 zu erheblichen Diskontinuitäten von Vorstandsmitgliedern und Vorständen geführt, sodass einzelne Legislaturperioden durch Rücktritte von Vorstandsmitgliedern und dem daraus folgenden Rücktritt ganzer Vorstände erheblich verkürzt worden sind. In den letzten 17 Jahren wurden durch die RV sechs Vorstände gewählt.[20]

Die teilweise Entkoppelung der Jüdischen Gemeinde von Rechtssystematiken und die Möglichkeit der Implementierung eigener Regelwerke, führten zu z.T. unvollständigen und/oder inkonsistenten Rechtsverordnungen. Diese wurden in der 16. Legislaturperiode (2008- 2011) überarbeitet oder wenn der Veränderungsbedarf, wie bei der Arbeitsordnung erkannt wurde, fehlte die 2/3 Mehrheit. Sehr spät wurde in der Jüdischen Gemeinde zum Beispiel eine Datenschutzverordnung in Kraft gesetzt.

Die Diskontinuität von Vorständen führte vor allem zu einem instabilen wirtschaftlichen Handeln innerhalb der Jüdischen Gemeinde, sodass die Behebung von Strukturproblemen und das Aufsetzen einer langfristigen Planung nicht möglich waren. In dieser Legislaturperiode besteht im Vorstand über die Einleitung ent-

20 Die erste Repräsentantenversammlung zu 16. Legislaturperiode konnte, ob wohl deren Mitglieder am 25.11.2007 gewählt wurden, aufgrund einer Wahlanfechtung durch zwei ehemalige Vorstandsmitglieder, sich erst am Januar 2008 konstituieren. Auf dieser RV-Sitzung wurde dann der bislang immer noch amtierende Vorstand gewählt.

sprechender Strukturreform Einigkeit. Nur so kann die wirtschaftliche und finanzielle Zukunft der Gemeinde gesichert werden, weil der Geschäftsführer kein Organ im Sinne der Satzung ist und er im Wesentlichen auf die Entscheidungen und damit die Vorgaben des Vorstandes angewiesen ist. Das gesamte Management in der Gemeinde verfügt über eine sehr eingeschränkte und durch den Vorstand legitimierte Entscheidungskompetenz. Im Wesentlichen wird nicht über Ziele, sondern über Einzelvorgaben gesteuert. So greift der Vorstand aufgrund seines politischen Selbstverständnisses immer wieder in das operative Geschäft ein. Daraus resultiert nicht immer ein lineares Entscheidungssystem. Das führt zu Unsicherheiten und zu Reibungsverlusten in den Verwaltungsabläufen. Die Mitarbeiter wenden sich gern, wenn ihre Anliegen von der Geschäftsführung nicht befürwortet werden, direkt an einzelne Vorstandsmitglieder, und sollten diese das Anliegen nicht befürworten, werden die Anliegen dann in der Gemeindeöffentlichkeit kommuniziert. Vorstandsmitglieder und die Geschäftsführung müssen sich des Öfteren öffentlicher politischer Angriffe erwehren. Wäre die Struktur wesentlich stärker reguliert und einheitlich verrechtlicht, könnten der Vorstand und die Geschäftsführung auf der Basis entsprechender, für alle Beteiligten auf klaren und eindeutigen Rechtsgrundlagen agieren.

Doch die nicht ausreichende Verrechtlichung der Struktur der JGzB resultiert vor allem aus zwei Umständen: Jedes Vorstandsmitglied möchte politisch gestalten und hat den Wunsch, dass sein politisches Handeln sowohl für die Organisation als auch für die Mitglieder erkennbar sein muss. Dieses Denken und Handeln kann dann zu Spannungen zwischen Mitarbeitern, dem Management und den Vorstandsmitgliedern führen. Zwar ist die JGzB wirtschaftlich und aufgrund der Größe der Gemeinde mit knapp 11.000 Mitgliedern mit einem mittelständischen Unternehmen zu vergleichen, wird aber von einem sehr kleinen Kreis aktiver Gemeindemitglieder, die sich politisch in der Gemeinde einbringen, geführt. Hinzu kommt, dass etwas weniger als die Hälfte der Gemeindebeschäftigten auch Mitglieder der Gemeinde sind und ebenso aktiv Gemeindepolitik betreiben. Somit übt ein relativ kleiner und überschaubarer Kreis von Gemeindemitgliedern informell immer wieder Einfluss auf die Politik der Gemeinde aus.

Die kulturellen Herkünfte und Interessen der zugewanderten Mitglieder sind sehr unterschiedlich. Die unklare Verteilung der Managementkompetenzen erschwert die Steuerung und Verwaltung der Organisation. Es gibt daher ein immanentes Strukturproblem.

3. Lösungsansätze und Perspektiven

Die durch die Zuwanderung ausgelösten strukturellen Veränderungen führten in einigen Verwaltungsbereichen, wie der Sozialabteilung, zu einer Veränderung des Aufgabenspektrums und des Ablaufes, sodass heute die Sozialabteilung überwiegend mit Fragen der sozialen Integration beschäftigt ist. Anfang des Jahres 2000 konnte mit Mitteln des Landes Berlin, die Koordinierungsstelle „Rund ums Alter“ etabliert werden, die heute als Beratungsstelle bzw. Pflegestützpunkt finanziert wird.

Durch die Neueinstellung von vielen Zuwanderern hat sich der Personalbestand im Jahre 2006 auf rund 430 MA erhöht, ohne dass es zu einer durchgreifenden Neuorganisation und damit zur verbesserten Leistungsfähigkeit und Kundenorientierung der Verwaltung kam. Derzeit verfügt die Gemeindeverwaltung immer noch über 15 Abteilungen, wovon einige nur aus zwei Mitarbeiter bestehen.

Im Jahr 2006 in der 14. Legislasturperiode hat der damalige Vorstand der Jüdischen Gemeinde zu Berlin beschlossen, die Verwaltung auf einen Standort zu verdichten, um somit eine bessere Kommunikation und verbesserte Arbeitsabläufe zu erreichen. Gleichzeitig wurden erhebliche Investitionen in die technische Infrastruktur (neue Datenleitungen und neue FiBu-Software) vorgenommen. Jedoch wurden klare und eindeutige Regelungen erst durch den Vorstand in der 16. Legislaturperiode eingeführt. Am Ende der letzten 15. Legislaturperiode war der Vorstand kaum noch handlungsfähig, so dass, dieser teilweise keine Beschlüsse mehr mehrheitlich fassen konnte.

Erst durch den neuen Vorstand der Jüdischen Gemeinde zu Berlin, der sich Anfang 2008 etablierte, wurden Reformen im Bereich des Personalbereiches und in den überholten internen Rechtsverordnungen eingeleitet. Zwar konnte man sich nicht entscheiden, aus der Position des Geschäftsführers ein Organ zu bilden, jedoch wurden dem Geschäftsführer wesentlich mehr operative Aufgaben, wie beispielsweise der Abschluss von Arbeitsverträgen, übertragen. Als ein weiterer Geschäftsführer eingestellt werden sollte, gab es nach Auffassung einiger Mitglieder der Repräsentantenversammlung lt. Satzung nur einen Geschäftsführer, sodass der Vorstand in einer Repräsentantenversammlung den Kompromiss gefunden hatte, statt eines weiteren Geschäftsführers das Finanzmanagement mit der Position eines Chief Financial Officer (CFO) zu besetzen. Ziel ist es, die Geschäftsführung durch zwei fachkompetente Manager zu führen, um den Anforderungen einer modernen Organisation mit knapp 360 Mitarbeitern gerecht zu werden. Mit der Berufung eines CFO sollte das Verwaltungshandeln, insbesondere bei der Haushaltssteuerung- und Wirtschaftsplanung, sowie der Entwicklung entsprechender Handlungsrichtlinien präziser geregelt und somit überprüfbarer gestaltet werden.

Die Vorstandsmitglieder und die Repräsentanten sollen mit Hilfe eines besseren Reportings schneller in die Finanzprobleme eingeführt werden, um schwierige und komplexe wirtschaftliche Entscheidungen mittragen zu können. Mit der Implementierung neuer Haushaltsregelungen wurden das Ausgabeverhalten und die Steuerung von Einrichtungen sowie das Kostenverhalten deutlich verbessert. Des Weiteren hat man sich entschieden, eine professionelle Personalleitung einzusetzen, die das gesamte Personalthema operativ in Hinblick auf die Personalwirtschaft und Planung umsetzen soll. Personalbeschaffung und Personalsteuerung sollen professionell abgewickelt werden, es sollen Personalanforderungsprofile erstellt werden, sodass ein belastbarer Geschäftsverteilungsplan entwickelt werden kann.

Die ersten Schritte zur Verbesserung der Managementstruktur in der Jüdischen Gemeinde zu Berlin sind gemacht, aber noch längst nicht ausreichend. Ziel muss es sein, die Geschäftsführung als Organ satzungsmäßig zu verankern, den ehrenamtlichen Vorstand mit den Aufgaben eines echten Aufsichtsrates zu betrauen und damit auch die haftungsrechtliche Verantwortung neu zu verteilen. Die operative Steuerung wird von der Geschäftsführung periodisch unterrichtet und mit entsprechenden Planungsunterlagen versorgt. Es empfiehlt sich, die entsprechenden Legislaturperioden von vier auf fünf Jahre zu verlängern, um dem Vorstand, der sich einarbeiten muss, in seiner Amtsperiode genügend Zeit für strukturelle Entscheidungen einzuräumen. Für die bessere Haushaltssteuerung und zur Verbesserung der Wirtschaftlichkeit ist es zwingend notwendig, sich eine moderne Haushaltsordnung zu geben, die für alle Beteiligten klare Spielregeln festlegt und somit eine sichere Basis für erfolgreiches Verwaltungshandeln bildet.

Zwingend notwendig ist auch die Entwicklung einer gemeinsamen Geschäftsordnung, die sowohl für den Vorstand die einzelnen Zuständig- und Verantwortlichkeiten als auch die Beziehung zwischen der Geschäftsführung und dem Vorstand festlegt.

Die Gemeinde hat in den letzten Jahren bislang einen guten und manchmal schmerzhaften Weg beschritten und viele strukturelle Probleme, wie die betriebliche Altersversorgung, angepackt. Wenn die Gemeinde ihre Existenz auf Dauer sichern will, ist es notwendig, die eingeleitete Sanierung bzw. den Umbau der Gemeinde konsequent fortzuführen und dabei das Zepter nicht aus der Hand zu geben.

Literaturverzeichnis

Amtsblatt des Landes Berlin vom 5.03.2010 Ausgabe 9/2010. Satzung der Jüdischen Gemeinde zu Berlin (KdöR) vom November 2008.

Nachama, Andreas/ Schoeps, Julius H./ Simon, Hermann (2001): Juden in Berlin, Berlin.

Nachama, Andreas/ Schoeps, Julius H. (1992): Aufbau nach dem Untergang – deutsch-jüdische Geschichte nach 1945, Berlin.

Kessler, Judith (1996): Jüdische Migration aus der ehemaligen Sowjetunion seit 1990. Beispiel Berlin, Berlin.

Ehmann, Annegret/ Livné-Freudenthal, Rachel / Richarz, Monika / Schoeps, Julius H./ Wolff, Raymond (1988): Juden in Berlin 1671 – 1945 – Ein Lesebuch, Berlin.

II.

Finanzen

Kirchliches Finanzmanagement und Entscheidungskulturen

Thomas Begrich

1. Steuerung in der evangelischen Kirche

Grund allen Handelns in der Kirche ist Ziel und Auftrag, wie er uns von unserem Herrn Jesus Christus gegeben ist:

> Darum gehet hin und machet zu Jüngern alle Völker, taufet sie auf den Namen des Vaters und des Sohnes und des heiligen Geistes und lehret sie halten, alles was ich euch befohlen habe. (Matthäus 28,19 f).

Aus diesem Auftrag wuchs die Kirche Jesu Christi. Die evangelische Kirche nahm ihren Anfang (eigentlich ein Fortgang!) bekanntlich in der Reformation - einer Zeit, in der Missbrauch geistlicher Macht und missbräuchlicher Umgang mit dem Geld der Gläubigen den Menschen zunehmend zu einer Anfechtung wurde. Die Reformation nahm folgerichtig ihren Ausgang 1517 in der Forderung Martin Luthers nach der Trennung von Macht und geistlichem Amt. Das von Martin Luther postulierte Priestertum aller Getauften[1] setzte den Rahmen für eine neue Freiheit kirchlichen Handelns. In der Praxis allerdings erwies sich das als nicht ganz so einfach: in den Auseinandersetzungen, um die richtige Art und Weise den Glauben zu leben, wurde deutlich, dass ohne Machtstrukturen und ohne die tatsächliche Ausübung von Macht, die auch den notwendigen Schutz bedeutete, kirchliches Leben schwer zu gestalten war. So entstanden im Ergebnis des Augsburger Religionsfriedens von 1555 die evangelischen Landeskirchentümer. Der Landesherr nahm die Stellung des *summus episcopus* ein. Gleichzeitig war auch deutlich, dass

1 vgl. Luther, M. (1523): S. 408-416.

weltliche Macht nicht einfach die Verwaltung kirchlicher Angelegenheit übernehmen konnte. So entstanden bereits 1539 in Kursachsen die ersten Konsistorien (in Preußen erst 1816). Aber das Priestertum aller Getauften bedeutete schließlich mehr: insbesondere in den Gebieten, in denen der Einfluss des reformierten Gedankenguts unter dem Einfluss Johannes Calvins vorherrschte, entwickelte sich eine Kirchenordnung, die durch presbyterial, d.h. synodale Leitungselemente geprägt war. Die Macht in der Kirche lag damit in den Händen der Gemeinde selbst (so z. B. 1835 in der rheinisch-westfälischen Kirchenordnung verankert). Dennoch war im evangelischen Raum die Kirche noch eng mit der weltlichen Macht des Landesherrn verbunden. Dies änderte sich erst 1919 mit der Weimarer Reichsverfassung, die die Trennung von Kirche und Staat besiegelte. Synodale Ordnungen setzten sich durch, verhinderten aber bald nach 1933 mit den deutschen Christen eine folgenschwere Entwicklung nicht: die evangelischen Kirche geriet weithin unter den Einfluss der nationalsozialistischen Ideologie. So wurde auch in der Kirche Macht missbraucht - Judenchristen wurden verfolgt und ausgeschlossen. Dagegen wandte sich die Bekennende Kirche. In der theologischen Erklärung der Bekenntnissynode von Barmen 1934 wurde in der vierten These festgestellt:[2]

> *4. Jesus Christus spricht:*
> Ihr wisst, dass die Herrscher ihre Völker niederhalten und die Mächtigen ihnen Gewalt antun. So soll es nicht sein unter euch; sondern wer unter euch groß sein will, der sei euer Diener.
> (Matthäus 20,25.26)

Die verschiedenen Ämter in der Kirche begründen keine Herrschaft der einen über die anderen, sondern die Ausübung des der ganzen Gemeinde anvertrauten und befohlenen Dienstes.

Wir verwerfen die falsche Lehre, als könne und dürfe sich die Kirche abseits von diesem Dienst besondere, mit Herrschaftsbefugnissen ausgestattete Führer geben und geben lassen.

Auf dieser Grundlage wurden schließlich nach 1945 die Grundordnungen und Kirchenverfassungen neu formuliert. Ein Machtmissbrauch sollte durch eine starke Synodalstruktur ein für alle Mal der Boden entzogen werden. Die Leitung und Steuerung in der evangelischen Kirche ist seither durch drei grundlegende Elemente gekennzeichnet: Das synodale, das episkopale und das konsistoriale Element. Diese drei Elemente sind in den Grundordnungen der 22 evangelischen Landeskirchen unterschiedlich ausgestaltet und zugeordnet, verstehen sich aber immer so, dass die Leitung in der Kirche eine gemeinsame Angelegenheit von Kirchenleitung, geistlicher Leitung und der Synode ist. So entwickelte sich faktisch ein Grundprinzip, Macht in der Kirche erst gar nicht zuzulassen. Dies zog in der Folge allerdings nicht ganz einfache Entwicklungen nach sich, indem zugleich Entscheidungskulturen entstanden, die eine effiziente Steuerung nicht fördern. Entscheidungen müssen viele Gremien durchlaufen - dies manchmal mehrfach. Sie werden

2 Evangelisches Gesangbuch (1991).

wegen unterschiedlicher Informationsstände zuweilen oft kritischer hinterfragt als es sachgerecht scheint. Ja, einige sprechen sogar davon, dass sich eine „Misstrauenskultur" entwickelt habe. Vielfältige Reformbestrebungen der letzten Jahre hinterfragen auch solche Fehlentwicklungen. Der Wille nach einer arbeitsteiligen Ausrichtung der Leitungsfunktionen in der evangelischen Kirche gewinnt zunehmend an Kraft (Abbildung 1). Darum betont Wolfgang Huber:[3] *Macht in der Kirche ist letztlich die Fähigkeit, die Handlungsfähigkeit ihrer Mitglieder zu mobilisieren.* Damit ist eben nicht nur „Mitreden" gemeint, sondern vor allem, es tatsächlich zu *können.* Es geht um Verantwortung für die Gemeinschaft in der Kirche.

Abbildung 1: Schematische Darstellung der Leitungsfunktionen

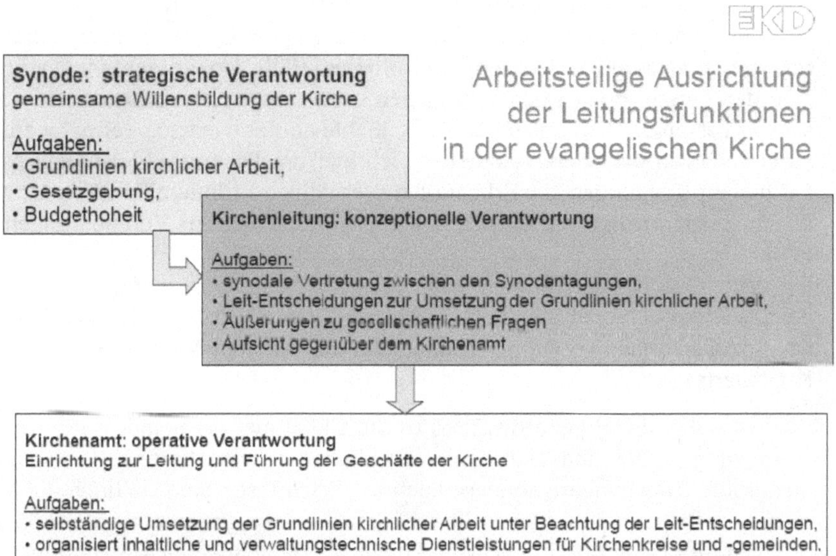

2. Die Finanzbasis

Um das Finanzmanagement in der evangelischen Kirche besser zu verstehen, ist zunächst ein Blick auf die Finanzstatistik hilfreich. Es ist notwendig, zu wissen, aus welchen Arten sich die Einnahmen zusammensetzen und für welche Aufgaben diese Mittel dann wieder eingesetzt werden. Durchschnittlich handelt es sich dabei

3 Huber, W. (2005).

um ein Volumen pro anno von zehn Milliarden Euro. Dies bezieht sich auf die 22 Landeskirchen, ihre 15.000 Kirchengemeinden, die EKD selbst und deren Gliederungen. Nicht einbezogen sind die Einrichtungen im Bereich der Diakonie.

Wir können drei grundsätzliche *Einnahmearten* unterscheiden:

- Das sind zum einen die *Gaben der Gemeinde*. Dazu zählen die Kirchensteuern als Mitgliedsbeitrag, Kollekten, Opfer und Spenden. Die Gaben der Gemeinde sind mit 45 % bis 50 % die größte Einnahmegruppe.
- Zum anderen sind es *Drittmittel*, etwa 40 %. Hier handelt es sich um Einnahmen, die dem öffentlichen Bereich entstammen und die der kirchlichen Arbeit für Leistungen, die die Kirche der Gesellschaft nach dem Subsidiaritätsprinzip erbringt, zur Verfügung gestellt werden. Dazu gehören Zuwendungen für die Kindertagesstätten ebenso wie Zuwendungen im Bereich der Denkmalpflege für die Erhaltung kulturgeschichtlich bedeutsamer Gebäude, aber auch die Staatsleistungen, die mit knapp 240 Millionen EURO zwar nicht viel mehr als 2 % der Gesamteinnahmen ausmachen, aber wegen ihrer historisch heute schwer verständlichen Entstehungsgeschichte immer wieder angefragt werden; zu Unrecht: in der Sache handelt es sich hier um Pachtersatzleistungen, also Rechtsverpflichtungen, die Erbbaurechtsverhältnissen ähneln. In dieser Gruppe werden auch etwaige Darlehensaufnahmen oder Erlöse aus Veräußerungen erfasst.
- Die dritte Gruppe schließlich beinhaltet *eigene Einnahmen und Entgelte*. Hierbei handelt es sich um Entgelte für kirchliche Dienstleistungen, etwa im Bereich der Sozialstationen sowie um Einnahmen aus Mieten, Verpachtung und um Kapitalerträge.

Wichtig ist dabei die Erkenntnis, dass es die Gaben der Gemeinde sind, die die Voraussetzung für die Finanzierung der kirchlichen Arbeit schaffen. Sie sind nicht nur die größte Einnahmeart, sondern auch die Wichtigste: sind sie doch die Voraussetzung dafür, dass die anderen Einnahmen überhaupt generiert werden können. Ohne Eigenmittel sind öffentliche Mittel nicht zu erlangen - ohne Eigenmittel können auch keine Strukturen geschaffen werden, die eigene Einnahmen generieren. Auch dieser Gedanke ist hier wichtig: Wenn es die Gemeinde ist, die die finanzielle Voraussetzung für die kirchliche Arbeit schafft, dann begründet dies auch sachlich ihren Anspruch, deren Verwendung mit zu verantworten. So ist es denn Aufgabe der Verwaltung diese Mittel stets verantwortlich und transparent zu bewirtschaften.

Wofür werden diese 10 Milliarden Euro verwendet? Auch die *Ausgaben* lassen sich in drei große Gruppen einteilen. Knapp 19 % entfallen auf den Pfarrdienst und den Religionsunterricht - also auf Seelsorge und Unterweisung: Weitere 16 % auf die Kindertagesstätten. Diese beiden Aufgabenbereiche sind damit die größten Ausgabepositionen. Insgesamt entfallen gut 2/3 aller Ausgaben unmittelbar auf den *Aufgabenbereich der Kirchengemeinden*. Eine zweite Gruppe ist das *kirchliche Management* im weiteren Sinn. Hierzu zählen nicht nur die etwa 8 % Leitungs- und Verwaltungsausgaben, sondern auch die Öffentlichkeitsarbeit, Aufwendungen für die Aus-, Fort- und Weiterbildung, Wissenschaft, Auslandsarbeit und Ökumene. Insgesamt etwa 18 %. Auf die dritte große Gruppe entfallen Aufwendungen für die Unterhaltung und Pflege kirchlicher Grundstücke (12 %) oder die Vorsorgeaufwendungen; es handelt sich also um *Verpflichtungen*. Der besondere Charakter dieser Gruppe mit etwa 27 % ist, dass sie Kosten der Gegenwart, der Vergangenheit und der Zukunft in sich einschließt. Auch wenn etwa - fiktiv betrachtet - alle kirchlichen Aktivitäten heute eingestellt würden, wären immer noch die Verpflichtungen aus der Versorgung und der Pflege kirchlicher Grundstücke - insbesondere der 21.000 Kirchengebäude - erforderlich! Allein diese Betrachtung der Lasten der Vergangenheit und der Anforderungen für die Zukunft macht deutlich, wie essentiell der Einsatz eines modernen kirchlichen Finanzmanagements ist, das die Steuerung der sich daraus ergebenden Anforderungen ermöglicht.

3. Grundlagen kirchlichen Finanzmanagements

3.1. Finanzverteilsysteme

Dies ist nicht der Ort, um über die Besonderheiten der Kirchensteuer nachzudenken. Vielmehr geht es hier um die Art und Weise der Verteilung der Kirchensteuer und ggf. anderer zentraler Einnahmen. Schließlich ist es eine Besonderheit der Kirchensteuer, die eine Gabe, der Mitgliedsbeitrag, der Gemeindeglieder ist, dass sie infolge der Art ihrer Erhebung über die Finanzämter zentral eingeht und demzufolge zentral verwaltet wird.[4] Diese Finanzmittel müssen also von zentraler Stelle ihrer Verwendung zugeführt und sachgerecht verteilt werden. Der Umgang mit den Kirchensteuern berührt damit nicht nur die kirchliche Verwaltung, sondern er ist auch eine Frage der Macht.[5] An die Finanzverteilung als Form der Machtausübung ergeben sich damit besonders hohe Anforderungen. So sollte berücksichtigt werden, dass die Kirchengemeinden eher wie Vereine[6] reagieren. Sie interessieren sich naturgemäß mehr für Aufgaben in ihrem näheren Umfeld, quasi dem Kirchturmhorizont. Verantwortung für größere Strukturen können sie schwer übernehmen. Kirche ist aber mehr als die Summe der Kirchengemeinden. Daher müssen die zentralen kirchenleitenden Organe ähnlich wie ein Unternehmen handeln. Sie sind es, die steuern müssen, den Zusammenhalt und einen solidarischen Austausch organisieren, kirchliche Aufgaben planen u.a.m.

Zwischen diesen beiden Daseinsweisen ergeben sich zwangsläufig Widersprüche, die immer wieder zu Auseinandersetzungen auf den Synoden führen (müssen). Das sollten Finanzverteilsysteme berücksichtigen, ebenso, wie sie der Tatsache

4 Unbeschadet dessen, dass in zwei Landeskirchen, der Evangelischen Kirche im Rheinland und der Evangelischen Kirche von Westfalen, die Kirchengemeinden unmittelbar Kirchengläubiger sind.
5 Begrich, Th. (1999).
6 Sie *sind* natürlich keine Vereine.

Rechnung tragen sollen, Steuerungselemente zu sein. Schließlich ist nicht unerheblich, ob sie dynamische Systeme sind, d.h. wie flexibel sie auf sich verändernde Finanzierungsbedingungen reagieren. Daraus ergeben sich etwa folgende grundlegende Anforderungen an sie:

- Sie sollen die zentralen Steuerungsfunktionen ermöglichen und sichern,
- sie sollen die Eigenverantwortung stärken,
- sie sollen die Solidarität zwischen den Gemeinden sichern,
- sie sollen wirtschaftliches Verhalten fördern,
- sie sollen eine Effizienz der Verwaltung zulassen,
- sie sollen transparent sein und
- sie sollen die finanzielle Zukunftsfähigkeit der Kirche gewährleisten.

Nun entspricht der Vielfalt der Organisation von 22 Landeskirchen auch die Vielfalt der Finanzverteilsysteme. Dennoch lassen sich drei Grundtypen unterscheiden:

3.2. Die bedarfsorientiere Finanzverteilung

Bei der bedarfsorientierten Finanzverteilung (Abbildung 2) wird der zentral erfolgende Kirchensteuereingang nicht als Problem, sondern als Chance erfasst. So kann zentral der Bedarf für die landeskirchliche Ebene, die Ebene der Kirchenkreise und der Kirchengemeinden ermittelt (d.h. aber auch: definiert!) werden. Danach sind dann recht zielgenau bedarfsgerechte Zuweisungen möglich (in der Regel als Schlüsselzuweisungen bezeichnet). Dieses System funktioniert top down und hat den Vorteil, dass es eine effiziente Verwaltung ermöglicht. Es ist übersichtlich und transparent und sichert zugleich relativ problemlos die zentrale Steuerungsverantwortung. Zugleich wird auch ein solidarischer Ausgleich zwischen den unterschiedlichen Finanzaufkommen ermöglicht: Es ist dann unwesentlich, ob in der Kirchengemeinde wohlhabende oder arme Kirchensteuerzahler wohnen. Die Schlüsselzuweisung sichert, dass alle Kirchengemeinden ähnliche finanzielle Möglichkeiten (und Grenzen) haben. Nachteile eines solchen Systems liegen jedoch in einer begrenzten Eigenverantwortung. Wenn die Mittel „von oben" zugewiesen werden, muss man sich scheinbar nicht darum kümmern. Dies begünstigt ein wirtschaftliches Verhalten nicht. So sind diese Systeme eher weniger dynamisch: auf sich verändernde Bedingungen ist stets zuerst zentral zu reagieren. Die o.g. Widersprüche werden dann eher befördert, Steuerungsfehler würden für die gesamte Kirche eine sehr nachhaltige Wirkung entfalten.

Abbildung 2: Bedarfsorientierte Finanzzuweisung

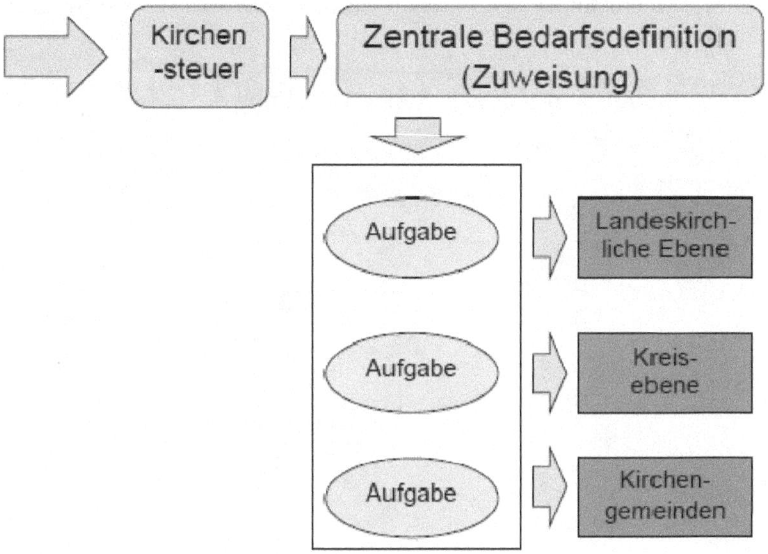

3.3. Die aufkommensorientierte Finanzverteilung

Die aufkommensorientierte Finanzverteilung (Abbildung 3) geschieht bottom up: Die Kirchensteuermittel werden den Kirchengemeinden entweder direkt oder pauschaliert zugeordnet. Eine Schwierigkeit dabei ist, das richtige Maß für die Zuordnung zu finden. In der Regel wird das Maß am durchschnittlichen Pro-Kopf-Aufkommen orientiert, da die genauen zuzurechnenden Kirchensteuereinnahmen nicht bekannt bzw. aufwändig zu ermitteln sind. Durch Synodalbeschluss geben die Kirchengemeinden dann Prozentanteile der ihnen zugerechneten Kirchensteuern für zentrale landeskirchliche Aufgaben oder kreiskirchliche Aufgaben ab (Umlage). Die Kirchengemeinden haben so eine direkte Finanzverantwortung für die Erfüllung ihrer Aufgaben. Ähnliches gilt für die landeskirchlichen oder kreiskirchlichen Ebenen entsprechend den ihnen zugewiesenen Pauschalen Kirchensteueranteilen. Die Vorteile dieses Systems sind, dass sie die Eigenverantwortung der Gemeinden stark fordern und damit ein wirtschaftliches Verhalten begünstigen. Nachteilig ist allerdings, dass eine effiziente Verwaltung nicht einfach zu organisieren ist. Damit einher geht, dass Verteilung und Verwendung nicht ganz leicht transparent zu machen sind. Eine zentrale Steuerungsverantwortung wahrzunehmen, ist erschwert. Das gleiche gilt für den solidarischen Ausgleich; aber immerhin beinhaltet die Kirchensteuerverteilung nach einem Pro-Kopf-Aufkommen bereits ein Ausgleichsmoment. Ein aufkommensorientiertes System erscheint zunächst recht dynamisch zu sein (Anpassungen sind zwangsläufig auf jeder Ebene nötig). Allerdings steht dem entgegen, dass es schwer steuerbar ist und zudem werden die dynamischen Möglichkeiten wieder ernsthaft eingeschränkt, wenn der Pfarrdienst - wie meistens - zentral finanziert wird.

Abbildung 3: Aufkommensorientierte Finanzverteilung

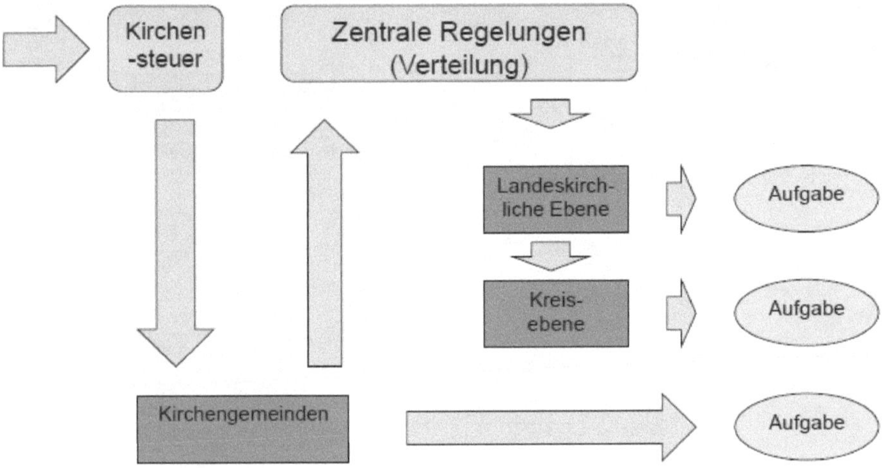

3.4. Die strukturorientierte Finanzverteilung

Die strukturorientierte Finanzverteilung (Abbildung 4) versucht, das bedarfsorientierte und aufkommensorientierte Finanzverteilsystem miteinander zu verbinden. Die Kirchensteuer wird durch zentrale Regelungen - unter Berücksichtigung von Gemeindegliederzahlen, Einwohnerzahlen oder Besonderheiten des Territoriums - pauschal den einzelnen Ebenen kirchlichen Handelns zugewiesen. Diese haben dann unmittelbar Verantwortung für die auf den jeweiligen Ebenen zu erfüllenden Aufgaben. Dieses System stärkt die Eigenverantwortung, da eine große Freiheit bei der Verwendung der Mittel, aber eben auch eine starke Verantwortung dafür besteht. Es begünstigt damit wirtschaftliches Verhalten. Zugleich wird durch die Gestaltung der Parameter der Pauschalen auch eine zentrale Steuerungsverantwortung ebenso wie ein solidarischer Ausgleich ermöglicht. Nachteilig bei dieser strukturorientierten Finanzverteilung ist, dass ein höherer Verwaltungsaufwand als bei der bedarfsorientierten Finanzzuweisung erforderlich ist. Das Kennzeichen der Transparenz kann an dieser Stelle neutral bewertet werden. Nach meiner Einschätzung reagiert dieses System am dynamischsten, wenn und weil es die Vorteile der beiden anderen Systeme in sich vereinigt.

Abbildung 4: Strukturorientierte Finanzverteilung

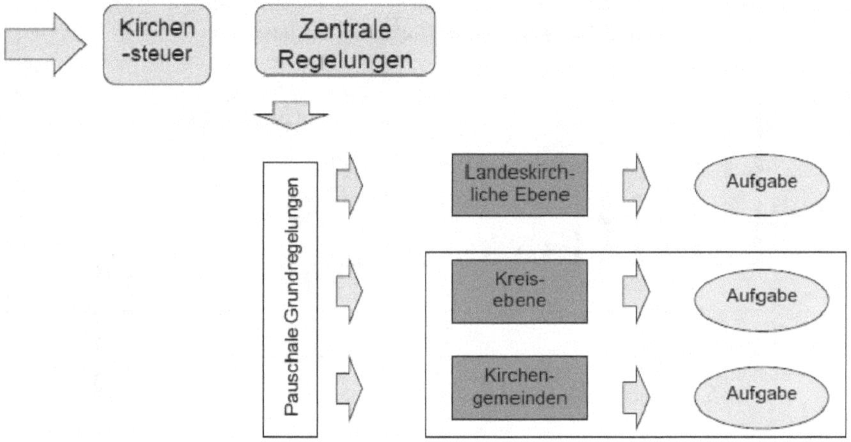

Im Auftrag des Finanzbeirates der Evangelischen Kirche in Deutschland (ein den Rat der EKD in finanziellen Angelegenheiten beratendes Gremium aus Vertretern der Landeskirchen) hat Dr. Beatus Fischer im Jahr 2004[7] die Finanzverteilsysteme der Gliedkirchen in der EKD untersucht. Danach wurden den Kirchengemeinden durchschnittlich 35 % der als Gesamteinnahmen definierten Einnahmen (Kirchensteuern, Staatsleistungen und Finanzausgleich) zugewiesen. Der Entscheidungsgrad der Kirchengemeinden ist damit relativ gering. Für die meisten Landeskirchen gilt auch, dass der Pfarrdienst zentral finanziert wird; die Pfarrstellenbesetzung erfolgt in den allermeisten Fällen auf der Basis zentral festgelegter Stellenpläne. Geht man einmal davon aus, dass eine größere Eigenverantwortung wünschenswert wäre,[8] etwa ein Anteil der direkten Zuweisungen von 50 %, dann erreichen diesen Wert lediglich vier von 22 Landeskirchen (Abbildung 5). Diese Analyse war und ist Anlass für die verantwortlichen Gremien der Landeskirchen, ihre Finanzverteilsysteme kritisch zu hinterfragen und weiter zu entwickeln. Ein solcher Prozess hat in den vergangenen Jahren bereits begonnen.

7 Fischer (2004).
8 EKD (2006).

Abbildung 5: Finanzverteilung in den Gliedkirchen der EKD.

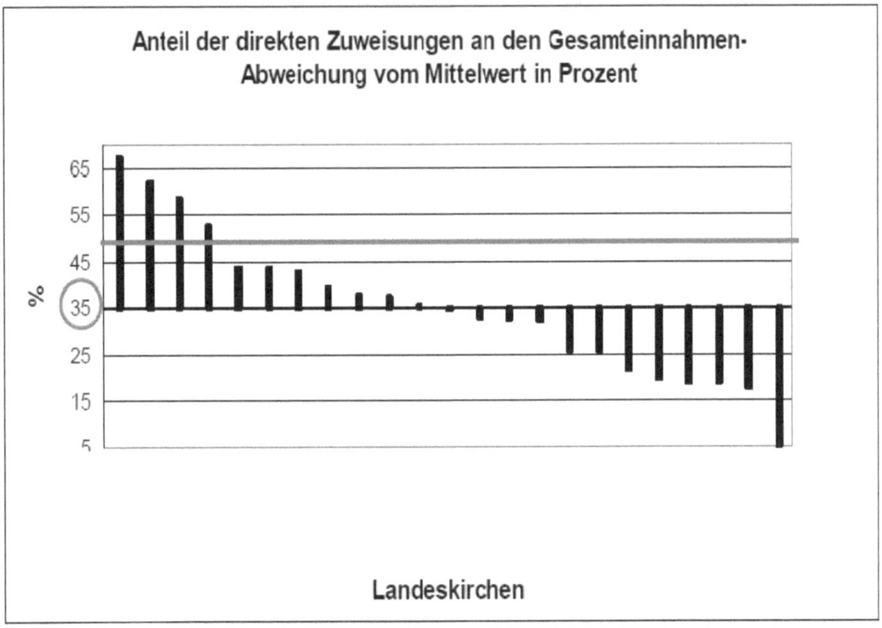

Aus diesem Prozess erwuchs u.a. ein als „Erweiterter Solidarpakt" bezeichnetes paktiertes Frühwarnsystem zwischen den Landeskirchen. Auf Beschluss der Kirchenkonferenz vom März 2006 haben sich alle Landeskirchen auf gemeinsame „Finanzielle Mindeststandards einer verantwortlichen Finanzplanung" verständigt. Diese Mindeststandards umfassen fünf Punkte:

1. Die Aufrechterhaltung der finanziellen Leistungsfähigkeit durch eine mittel- und langfristige Planung.
2. Die Sicherung einer vertretbaren Kostenstruktur, insbesondere der Personalkosten. Kriterium dafür ist die Kostenentwicklung des Pfarrdienstes.
3. Die Sicherung der Liquidität und der Rücklagen anhand einer definierten Rücklagenhöhe und der Begrenzung von Rücklagenentnahmen.
4. Vermeidung von Verschuldung oder Überschuldung durch Überwachung und Begrenzung notwendiger Kredite.
5. Die Sicherung der Versorgung (keine Überwälzung gegenwärtiger Kosten auf kommende Generationen).

Diese Mindeststandards sind mit Kennziffern, sogenannten Indikatoren, unterlegt. Die Landeskirchen berichten jährlich dem Kirchenamt der EKD, das im Auftrag des Finanzbeirates, die Daten zusammenstellt und auswertet. Der Finanzbeirat des Rates der EKD analysiert diese Daten und Indikatoren einmal jährlich und gibt ggf.

Empfehlungen für die weitere Entwicklung. Seit Einführung dieses Systems haben sich die Landeskirchen verstärkt bemüht, diese Mindeststandards - soweit sie noch nicht eingehalten werden - zu erreichen. Etliche Landeskirchen haben zur Durchsetzung dieser auch ihre haushaltsrechtlichen Grundlagen ergänzt.

4. Langfristige Finanzplanung

Basis für eine lang- und mittelfristige Finanzplanung ist neben nur kurzfristig möglichen Kirchensteuerprognosen vor allen Dingen die Entwicklung der Gemeindegliederzahlen. Zwar ist die Entwicklung der Kirchensteuereinnahmen nicht nur von der Zahl der Gemeindeglieder abhängig, sondern auch von ihrer wirtschaftlichen Lage, der wirtschaftlichen Situation des Landes und den steuerrechtlichen Regelungen des Staates, da die Kirchensteuer eine Annexsteuer ist. Im Wesentlichen zeigt sich, dass die Kirchensteuerentwicklung wie eine Sinuskurve um die lineare Gemeindegliederentwicklung verläuft. Dabei bewegt sie sich gewissermaßen in einem Entwicklungskanal. In den letzten drei Jahren hat die Kirchensteuerentwicklung diesen Kanal positiv nach oben durchstoßen. Dies war dem außerordentlichen wirtschaftlichen Wachstum in den Jahren 2007 bis 2008 zu danken. Letztlich ist deutlich, dass die - leicht negativ verlaufende - Entwicklung der Gemeindegliederdaten die langfristige Finanzkraft im Bereich der evangelischen Kirche entscheidend bestimmt. Die Prognose der Gemeindegliederentwicklung ist wesentlich langfristiger und zielgenauer als es eine Prognose der Kirchensteuerentwicklung je sein könnte. Sie kann damit als wesentliches Kennzeichen der mittel- und langfristigen Finanzplanung herangezogen werden.

5. Langfristige Personalplanung

Ausgehend von einer Prognose der Mitgliederentwicklung durch das Kirchenamt der EKD aus dem Jahre 2005, lassen sich die Anforderungen für die langfristige Personalplanung im Pfarrdienst gut darstellen. Die Zahl der Gemeindeglieder wird voraussichtlich um fast 1/3 von 26 Millionen in 2002 auf 18 Millionen in 2030 zurückgehen, während sich die Zahl der Gemeindeglieder, die mit ihrer eigenen finanziellen Leistungskraft wesentlich zur Finanzierung der kirchlichen Aufgaben beitragen können (im Wesentlichen durch Zahlung von Kirchensteuern), also der Altersgruppe der 20 bis 60 Jährigen, wesentlich stärker verringert. Bezogen auf die Personalplanung bedeutet dies folgendes: Im Jahr 2004 wurden 35 % der Kirchensteuermittel durchschnittlich für die Kosten des Pfarrdienstes benötigt (hier betrachtet unter Vernachlässigung weiterer Finanzierungsbestandteile wie der Erträge aus dem Pfarrland, Erstattungen für Aufwendungen im Religionsunterricht u.a.). Unterstellt man einmal als Fiktion, dass sich weder Steuertarife, noch der Wert des Euro, noch die Wirtschaftskraft der Gemeindeglieder bis zum Jahr 2030 änderten, dann müssten im Jahr 2030 nach jetzigen Stellenplänen in etwa 75 % der in dieser Fiktion „Kirchensteueräquivalent“ benannten Summe allein für den Pfarrdienst aufgewendet werden. Bei einer Steuerung der Entwicklung des Pfarrdienstes proportional zur Mitgliederentwicklung wären das immerhin noch 45 % bis 50 %. Nur proportional zu den heute bekannten finanziellen Möglichkeiten könnte die Marke des Jahres 2004 konstant gehalten werden. Diese Überlegung macht deutlich, dass es unverzichtbar ist, heute bereits die zu erwartenden künftigen Möglichkeiten und Anforderungen bei der Steuerung zu berücksichtigen: Was auch immer getan oder gelassen wird - die Kirche sieht in zwanzig oder dreißig Jahren anders aus! Aus dieser Erkenntnis ergeben sich (nicht nur) die Anforderungen für eine langfristige Personalplanung. Ich bezeichne diese als dynamische Stellenplanung. Eine dynamische Stellenplanung erfordert, dass diese bei Stellenbesetzung und Stellenplanung weitvorgreifende Perspektiven im Zeitverlauf berücksichtigt. Sie soll dabei so gesteuert werden, dass es möglich ist, auch jungen Leuten jederzeit den Zugang zum Pfarrdienst zu ermöglichen und damit die notwendige Generationenbreite zu erhalten.

6. Neues kirchliches Rechnungswesen

Das neue kirchliche Rechnungswesen im Bereich der evangelischen Kirche ist einerseits in Anlehnung an Entwicklungen im kommunalen Bereich entstanden. Vor allem aber ist es Ausdruck der Bemühungen der EKD und ihrer Gliedkirchen, den sich verändernden Anforderungen gerecht zu werden. Methodisch lehnt es sich an das kaufmännische Rechnungswesen an. Insbesondere verwendet es kaufmännische Elemente wie eine Bilanz und in geeigneten Bereichen eine Kosten- und Leistungsrechnung. Dies gilt unabhängig davon, ob die einzelne Landeskirche ihr Rechnungswesen in Erweiterung der bisherigen Kameralistik führen will oder auch die doppelte Buchführung übernimmt. Man bezeichnet diesen Rechnungsstil dann als doppisches Rechnungswesen (im Sprachgebrauch kurz als Doppik -bezeichnet). Es basiert grundsätzlich zunächst auf den Regelungen des Handelsgesetzbuches (HGB). Dennoch ist es ein deutlich "kirchliches" Rechnungswesen, das sich an denjenigen Stellen von der kaufmännischen Buchführung unterscheidet, wo es für den kirchlichen Dienst erforderlich erscheint. Vor allem ist es ein öffentliches Rechnungswesen mit einem öffentlichen Haushalt, den die kirchlichen Gremien als Vorgabe für die Aufgabenerfüllung beschließen. Zudem geht es natürlich nicht um ein Streben nach Gewinn, sondern um die Erfüllung der Anforderungen, die sich aus der Gestaltung der kirchlichen Arbeit ergeben. Auch steht nicht der Gläubigerschutz bei der Darstellung der Bilanz im Vordergrund, sondern das Kriterium der Generationengerechtigkeit und des Vermögenserhaltes. Jede Generation soll für ihren eigenen Verbrauch aufkommen; zukünftigen Generationen sollen keine finanziellen Lasten aufgebürdet werden, die wir heute verursachen. Auch bei der Bewertung von Vermögensbestandteilen sind teilweise andere Maßstäbe als im

HGB leitend, denn es geht oft dabei nicht um die Darstellung von Verkehrswerten (= Marktwerten), sondern um den langfristigen Vermögenserhalt und die Darstellung der dafür relevanten Werte. So wird das Sachanlagevermögen im kirchlichen Rechnungswesen in „realisierbares" und „nichtrealisierbares Vermögen" unterschieden. Dies ist ein besonders deutliches Abweichen vom kaufmännischen Rechnungswesen; schließlich ist es erforderlich, Kirchen in ihrem Wert zu erfassen; sie haben aber in der Regel gar keinen Handelswert, sind also ein nichtrealisierbares – nach kirchlichem Selbstverständnis unverkäufliches, da gewidmetes - Vermögen. Der Wert aber soll in der Bilanz dargestellt werden, weil allein der Aufwand ihrer Erhaltung die Gemeinden in besonderer Weise fordert.

Das neue kirchliche Rechnungswesen stellt zudem einen Wechsel von der Input- zur Outputsteuerung dar. Ihm liegt der Gedanke zugrunde, dass sich bei der Planung der Arbeit die bisher vorherrschende Denkrichtung ändert. Es geht darum, zunächst die Ziele der Arbeit zu bestimmen, deren Anforderungen zu benennen und danach den notwendigen Ressourceneinsatz zu planen und nicht primär vom Ressourceneinsatz, dem Input, auszugehen. Diese veränderte Denkrichtung prägt den Charakter des neuen kirchlichen Rechnungswesens. Es ermöglicht die Outputsteuerung (die Ressourcen werden vom erwarteten Ergebnis her eingesetzt) und ist durch Zielorientierung geprägt (die Ziele bestimmen den Einsatz der finanziellen Mittel).

Für beide Aspekte des neuen kirchlichen Rechnungswesens ist es erforderlich, den Ressourcenverbrauch vollständig und periodengerecht darzustellen, eine Übersicht über das Gesamtvermögen und die Schulden zu gewährleisten und Veränderungen in der Haushaltsführung deutlich zu machen. Schließlich geht es darum, die Chancen und Risiken bei der Planung und Gestaltung kirchlicher Arbeit mit Mitteln und Methoden des Rechnungswesens deutlich zu machen und eine Vergleichbarkeit und Nachvollziehbarkeit zu gewährleisten. Das neue kirchliche Rechnungswesen soll Antwort auf vier Grundfragen ermöglichen.

- Wie vermögend sind wir?
  Dies wird in der Bilanz abgebildet.
- Wie haben wir gewirtschaftet?
  Dies ermöglicht die Ergebnisrechnung (die Gewinn- und Verlustrechnung des kaufmännischen Rechnungswesens).
- Reichen unsere Zahlungsmittel?
  Dazu ist ergänzend eine Finanzrechnung erforderlich.
- Erreichen wir mit der geplanten Leistung das gewünschte Ergebnis?
  Dies wird mithilfe der Outputsteuerung und Zielorientierung nachgewiesen: in den Haushaltsbüchern mit der Darstellung qualitativer und quantitativer Ziele.

Abbildung 6 zeigt das Schema einer kirchlichen Bilanz. Dieses Schema veranschaulicht, wie stark sich die kirchliche Bilanz an Bilanzen im kaufmännischen Rechnungswesen einerseits anlehnt und zeigt andererseits deutlich, wo Veränderungen vorgenommen worden.

Abbildung 6: Schema einer kirchlichen Bilanz

AKTIVA	PASSIVA	
A Anlagevermögen	A Reinvermögen	
I Immaterielle Vermögensgegenstände	I Vermögensgrundbestand	
	II Rücklagen, Sonst. Vermögensbindungen	
II Nicht realisierbares Sachanlagevermögen	1. Pflichtrücklagen	
	2. Budgetrücklagen, Kollekten und weitere Rücklagen	Eigenmittel
III Realisierbares Sachanlagevermögen	3. Korrekturposten Rücklagen	
	4. Zweckgebundene Haushaltsreste, ggf. Haushaltsvorgriffe	
IV Sonder- und Treuhandvermögen	III Ergebnisvortrag	
	IV Bilanzergebnis	
V Finanzanlagen	B Sonderposten	
	I Verpflichtungen gegenüber Sondervermögen	
B Umlaufvermögen	II Zweckgebundene Spenden, Vermächtnisse, usw.	
	III Erhaltene Investitionszuschüsse	
I Vorräte	IV Verpflichtungen gegenüber Treuhandvermögen	
II Forderungen	C Rückstellungen	
	I Versorgungsrückstellungen	
III Liquide Mittel	II Clearingrückstellungen	
	III Sonstige Rückstellungen	Fremdmittel
	D Verbindlichkeiten	
C Aktive Rechnungsabgrenzung	E Passive Rechnungsabgrenzung	

[34]

Auf eine Besonderheit in der Abweichung vom HGB soll hier zum Abschluss noch verwiesen werden. Wir sprechen im Bereich des neuen kirchlichen Rechnungswesens nicht von „Eigenkapital", sondern von „Reinvermögen", den Eigenmitteln der kirchlichen Körperschaft. Damit soll deutlich gemacht werden, dass nicht der Einsatz von Kapital bei der Gestaltung kirchlicher Arbeit wesentlich ist, sondern das Engagement aller Mitarbeitenden und namentlich der Gemeindeglieder - im Verbund mit dem Einsatz finanzieller Mittel, und dies zum Teil über Jahrhunderte! So zeigt sich auch im kirchlichen Rechnungswesen, wie sehr theologische und reformatorische Grunderkenntnisse, wie die vom Priestertum aller Getauften, die kirchliche Arbeit prägen.

Literaturverzeichnis

Begrich, Th. (1999): Kirchliche Finanzen – ein Herrschaftsinstrument? In: Der Dienst der der ganzen Gemeinde Jesu Christi und das Problem der Herrschaft. Barmen IV, Bd.1, Gütersloh.

EKD (2006): Kirche der Freiheit, Perspektiven für die evangelische Kirche im 21. Jahrhundert - Ein Impulspapier des Rates der EKD, Hannover.

Evangelisches Gesangbuch (1991): Nr. 810, Stammausgabe für die Evangelische Kirche in Deutschland. Hannover.

Fischer, B. (2004): Finanzverteilung in der EKD, Kirchenamt der EKD (unveröffentlicht).

Huber, W. (2005): Glaube und Macht, in: Die kleine Prophetin Kirche leiten, Wuppertal.

Luther, M. (1523): Dass eine christliche Versammlung oder Gemeine Recht und Macht habe, alle Lehre zu urteilen und Lehrer zu berufen, ein- und abzusetzen. Grund und Ursach aus der Schrift, in: WA 11, S. 408 – 416.

Finanzmanagement in der Kirche – Aspekte kirchlicher Finanzentscheidungen

Klaus Donaubauer

Kirchliches Wirken vollzieht sich in den drei Grunddiensten Gottesdienst, Verkündigung und Sorge für den Nächsten. Mit der Erfüllung ihrer vielfältigen Aufgaben leistet die Kirche einen maßgeblichen Beitrag für unsere Gesellschaft. Äußere Zeichen hierfür gibt es in großer Zahl: Traditionell prägen – um es am Beispiel des Bistums Augsburg zu illustrieren – rd. 2.100 Kirchen und Kapellen Ortsbilder und Stadtsilhouetten, stehen über 900 Pfarrheime und Versammlungsstätten für Begegnungen und Veranstaltungen zur Verfügung, werden regelmäßig ca. 51.000 Kinder und Jugendliche in 430 Kindertagesstätten und 38 Schulen in kirchlicher Trägerschaft erzogen und ausgebildet. Kranke, behinderte und alte Menschen werden der Obhut von 63 Sozialstationen, rd. 200 Altenhilfe- und Behinderteneinrichtungen sowie von Krankenhäusern in kirchlicher Trägerschaft anvertraut. Seelsorge ist personalintensiv. Die Diözese Augsburg und ihre Pfarrkirchenstiftungen unterhalten ca. 12.000 Anstellungsverhältnisse, hinzu kommen ca. 16.000 Arbeitsplätze im Caritasbereich. Dies zeigt auch die Bedeutung der Kirche als Impulsgeber für die, meist regionale, (Bau-)Wirtschaft und als Arbeitgeber. Ohne Ressourcen könnte sie diese Aufgaben nicht erfüllen.

1. Spannungsverhältnis Kirche – Finanzen

Kirche ist vor allem und wesentlich eine geistliche Gemeinschaft. Sie ist aber auch eine weltliche Institution und als solche in ihrem Wirken angewiesen auf Ressourcen:

- Sie bedarf einer Rechtsform, um am Rechtsverkehr und am wirtschaftlichen Handeln teilnehmen zu können. Im Bereich der verfassten Kirche sind dies in Bayern vor allem die Diözese als Körperschaft des öffentlichen Rechts und die

Kirchen- bzw. Pfründestiftungen als Stiftungen des öffentlichen Rechts. Darüber hinaus schließen sich Gläubige in Verbänden und Vereinen zusammen.
- Sie benötigt hauptamtliches Personal und ehrenamtliche Kräfte, die im Zusammenwirken die Botschaft des Evangeliums bezeugen und den Dienst am Menschen erbringen.
- Sie benötigt Räumlichkeiten und Sachmittel.
- Schließlich sind Finanzmittel nötig, um die erforderlichen Strukturen und die Aufgabenerfüllung nachhaltig zu gewährleisten.

Kirche ist kein Wirtschaftsunternehmen, sondern wird herkömmlich den "non-profit-Organisationen" zugerechnet.[1] Als solche ist sie nicht dem Erwerbswirtschaftsprinzip und dem Gewinnstreben, sondern dem Bedarfsdeckungsprinzip verpflichtet. Da aber die katholische Kirche in Deutschland ihr Wirken im Wesentlichen mit Kirchensteuermitteln, auch Spenden und staatlichen Zuleistungen finanziert, muss sie ihr Handeln am Grundsatz der wirtschaftlichen Mittelverwendung orientieren. Hierzu bedient sie sich der verschiedenen Methoden der Betriebsführung, so auch des Finanzmanagements. Die Beachtung betriebswirtschaftlicher Grundsätze und Zusammenhänge widerspricht nicht dem Selbstverständnis der Kirche, sondern ist unerlässlich für einen verantwortungsvollen Gebrauch der Ressourcen. Freilich hat das Finanzmanagement pastorale Vorgaben zu beachten und muss theologisch reflektiert sein. Geld dient der Seelsorge, die Seelsorge bedient sich der Mittel, beachtet aber auch deren begrenzte Verfügbarkeit.

2. Ebenen kirchlichen Finanzmanagements

Finanzentscheidungen werden in der katholischen Kirche in Deutschland auf unterschiedlichen Ebenen getroffen. Sie stehen in Beziehung zueinander. Die pastoral-räumliche Basis stellt in Bayern auf ortskirchlicher Ebene die *Kirchenstiftung ("Pfarrei")* dar. Ihr Organ ist die Kirchenverwaltung (Art. 11 KiStiftO), die mit der Beschlussfassung über den ordentlichen (laufenden) und außerordentlichen (Bau-)Haushalt u. a. Entscheidungen über die Beschäftigung von besoldetem Personal, Anschaffungen und die Durchführung von Instandsetzungs- und Neubaumaßnahmen trifft. Sie kann hierfür neben Eigenerträgen und Spenden diözesane Zuschüsse aus Kirchensteuermitteln erhalten:

- für den laufenden Haushalt in Form von Schlüsselzuweisungen (z. B. Diözese Regensburg) oder in Anrechnung der Eigeneinnahmen nach dem Bedarfsdeckungsprinzip (z. B. Diözese Augsburg);
- für Bau- und Instandsetzungsmaßnahmen nach Zuschusssätzen je nach Gebäudeart.

1 Bischofsberger (2005): S. 31ff.

Insbesondere wegen des steigenden Priestermangels werden Pfarreien vermehrt in *Pfarrverbänden* oder *Pfarreiengemeinschaften* [2] zusammengefasst. Diese haben als Seelsorgeverbünde keine eigene Rechtsform, die jeweiligen Pfarreien bleiben rechtlich selbstständig und behalten die Verantwortung für ihr Vermögen, insbesondere ihren Gebäudebestand. Der laufende Bedarf der Pfarreiengemeinschaft kann dagegen in einem gemeinsamen Haushalt erfasst und diözesan bezuschusst werden. Die Eigenanteile werden über eine Umlage erbracht. Dies ist in der Regel finanztechnisch gut organisierbar und führt dann auch zu verwaltungsmäßiger Entlastung, insbesondere des (leitenden) Pfarrers. Die Mitglieder der einzelnen Kirchenverwaltungen müssen jedoch für dieses Verfahren regelmäßig in sorgfältiger Kommunikation gewonnen werden, da zunächst häufig ein Verlust eigener Identität befürchtet wird.

Die *Diözese* ist als Körperschaft des öffentlichen Rechts Gläubigerin der Kirchensteuer als zentraler Finanzierungsquelle. Das Institut der Kirchensteuer hat seine Rechtsgrundlage im Art. 140 GG i. V. m. Art. 137 der Weimarer Reichsverfassung.[3] Die katholische Kirche in Deutschland ist gegliedert in 27 (Erz-)Diözesen mit ca. 12.000 Pfarreien und sonstigen Seelsorgsstellen. Ihr gehören 24,9 Mio. Mitglieder an.[4] Im Jahr 2009 flossen den (Erz-)Diözesen insgesamt € 5,0 Mrd. an Kirchensteuern zu. Wie der *Abbildung 1* zu entnehmen ist, hat sich das Aufkommen an Kirchensteuern im Zeitraum von 2000 bis 2005 kontinuierlich verringert und zwar um insgesamt gut 12 %. Ab 2006 profitierte das Aufkommen von der günstigen konjunkturellen Entwicklung, die auch den Arbeitsmarkt erfasste. Im Gefolge der staatlichen Lohn- und Einkommensteuer stieg die Kirchensteuer – als sog. Annexsteuer – bis 2009 um 23 % an. Die Entwicklung in den Bistümern der "neuen" Bundesländer verlief mit einem Plus von 36 % sogar noch günstiger. Für das Jahr 2010 zeichnet sich dagegen ein signifikanter Rückgang ab.

2 Vgl. hierzu beispielsweise "Statut für die Pfarreiengemeinschaften als Seelsorgeeinheiten in der Diözese Augsburg, ABl. Nr. 09 vom 8. Juni 2004.

3 Grünewald (1993): S. 131; Marré (1994): S. 110f.

4 Sekretariat der deutschen Bischofskonferenz (2010.).

Abbildung 1: Entwicklung des Kirchensteueraufkommens der deutschen (Erz-)Diözesen[5]

Kirchensteueraufkommen 2000 - 2010 (ohne Clearing)

brutto (KiESt bayer. Diözesen abzüglich Steuererstattungen)

	KiESt		KiLSt		KiESt/KiLSt gesamt	
	Diözese Augsburg Mio. €	Gesamt-deutschland Mio. €	Diözese Augsburg Mio. €	Gesamt-deutschland Mio. €	Diözese Augsburg Mio. €	Gesamt-deutschland Mio. €
2000	28,6	622,2	192,8	4.085,0	221,4	4.707,2
2001	27,8	542,0	186,6	3.977,0	214,4	4.519,0
2002	30,6	555,0	182,8	3.910,2	213,4	4.465,2
2003	32,4	651,0	181,4	3.865,9	213,8	4.516,9
2004	30,1	549,3	169,6	3.630,4	199,7	4.179,7
2005	32,3	597,8	164,5	3.526,5	196,8	4.124,3
2006	40,2	789,3	168,9	3.610,9	209,1	4.400,2
2007	50,6	991,8	181,0	3.821,0	231,6	4.812,8
2008	57,8	1.198,5	192,6	4.042,4	250,4	5.240,9
2009 (inkl. Abgeltungsteuer)	63,9	1.107,1	190,8	3.965,4	254,7	5.072,5
2010 Juni	37,8	609,7	85,1	1.795,1	122,9	2.404,8

Im Haushalt 2010 der Diözese Augsburg entfallen 86 % der Einnahmen auf die Kirchensteuer. Rund 6% stammen aus überwiegend konkordatären Leistungen des Freistaats Bayern, insbesondere im Zusammenhang mit der Finanzierung des Religionsunterrichts. Bei den Ausgaben stellen die Personalkosten mit einer Quote von 63 % den größten Posten dar. 16 % der Ausgaben nehmen Bauunterhalt und Neubauetat in Anspruch. Mit 6,6 % werden über- und außerdiözesane Aufgaben finanziert, vor allem gemeinsame Einrichtungen und Projekte auf bayerischer (Überdiözesaner Fonds Bayern, ÜDF) und gesamtdeutscher Ebene (VDD-Haushalt). Über den Steuerhaushalt der Diözese beschließt der Diözesansteuerausschuss (Art. 7 DStVS), über den Vermögenshaushalt der Diözesanvermögensrat (Statut vom 01.01.1985 i. V. m. cc. 492 ff. CIC). Über die Struktur des Steuerhaushalts gibt *Abbildung 2* Aufschluss.

5 Statistik des Verbandes der Diözesen Deutschlands.

Abbildung 2: Haushalt 2010 der Diözese Augsburg[6]

Haushaltsausgaben der Diözese 2010

nach Kostenbereichen

1 = Diözesanleitung	769.700,00 € =	0,28 %
2 = Diözesanverwaltung	24.824.300,00 € =	8,92 %
3 = Allgemeine Seelsorge	139.865.900,00 € =	50,26 %
4 = Besondere Seelsorge	19.599.500,00 € =	7,04 %
5 = Schule, Bildung und Kultur	40.693.900,00 € =	14,62 %
6 = Soziales u. Karitatives	23.830.700,00 € =	8,56 %
7 = Über- und Außerdiözesanes	18.286.300,00 € =	6,57 %
8 = Sonstiges	7.413.500,00 € =	2,67 %
9 = Sicherstellung v. Verpflichtungen	3.008.300,00 € =	1,08 %
GESAMTSUMME:	278.292.100,00 € =	100,00 %

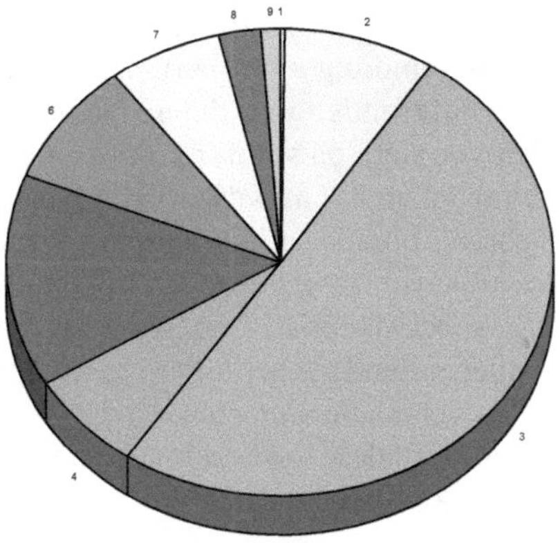

Strukturunterschiede im Kirchensteueraufkommen der (Erz-)Diözesen werden über ein Finanzausgleichssystem gemildert, das am jeweiligen Pro-Kopf-Aufkommen orientiert ist. Insbesondere kommt dies den Diözesen in den "neuen" Bundesländern zugute, die auf diese solidarische Hilfe weiterhin angewiesen sind. Das eigene Kirchensteueraufkommen der ostdeutschen Diözesen liegt insgesamt deutlich unter 50 % ihrer Gesamteinnahmen.

Die Beschlussfassung über den ÜDF obliegt der Freisinger Bischofskonferenz, über den VDD-Haushalt entscheidet die Vollversammlung der Deutschen Bischofskonferenz.

2.1 Phasen kirchlicher Finanzentscheidungen

Tragweite und Schwierigkeit kirchlicher Finanzentscheidungen hängen wesentlich von der jeweiligen Ausgangssituation ab. Können sie auf der Grundlage einer soliden und stetigen Einnahmeentwicklung getroffen werden, wie dies der Verlauf des Kirchensteueraufkommens der vergangenen Dekade ermöglichte, hält sich die "Verteilungskonkurrenz" in Grenzen. Jeder Einzeltitel eines Diözesanhaushalts muss freilich hinsichtlich seiner Notwendigkeit und seiner Dynamik, insbesondere im Vergleich zu anderen Haushaltstiteln abgeprüft werden. Dies sind jedoch *Regelentscheidungen*, die im Wesentlichen und insgesamt vermittelbar sind.

6 Pressemitteilung Diözese Augsburg vom 03.03.2010.

Enger werdende Haushaltsspielräume erfordern *Strukturentscheidungen*, deren Ziel es ist, die Entwicklung der Ausgaben nachhaltig an die (rückläufige) Entwicklung der Einnahmen anzupassen. Die Zielformulierung ist trivial, die Zielerreichung ist es nicht. Gelingt es noch, Prioritäten zu formulieren, fällt die Identifizierung von und die Einigung auf Nachrangigkeiten in der Regel schwer. Wenn beides gelingt, sind dennoch Vorlauf- und Realisierungszeiten zu beachten, da in der Regel bei einem Abbau von Aktivitäten oder Einrichtungen auch längerfristige Personalbindungen zu berücksichtigen sind. Es ist von Vorteil, zur Abfederung über Härtefonds zu verfügen. Nicht wenige Diözesen haben diesen Strukturprozess noch vor sich, da während der zurückliegenden Phase unerwartet günstiger Steuereinnahmen kaum wesentliche Abstriche am Leistungsumfang über das normale "Sparen" hinaus vorgenommen worden sind. Allenfalls konnte ein allgemeines Bewusstsein für die Notwendigkeit eines Wandels geweckt werden, was nicht gering zu schätzen ist. Bedenkt man die relativ langen Zeiträume, die bei der breit anzulegenden Erarbeitung, Beschlussfassung und Umsetzung von Strukturprozessen zu veranschlagen sind, ist es bedeutsam, dass die Jahre seit 2006 jedenfalls zu dieser mentalen Vorbereitung und zur Bildung gewisser Rückstellungen genutzt werden konnten. Beschleunigt wird der Handlungsdruck durch die aktuelle Krise der Kirche, die bereits 2010 zu einem dramatischen Anstieg der Austrittszahlen führt, was auch die Erosion des Kirchensteueraufkommens nachhaltig verschärfen wird. Angesichts der erwähnten langen Reaktionszeiten von Anpassungsmaßnahmen ist zur Wahrung der langfristigen Handlungsfähigkeit ein umfassender Strukturprozess auf der Basis einer vertrauensbildenden Beteiligungs- und Beratungskultur der Betroffenen erforderlich, der sich ggf. externer Begleitung bedient.

Denn: *Krisenentscheidungen* stehen an, wenn Strukturentscheidungen nicht rechtzeitig oder umfassend getroffen worden sind. Ein Beispiel hierfür war die schwierige Situation des Erzbistums Berlin in den Jahren 2003 bis 2005.[7] Typisch sind in diesen Fällen harte Eingriffe (Entlassungen von Personal, Abbau von Immobilien, gravierende Zuschusskürzungen, Aufgabe von Einrichtungen) bei knappen Umsetzungszeiten. Wenngleich auch hier eine Beteiligung der Betroffenen unverzichtbar ist, bedarf es doch einer konsequenten Regie bei der Maßnahmenplanung und –durchführung sowie bei der Kontrolle des Zielerreichungsgrades, die eng (extern) begleitet wird und zu der sich die Leitungsautorität eindeutig und vorbehaltlos bekennt. Bei alldem dürfen die wirtschaftlich notwendigen Schritte das seelsorgliche Profil im Kern nicht beschädigen und ist die öffentliche Resonanz zu berücksichtigen.

7 Zonker (2004): S. 61ff.

2.2 Regeln kirchlicher Finanzentscheidungen

Kirchliche Finanzentscheidungen sind stets im pastoralen Kontext zu sehen und zu treffen. Was aber ist im Einzelfall seelsorglich richtig und was ist falsch? Was ist geboten und was verbietet sich? Was ist seelsorglich wichtig und was ist nachrangig? Hier gibt es zum Teil erhebliche Ermessensspielräume, auch gibt es eine Vielzahl sog. "weicher" Faktoren. Nicht zuletzt ist auch zu berücksichtigen, dass Seelsorge stets unterschiedliche Menschen, Mentalitäten und Problemlagen im Blick hat, auf die sie gleichermaßen eingehen muss. Auch hierin liegt ein Unterschied zum Wirtschaftsunternehmen, dem letztlich der Markt die Richtschnur für Produkt- und damit für Finanzentscheidungen vorgibt. Dennoch lassen sich gewisse Grundregeln aufstellen, nach denen objektivierbare Finanzentscheidungen im kirchlichen Bereich zu treffen sind.

- Transparenz und Beteiligung
  Kirchliches Handeln vollzieht sich in der Öffentlichkeit, kirchliche Anliegen sind häufig verschränkt mit öffentlichen Anliegen und Aufgaben. Gerade im sozial-karitativen Bereich findet dies seine Entsprechung in gemeinschaftlichen Finanzierungsmodellen und der Förderung der Kirchen durch den Staat.[8] So tragen z. B. Land und Kommune in Bayern bei Neubauten und Erweiterungen von Kindertagesstätten jeweils ein Drittel der Investitionskosten, ein Drittel entfällt auf den (frei-gemeinnützigen) Träger, z. B. auf eine Kirchenstiftung. Auch der Betrieb dieser Einrichtungen wird regelmäßig über öffentliche Zuschüsse mitfinanziert. Begründet ist dies darin, dass es sich um Einrichtungen der öffentlichen Daseinsvorsorge handelt. Ähnlich verhält es sich bei Schulen, Alten- und Behinderteneinrichtungen. Betreffende Finanzentscheidungen kirchlicher Träger setzen Konsens und Akzeptanz voraus, da neben der inner kirchlichen Öffentlichkeit (Gläubige, Kirchensteuerzahler, Spender, Mitarbeiter) auch ein berechtigtes Informations- und Mitwirkungsinteresse der außerkirchlichen Öffentlichkeit (Steuerbürger, öffentliche Körperschaften wie Land und Kommune) zu würdigen ist. Dies ist nur zu gewährleisten durch eine angemessene Beteiligung Betroffener am Entscheidungsprozess sowie durch Transparenz in Beschluss und Vollzug.
  Kommunikation spielt auch auf der Ebene der Diözese als Kirchensteuergläubigerin eine wichtige Rolle. In der Regel geben die Bistümer detailliert Aufschluss über die einzelnen Positionen und Inhalte des Steuerhaushalts, sei es über Haushaltsflyer oder, wie etwa das Erzbistum Hamburg, im Rahmen eines Geschäftsberichts. Gerade die Krise, die die Kirche gegenwärtig zu bestehen hat, macht die Bedeutung einer transparenten Information auch über die Leistungen der Kirche für die Gesellschaft und die Kirchensteuer als Voraussetzung hierfür deutlich. Kommunikation ist insoweit ein wichtiges Element des kirchlichen Finanzmanagements.

8 Robbers (1994): S. 873ff.

Betriebswirtschaftliche Methoden, etwa eine Kosten- und Leistungsrechnung, finden zunehmend Anwendung auch im kirchlichen Bereich, etwa um die "tatsächliche" Wirtschaftlichkeit von Einrichtungen oder Leistungsbereichen transparent zu machen.[9] Zwar bilden die gewonnenen (materiellen) Erkenntnisse für weitergehende Entscheidungen allenfalls einen Anhaltspunkt, da der (ideelle) Nutzen jeweils schwer zu messen ist und sehr unterschiedlich bewertet werden kann. Dennoch hilft die Kenntnis über konkrete Kennzahlen und Leistungsdaten bei der Argumentation, da sie Vergleiche sowohl im Zeitablauf als auch zwischen einzelnen Diözesen zulassen (*benchmarking*).

- Überprüfbarkeit des Finanzmitteleinsatzes
  Im Zusammenhang mit der Einführung einer leistungsbezogenen Komponente im Tarifvertrag des Öffentlichen Dienstes – er ist in Bayern "Referenztarif" für das kirchliche Arbeitsvertragsrecht (ABD) – wurde die Frage diskutiert, ob Leistung in der Seelsorge messbar sei, sodass auch die Besoldung von Pastoral- und Gemeindereferenten leistungsbezogene Elemente beinhalten könne. Die Frage ist bis heute nicht abschließend beantwortet. Sicher ist die Arbeit dieser Berufsgruppen nicht primär nach quantitativen, sondern nach qualitativen Gesichtspunkten zu beurteilen; auch hat beispielsweise der Gemeindereferent jeweilige Vorgaben und Konzepte seines vorgesetzten Pfarrers zu berücksichtigen, was ihn in der Ausgestaltung seiner Leistung bindet. Dennoch erscheint auch in der Seelsorge grundsätzlich Leistung einer Überprüfung zugänglich, wenn Ziele hinreichend konkret gesetzt oder vereinbart und Leistungskriterien verbindlich definiert sind. Die Formulierung von Zielen ist eine wesentliche Voraussetzung der Überprüfbarkeit des Mitteleinsatzes (*„Controlling“*).
  Ähnliches gilt für Investitions- (oder De-Investitions-)Entscheidungen, etwa für ein Pfarrheim. Hier müssen mehr als in der Vergangenheit auch Kriterien wie Auslastung, ggf. Alternativen (Bürgerhaus, Vereinsheim) oder Kooperationsmöglichkeiten (Mitnutzung in der Pfarreiengemeinschaft) geprüft und der Entscheidung zugrunde gelegt werden.
- Verhältnismäßigkeit des Finanzmitteleinsatzes
  Die Gewährleistung einer flächendeckenden Seelsorge gehört zu den vorrangigen pastoralen Zielsetzungen. Regelmäßig fließt beispielsweise im Haushalt der Diözese Augsburg mehr als die Hälfte der Ausgaben in die Pfarrseelsorge. Ähnlich ausgeprägt ist herkömmlich das Bestreben, in unserer Gesellschaft in den Bereichen Schule, Bildung und Caritas mit einem spezifisch kirchlichen Profil präsent zu sein. Das Modell einer *„verständigen Kooperation“*, von dem das Verhältnis von Kirche und Staat in Deutschland geprägt ist, hat der Kirche bis heute ein weites Wirkungsfeld ermöglicht.[10] Ein nicht unerheblicher, wenn auch von Bistum zu Bistum unterschiedlicher Anteil entfällt auf diese Seelsorgefelder. Enger werdende finanzielle Spielräume erfordern jedoch zunehmend

9 Zonker (2005): S. 7ff.
10 Maier (1994): S. 86ff.

eine kritische Sichtung dessen, was angeboten und was nachgefragt wird. Hierzu gehört es, Belegungsquoten und Auslastungsgrade von Pfarrheimen und Bildungshäusern zu beobachten. Bei Fortentwicklung und Ausbau von Pfarreiengemeinschaften lässt sich der Unterhalt und Betrieb des gesamten Gebäudebestandes aller Pfarreien schlicht nicht mehr finanzieren. Zu überprüfen ist auch das regelmäßige Gottesdienstangebot, das ebenfalls im Kontext der Pfarreiengemeinschaft zu gestalten ist. Die zeitliche Beanspruchung des Pfarrers wie auch die nicht unerheblichen Personalkosten (Mesner, Kirchenmusiker) sollten grundsätzlich in einem vertretbaren Verhältnis zum jeweiligen Gottesdienstbesuch stehen. Hier ist nicht nur aus finanziellen, sondern auch aus pastoralen Gründen Handlungsbedarf geboten, wenn Pfarreiengemeinschaften wirklich zusammenwachsen sollen.

Auch Verwaltungsstrukturen sind zu überprüfen und auf den Bedarf der Pfarreiengemeinschaft auszurichten, etwa durch Zusammenfassung einzelner Pfarrbüros (mit jeweils eingeschränkten Öffnungszeiten) zu einem leistungsfähigen Zentralbüro, das durch entsprechende Präsenz zudem eine stetigere Erreichbarkeit ermöglicht. Freilich ist zu vermeiden, dass durch eine Straffung der Zahl besetzter Pfarrbüros die Präsenz der Kirche vor Ort Schaden nimmt, was ein Spagat sein kann.

Die Verhältnismäßigkeit des Finanzmitteleinsatzes ist aber auch hinsichtlich der ideellen und inhaltlichen Dimension zu prüfen: Ist eine kirchliche Kindertagesstätte nicht nur ein Ort der Pädagogik, sondern auch der (kindgerechten) Verkündigung? Hebt sich eine kirchliche Sozialstation, ein kirchliches Pflegeheim in ihrem am christlichen Menschenbild orientierten Wirken erkennbar ab von entsprechenden Einrichtungen anderer frei gemeinnütziger Träger, die ebenfalls eine gute pflegefachliche Dienstleistung erbringen? Was macht den ideellen "Mehrwert" eines kirchlichen Wohnungsunternehmens gegenüber einem kommunalen oder einem Genossenschaftsunternehmen aus? Fragen, die zwar unter pastoralen Gesichtspunkten zu beantworten sind, die jedoch Maßstab sind für die Beurteilung, ob und in welchem Ausmaß sich Kirche auf diesen Feldern – in diesen "Märkten" – betätigt und künftig betätigen kann.

- Gleichmäßigkeit des Finanzmitteleinsatzes
  Der Grundsatz der Gleichmäßigkeit der Besteuerung – also gleiche Sachverhalte gleich zu besteuern – findet eine Analogie auch auf der Ausgabenseite kirchlicher Haushalte. Die Vergabe von Zuschüssen hat nach einheitlichen Kriterien und Größenordnungen zu erfolgen. So werden Personalkosten für kirchenstiftische Mitarbeiter entweder prozentual – in der Diözese Augsburg etwa zu 93 % der Bruttoarbeitgeberkosten – oder aber im Rahmen (budgetierter) Schlüsselzuweisungen bezuschusst. Die jeweiligen Beschäftigungsumfänge für Pfarrsekretärinnen, Mesner und Kirchenmusiker bemessen sich nach der Katholikenzahl und anderen objektiven Kriterien. Für Neubau- und Instandsetzungsmaßnahmen sehen Zuschussrichtlinien Bauzuschüsse in prozentualer Höhe je nach Gebäudetyp (Pfarrkirche, Pfarr- und Jugendheim, Pfarrhaus, Kin-

dertagesstätte) vor. Die Entwicklung hin zu größeren Seelsorgeeinheiten macht allerdings zunehmend auch eine pfarreiübergreifende Nutzung kirchlicher Gebäude, vor allem Pfarrheime, verbunden mit einem Abbau nicht bzw. mäßig genutzter Objekte erforderlich. Da dies in der Regel selten aus eigenem Antrieb von Pfarreien geschieht, sind Anreize über eine Steuerung des Zuschusswesens im Sinne einer Konzentration auf nachhaltig benötigte und definierte "Kernimmobilien" zu setzen.

3. Strategische Planung – Beispiel Vermögensverwaltung

Die Aufgabenvielfalt der Kirche und die damit verbundenen Finanzierungslasten, insbesondere für Personal und Bau, bringen es mit sich, dass zur Gewährleistung dieser langfristigen Verpflichtungen in gewissem Umfang auch langfristiges Vermögen erforderlich ist. Kein Wirtschaftsunternehmen kann ohne Eigenkapital auf Dauer bestehen. Kirchliches Kapital- und rentables Immobilvermögen dient maßgeblich der Sicherstellung der erheblichen Altersvorsorgeleistungen und stellt darüber hinaus – soweit möglich – eine Strukturreserve dar. Es ist kein Selbstzweck, sondern Ausdruck vorausschauenden und verantwortlichen Wirtschaftshandelns im Dienst der Seelsorge.

Die Grundsätze kirchlicher Anlagepolitik haben dieser Zweckbestimmung zu entsprechen. Die gegenwärtige Krise auf den internationalen Finanzmärkten hat Risiken deutlich gemacht. Bei aller Aufgeschlossenheit für die Weiterentwicklung von Finanzmarktprodukten empfiehlt sich für die strategische Planung der Vermögensanlage mehr denn je eine Beachtung u. a. folgender Grundsätze:

- Verbindliche Definierung von Anlagerichtlinien und Risikoprofilen als Rahmen für das operative Anlagemanagement unter Wahrung der Priorität Sicherheit vor Rentabilität.
- Vernünftige Diversifizierung und Wahrung eines langfristig optimalen Verhältnisses der *„asset-Klassen“*, das insbesondere der jeweiligen Verbindlichkeitenstruktur Rechnung trägt (*„Bilanzkongruenz“*).
- Beschränkung auf „durchschaubare“ Anlageprodukte.
- Angemessenes Verhältnis aktiv und passiv gemanagter Teilportfolios.
- Angemessene Sachwertorientierung.
- Beachtung der ethischen Nachhaltigkeit bei der Vermögensanlage.

4. Strategische Planung – Beispiel: Territorialseelsorge

In vielen deutschen Diözesen steht die Struktur der Pfarrseelsorge (Territorialseelsorge) seit längerem im Zentrum der langfristigen strategischen Planung. Der zu erwartende nachhaltige Rückgang des Kirchensteueraufkommens und mehr noch der sich verschärfende Priestermangel können die herkömmlichen Seelsorgsstrukturen nicht unberührt lassen. Lag die Zahl der aktiven Pfarrgeistlichen im Bistum Augsburg im Jahr 1980 noch bei 595, sind im Jahr 2010 noch 498 Priester in der Pfarrseelsorge tätig. Diese Zahl wird sich bis zum Jahr 2020 unter 300 entwickeln. Damit wird klar, dass hier nicht vordergründig ein Problem finanzieller Natur vorliegt, sondern dass das Seelsorgspersonal den "Minimumfaktor" darstellt, zumal auch die Berufsgruppe der pastoralen Laienmitarbeiter gegenwärtig keinen Zuwachs erfährt. Hinzu kommen gesellschaftliche Veränderungen, die auch die Formen und die Intensität der Teilnahme am kirchlichen Leben beeinflussen. Ferner stößt das ehrenamtliche Engagement, gerade in Verwaltungsangelegenheiten von Kirchenstiftungen, an Grenzen, auch weil die rechtlichen und wirtschaftlichen Rahmenbedingungen in den letzten Jahren immer komplexer geworden sind.

Um Seelsorge auch unter sich verändernden Rahmenbedingungen flächendeckend und wirksam aufrechterhalten zu können, werden daher in vielen Bistümern größere Seelsorgeeinheiten gebildet. Um diese jeweils optimal zu gestalten, sind die pastoralen Vollzüge, die Verwaltungsabläufe, die Infrastruktur und auch die Finanzmittelausstattung zu überprüfen und ggf. neu aufeinander abzustimmen. Hier wird vom Finanz-, Personal- und Gebäudemanagement Unterstützung erwartet, wenn es darum geht, den Zuschnitt von Pfarreiengemeinschaften oder von Dekanatsgrenzen (neu) festzulegen.

Entscheidungen setzen eine systematische Bestandsaufnahme der relevanten Fakten voraus. Hier sind beispielhaft zu nennen:

- Pastoraldaten:
  Entwicklung der Katholikenzahlen, des Gottesdienstbesuchs, Saldo Taufen/ Beerdigungen, Entwicklung der Kasualien, Saldo Kircheneintritte/ Austritte.
- Finanzdaten:
  Haushaltsvolumen, laufender Zuschuss, Personalkosten, Instandhaltungskosten, Spendenaufkommen.
- Personaldaten:
  Priester, Pastorale Mitarbeiter, Stellen "technisches Personal" (Pfarrsekretärinnen, Mesner, Kirchenmusiker, Reinigungskräfte)
- Infrastrukturdaten:
  Zahl, Zuschnitt und baulicher Zustand von Kirchen, Kapellen, Pfarrheimen, Pfarrbüros, Pfarrhäusern
- Geographische und raumsoziologische Daten:
- Kommunalgrenzen, Gemarkungen, Flurstücke, Schulen (Religionsunterricht!), Krankenhäuser, Kindertagesstätten, Sozialstationen, Altenhilfe–, Jugendhilfe-, Behindertenhilfeeinrichtungen etc.

Die wesentlichen Finanzdaten der Kirchenstiftungen sind beispielsweise in der Diözese Augsburg im Rahmen der stiftungsaufsichtlichen Genehmigung der einzelnen Haushaltspläne und Jahresrechnungen regelmäßig vollständig erfasst. Die Personaldaten sind in den jeweiligen Stellenplänen hinterlegt. Die Struktur der stiftischen Gebäudebestände ist auf Grundlage einer Vollerhebung erfasst und fortgeschrieben. Daraus leitet sich eine objekt- und gewerkebezogene mittelfristige Instandhaltungsplanung ab.

Die seit einiger Zeit seitens der staatlichen Vermessungsämter in digitalisierter Form verfügbaren Geo-Informations-Daten ermöglichen eine detaillierte Abbildung vorhandener Infrastruktur sowie die Simulation von Planungsvarianten nach den verschiedensten o. g. pastoralen und administrativen Kriterien (sog. *Themenkarten, vgl. beispielhaft Abbildung 3)*.

Abbildung 3: Geo-Informationssystem - Planungstool Diözese Augsburg[11]

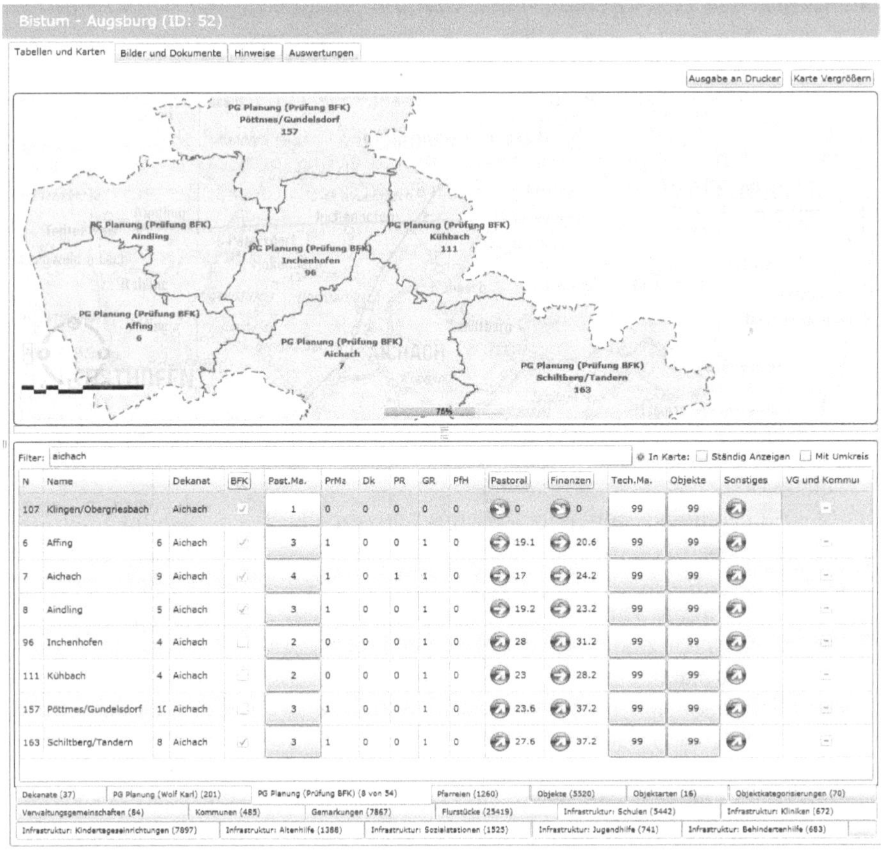

Dies sind wichtige Hilfsmittel. Die Festlegung von Seelsorgeräumen erfordert jedoch darüber hinaus eine umfassende und sensible Kommunikation, bei der auch

11 Diözese Augsburg, Bischöfliche Finanzkammer.

die "Richtung stimmen", nämlich bedacht werden muss, ob und welche Sachentscheidungen *top-down* oder *bottom-up* getroffen werden müssen bzw. können. Ein konstruktiver Prozess kommt ohne das Erfahrungswissen der haupt- und ehrenamtlichen Kräfte vor Ort nicht aus, wenn auch in der Gesamtabwägung letztlich übergeordnete Gesichtspunkte zu berücksichtigen sind und "Besitzstandsdenken" allein kein Entscheidungskriterium sein kann.

Bei der Festlegung der jeweiligen pastoralen und administrativen Zielstruktur sind unterschiedliche Verhältnisse wie etwa Stadt-Land-Situation, Mentalitäten und andere "weiche" Faktoren ebenfalls zu würdigen. Hier ist es hilfreich, über ein flexibles Modell zu verfügen, das auf Entwicklung angelegt ist und unterschiedliche "Kooperationsgrade" von Verbund bis hin zur Fusion vorsieht, wie dies in mehreren Diözesen bereits praktiziert wird.[12] Eine Zentralisierung von Verwaltungsfunktionen, etwa auf Ebene der Dekanate oder Regionen, erfordert zunächst gewisse Investitionen und verursacht laufende Kosten. Hier darf kein "Wasserkopf" entstehen. Es ist darauf zu achten, dass die angestrebten Synergien und Qualitätsverbesserungen in der Verwaltung auch tatsächlich eintreten und durch die Konzentration mittelfristig auch eine Kostendegression eintritt.

Die Komplexität von Planungsprozessen kann anhand dieser Beispiele nur angedeutet werden. Erkennbar wird jedoch das Ineinandergreifen von seelsorglichen, personalwirtschaftlichen, immobilienwirtschaftlichen und verwaltungsmäßigen Planungselementen, die jeweils in Beziehung gesetzt, aufeinander abgestimmt und den Menschen in zumutbaren Zeithorizonten vermittelt werden müssen. Es handelt sich um einen ganzheitlichen Vorgang, bei dem es um die "Wertschöpfung jenseits der Finanzen" geht, der aber unter Berücksichtigung der dargestellten Grundsätze den verfügbaren Rahmen an finanziellen Ressourcen stets im Blick haben muss.

Literaturverzeichnis

Bischofsberger, P. (2005): Kirchliches Management, Grundlagen und Grenzen. Münster.

Diözese Augsburg: Haushalt 2010 der Diözese Augsburg, Presseinformation vom 03.03.2010.

Göb, B. (2002): Mangelverwaltung oder "Zeit zur Aussaat". In: Herder Korrespondenz 56. Nr. 12, S. 624 – 628.

Grünewald, J. (1993): Die Kirchensteuer aus Verfassungsrechtlicher Sicht, Last oder Nutzen für den Staat. In: Wolfgang Ockenfels/Bernd Kettern (Hg.) Streitfall Kirchensteuer, Paderborn S. 130 – 144.

Maier, H. (1994): Staat und Kirche in der Bundesrepublik Deutschland, in: Josef Listl und Dietrich Pirson, Handbuch des Staatskirchenrechts der Bundesrepublik Deutschland, I. Band, Berlin S. 85 - 110.

Marré, H (o. J.): Das kirchliche Besteuerungsrecht, in: Josef Listl und Dietrich Pirson, Handbuch des Staatskirchenrechts der Bundesrepublik Deutschland, I. Band, Berlin S. 1101 – 1147.

12 Göb (2002): S. 624ff.

Robbers, G. (1994): Förderung der Kirchen durch den Staat, in: Josef Listl und Dietrich Pirson, Handbuch des Staatskirchenrechts der Bundesrepublik Deutschland, I. Band, Berlin S. 867 - 890.

Sekretariat der Deutschen Bischofskonferenz (Hg.) (2010): Katholische Kirche in Deutschland, Statistische Daten.

Statut für die Pfarreiengemeinschaften der Seelsorgeeinheiten in der Diözese Augsburg, in: Amtsblatt für die Diözese Augsburg, 114. Jg., Nr. 09, 8. Juni 2004, S. 331 – 341.

Zonker, N. (2004): Erzbistum Berlin: Langer Weg aus der Schuldenfalle. In: Herder Korrespondenz 58. Nr. 2, S. 61 – 63.

Zonker, N. (2005): Deutschland: Wie die Kirche wirtschaften lernt.
In: Herder Korrespondenz 59. Nr. 1, S. 7 – 9.

Intelligent sparen, wo es nichts Überflüssiges mehr gibt. Ein Praxisbericht.

Britta Wagner

Leicht haben es die Kirchen nicht, wenn es ums Geld geht. Ausgestattet in Zeiten großer Volksfrömmigkeit und verwöhnt von bis dato steigenden Kirchensteuereinnahmen, standen die christlichen Kirchen in Deutschland zum Beginn des 21. Jahrhunderts vor echten finanziellen Problemen. Zugegeben, anfangs fand man relativ leicht den einen oder anderen Haushaltsposten, dessen sich die Organisationen wenn auch mit Wehmut, so doch ohne substanziellen Einschnitt in ihre Arbeit entledigen konnten. Aber nach der dritten und vierten Sparrunde wird es ungemütlich. An Personalabbau aus Gründen der Wirtschaftlichkeit sind Wähler und Öffentlichkeit bei Industrieunternehmen längst gewöhnt. Aber wenn die Kirche mit Entlassungen in die Schlagzeilen gerät, werden moralische Gefühle verletzt. Die Enttäuschung trifft Mitglieder der Kirchen genauso wie vermeintlich Außenstehende: *Wer, wenn nicht die Kirche ...*

Und da sind wir schon beim zweiten Teil des Problems. Eine Institution, deren Wesen es ist, jene in den Mittelpunkt zu stellen, die woanders an den Rand gedrängt werden, sieht sich mit einem unendlichen Bedarf konfrontiert.[1] Die Caritas beispielsweise hat sich dem Motto verschrieben: „Not sehen und handeln“. Was aber, wenn die Not sichtbar ist, vielleicht sogar zum Himmel schreit, aber nicht genug Geld zum Handeln da ist? Wo hört man mit dem Helfen auf? Oder, zwar weniger

1 Zu diesem Thema siehe auch Halfar/Borger (2007).

dramatisch, jedoch im gleichen Dilemma: Was, wenn ein evangelisches Dekanat neben Gottesdiensten auch Jugendarbeit macht, Freizeiten für Behinderte anbietet, sich um die Erwachsenenbildung verdient macht, Begegnungen von Ausländern und Einheimischen organisiert und so weiter und so fort. Wo sind Einschnitte mehr gerechtfertigt als anderswo, wenn der Geldbeutel nicht genug für alle her gibt?

So unangenehm diese Frage ist, so verlockend ist die Antwort, einfach den einzusparenden Betrag gleichmäßig allen Arbeitsbereichen aufzubürden. Mit der Konsequenz, dass am Schluss zwar alle noch da sind, aber keiner mehr gute Arbeit leisten kann. Und dazu kommt, dass es jene Arbeitsbereiche am härtesten trifft, die bereits sehr effizient handeln. Die anderen haben noch genügend Luft, sie meistern eine solche Kürzung leichter.

Wie lässt sich also intelligent sparen, wo auf Verzichtbares schon verzichtet wird? Und wie kann die Kirche ihr Budget kürzen, ohne ihr Gesicht (und Mitglieder) zu verlieren? Die evangelische Kirche in München hat im Jahr 2006 das scheinbar Unmögliche in Angriff genommen. Die Vorgabe der Landeskirche lautete: Die Ausgaben im Dekanat innerhalb von fünf Jahren dauerhaft um 1,3 Millionen Euro zu senken – bei einem gestaltbaren Anteil von lediglich gut 4 Millionen Euro.[2] Wie sie das schließlich geschafft hat, möchte ich im Folgenden aus der Beraterperspektive vorstellen. Das Projekt trägt den Namen „ZuG – Zukunft Gestalten. Evangelisch in der Region München" und dauerte von November 2006 bis Dezember 2007. Die organisatorischen Besonderheiten der Kirche (1.) und die sich daraus ergebenden Prämissen für Projektarbeit (2.) kommen dabei ebenso zu Sprache wie die inhaltlichen und methodischen Grundpfeiler des Projekts (3.). Der Leser möge verzeihen, dass die Darstellung der Ergebnisse bisweilen etwas abstrakt ausfällt (4.). Es versteht sich jedoch von alleine, dass unser Projektpartner die konkreten Daten nicht veröffentlichen möchte. Zum Schluss des Artikels hat die Münchener Stadtdekanin allerdings in einer Projekt-Rückschau selbst das Wort (5.).

1. Projektarbeit im Biotop Kirche

Zu den Wesenszügen der evangelischen Kirche gehört, dass Entscheidungen möglichst demokratisch getroffen werden. Dieses Wesen begründet sie theologisch, wie die Evangelische Kirche in Bayern auf ihrer Webseite unter der Rubrik „Wir über uns > Wir sind Volkskirche" ausführt: „Im Sinne des ‚Priestertums aller Gläubigen' baut die evangelische Kirche auf die Beteiligung ihrer Mitglieder an der Gestaltung des kirchlichen Lebens, auf ihre Verantwortung dafür und auf die vielen verschiedenen Gaben. Sie ermöglicht unterschiedliche Formen der Partizipation."[3] Während man in der Industrie erst lernen musste, dass Veränderungs-

2 Das mit der Umsetzung beauftragte Gremium, die Dekanatssynode, hat dafür die Beratungshilfe der xit GmbH forschen. planen. beraten. aus Nürnberg (Bernd Halfar, Britta Wagner) sowie des Unternehmens Deloitte (Ralph Höll) hinzugezogen.

3 Evangelisch-Lutherische Kirche in Bayern (2010a.).

prozesse nur funktionieren, wenn man die unteren Hierarchieebenen einbindet, hat man hier alle Mühe, die Projektpartner zu ermuntern, im Sinne des Arbeitserfolgs auch mal eine fachlich-pragmatische statt zwingend paritätische Arbeitsgruppenbesetzung zu wagen. Denn das Bekenntnis zum Priestertum aller Gläubigen geht häufig einher mit einer Kultur der Machtskepsis (nahezu Machtleugnung) und mit einer Kultur der Konsensorientierung (bis hin zur Konfliktvermeidung). Beides kann, muss aber nicht, wie klebriger Honig über einer Organisation liegen, und sie schwerfällig machen. Hieraus ergeben sich einige Besonderheiten für die Durchführung von Projekten der Organisationsentwicklung.

Zum einen müssen Projektverantwortliche durch das zuständige Gremium legitimiert sein und im Rahmen eines klar abgegrenzten Entscheidungsspielraums beauftragt werden. Banal, aber wichtig ist, dass der Entscheidungsspielraum der Projektverantwortlichen selbstverständlich nicht über den des beauftragenden Gremiums hinausgehen kann. Diesen Handlungsradius zu kennen, ist auch für die externen Berater in einer Organisationsentwicklung unerlässlich.

Die – häufig zeitraubende – Gremienanbindung ist wichtig, damit das Organ, das am Ende über die zu ergreifenden Maßnahmen entscheidet, sich über den gesamten Zeitraum mit dem Projekt identifiziert. Das schafft die nötige Verbindlichkeit gegenüber den beauftragten Projektverantwortlichen und vice versa, um im politischen Prozess handlungsfähig zu bleiben. Andernfalls besteht die Gefahr, einmal getroffene Entscheidungen durch einen Stimmungswechsel zu gefährden oder sie nicht über die Schwelle einer neuen Legislaturperiode retten zu können. Im schlimmsten Fall muss man noch einmal von vorne beginnen.

Die *zweite* Besonderheit liegt in der Haushaltsstruktur und den bereits umgesetzten Einsparmaßnahmen. Die Kirche ist an unzählige vertragliche Verpflichtungen gebunden. Das sind zum einen Personalverpflichtungen, die sich aus dem Landesstellenplan ergeben (in der Katholischen Kirche aus dem Diözesanstellenplan). Den Landesstellenplan verabschiedet zwar die Landessynode; er enthält aber Personalverpflichtungen, für die die Dekanate zuständig sind. Die Höhe des Budgets des Dekanats ist aber ebenfalls durch die Landessynode vorgegeben. Werden hier Einsparvorgaben gemacht, ist der größte Kostenblock – die Personalausgaben – für die Suche nach Einsparpotenzialen in weiten Teilen außen vor. Zu den Personalverpflichtungen kommen noch Trägerschaften für kirchliche Immobilien und Denkmäler, die Erfüllung öffentlicher Aufträge beispielsweise im Religionsunterricht oder in der Kunst. Vieles davon ist für eine Dekanatssynode zunächst unantastbar. So kommt es, dass in früheren Sparrunden bereits große Teile der Sachmittel gekürzt wurden; treibt man dies gedanklich weiter, erscheint vor dem geistigen Auge das Bild eines Jugendreferenten, der ohne Computer, Telefon und Mittel für Freizeitmaßnahmen am leeren Schreibtisch sitzt – aber einen sicheren Job hat. Bei einer solchen Haushaltsstruktur ist der Versuch daher groß, dem Finanzierungsproblem mit einer Erhöhung der Einnahmen beizukommen. Das ist allerdings im Hinblick auf nachhaltige Lösungen schwer zu kalkulieren. Dagegen vielversprechend ist es in der Regel, den Blick auf das Immobilienmanagement zu richten.

Denn hierin stecken gerade bei einer so großen Verwaltungseinheit wie dem Dekanat in München, das für 10 Prozent aller Mitglieder der Landeskirche zuständig ist,[4] enorme Summen.

2. Prämissen des Projekts und konzeptionelle Folgen

Aus den organisatorischen Besonderheiten der Kirche und den Erfahrungen aus diversen Reorganisationsprozessen ergeben sich ein paar Prämissen, die über allen Aktivitäten des Projektes ZuG standen. Die ersten drei konzentrieren sich auf die informellen Kräfte einer Organisation. Diese gilt es in produktiver Weise für das Projekt zu gewinnen; dagegen zu arbeiten ist ohnehin unmöglich.

Prämisse 1: Die betroffenen Mitarbeitenden im Dekanat müssen von Anfang an in das Projekt eingebunden werden, um ihr Expertenwissen nicht ungenutzt zu lassen.

Dies geschah mittels einer „Kick-off-Veranstaltung", zu der alle Mitarbeitenden des Dekanats eingeladen waren. Sie erfuhren die Hintergründe des Projekts, wurden mit den geplanten Schritten und ihren Mitwirkungsmöglichkeiten vertraut gemacht und konnten Fragen stellen. Die Beteiligten lernten außerdem das Projektlogo kennen, das mit dem positiv formulierten Projekttitel „ZuG – Zukunft Gestalten. Evangelisch in der Region München" zur Identifikation mit den Projektzielen beitragen sollte. Um Einsparmöglichkeiten zu erkennen, war es wichtig, in der ersten Phase des Projekts ein umfassendes und qualifiziertes Bild des gesamten Dekanats zu zeichnen. Der Schritt der Datenerhebung leistete einen großen Beitrag zur Akzeptanz unter den Mitarbeitenden. In 30 narrativen Interviews und Arbeitszeitanalysen konnten Leiter von Arbeitsbereichen und Vertreter der Verwaltung uns Beratern meist direkt vor Ort von ihrer Arbeit berichten. Sie brachten in vielen Fällen selbst konstruktive Vorschläge ein, wie ihr Arbeitsbereich effizienter werden könnte.

Prämisse 2: In allen Phasen des Projektes muss größtmögliche Transparenz herrschen, um eine breite Akzeptanz in der Basis der ehrenamtlichen und hauptamtlichen Mitarbeitenden zu gewinnen und möglichen Ängsten die Nahrung zu entziehen.

Dies betrifft vor allem die genaue Höhe der Einsparsumme, das Vorgehen in der Analysephase und die Prioritätensetzung bei den in Frage kommenden Maßnahmen. Hierzu gab es einen Informationsbereich im Intranet des Dekanats, der aktuell über den Projektfortschritt berichten sollte, was sich aufgrund der Vertraulichkeit einiger noch unausgegorener Ideen leider nicht so konsequent einhalten ließ. Man darf Pferde nicht unnötig scheu machen. Außerdem war über den Projektaufsichtsrat die Gesamtmitarbeitervertretung strukturell in das Vorhaben eingebunden.

4 Evangelisch-Lutherisches Dekanat München (2010b).

Prämisse 3: Die Einsparmaßnahmen sollen möglichst ohne Einschnitte bei den Angeboten und beim Personal auskommen.

Die Mitarbeitenden haben jedes Mal die Last einer neuen Einsparungsrunde auf sich genommen. Es muss daher klar sein, dass Kürzungen im Personalbereich die Ultima Ratio sind, um von den Beteiligten mitgetragen zu werden. Hierauf verweist das Modell der Eskalationsstufen in Verbindung mit den *kommunizierenden Röhren,* auf das ich im nächsten Abschnitt noch ausführlicher eingehen werde.

Unser Vorhaben, das Wesen und die strukturellen Besonderheiten der Kirche ausreichend zu berücksichtigen, führte zu folgenden Prämissen:

Prämisse 4: Das Projekt muss ein inhaltliches Ziel verfolgen, dessen Umsetzung die Einsparung der vorgegebenen Summe beinhaltet.

Nur so steht nicht ein Verlust von Ressourcen im Vordergrund, sondern der Gewinn an Profil und Zukunftsfähigkeit. Bewusst festgelegte Schwerpunkte halten zugleich jene Kriterien bereit, die man zwangsläufig braucht, um Prioritäten zu setzen. Und genau diese Kriterien fehlen so oft. Die genannte Prämisse wurde mit dem Arbeitsziel eines *positiven Szenarios* umgesetzt; der Projektname *ZuG – Zukunft Gestalten. Evangelisch in der Region München* setzte bereits das einschlägige Signal.

Prämisse 5: Das Projekt muss strukturell eng eingebunden sein; die Projektverantwortlichen sollen frei arbeiten können und größtmögliches Vertrauen der Dekanatssynode genießen.

So lautete unsere Empfehlung für die Zusammensetzung der Gruppe der Projektverantwortlichen (*Projektgruppe*), dass es nicht auf eine paritätische Besetzung ankommen sollte, sondern vor allem Personen aktiv sein sollen, die kritisch und innovativ denken, aber zugleich innerhalb der Organisation ein gutes Standing haben. Die Konstellation, bestehend aus der Stadtdekanin, des Leiters der Evangelischen Dienste, eines Vertreters des Kirchengemeindeamtes, eines Ehrenamtlichen aus dem Präsidium der Dekanatssynode, dem Referenten der Stadtdekanin als Projektleiter nebst den externen Beratern von xit und Deloitte hat sich als sehr produktiv erwiesen. Die offene und konstruktiv-kritische Arbeitsatmosphäre war den konkreten Personen und ihrer gewachsenen Arbeitskultur zu verdanken.

Prämisse 6: Auch wenn die Projektverantwortlichen im Grunde selbständig arbeiten, erhalten sie immer wieder Gelegenheit bzw. sind sie verpflichtet, regelmäßig über Zwischenergebnisse ihrer Arbeit Bericht zu erstatten und sollen Meilenstein für Meilenstein für die bisherigen Schritte entlastet werden.

Die Projektgruppe steuerte in sieben Sitzungen das gesamte Projekt, organisierte Analysephasen, nahm Auswertungen zur Kenntnis und erarbeitete Vorschläge für mögliche, alternative Einsparmaßnahmen, die sie mit dem *Projektaufsichtsrat* diskutierte. Die Mitglieder des Projektaufsichtsrates waren als Personen und Vertraute der Dekanatssynode beauftragt, die Projektgruppe als Experten für inhaltliche und organisatorische Arbeitsbereiche zu beraten. Es sollte von Anfang an tabufreies Denken ermöglicht werden, weshalb die Mitglieder des Projektaufsichtsrates wie auch die der Projektgruppe zu absoluter Verschwiegenheit angehalten waren. Der

Projektaufsichtsrat hat damit im Namen der Dekanatssynode bei jedem Meilenstein des Projekts Ergebnisse und vorgeschlagene Alternativen bewertet und die Weichen für die Weiterarbeit gestellt. Er war für die Eingabe der Ergebnisse in die Dekanatssynode Ende 2007 verantwortlich. Diese Konstellation hatte den Vorteil, dass das Projekt in *nur* einem Jahr durchgeführt werden konnte, weil man nicht auf den Tagungsrhythmus der Synode angewiesen war. Trotzdem blieben die Kompetenzen gewahrt und die Projektgruppe konnte regelmäßig entlastet werden, um auf festem Boden weiterzuarbeiten.

Abbildung 1: Arbeitsstruktur

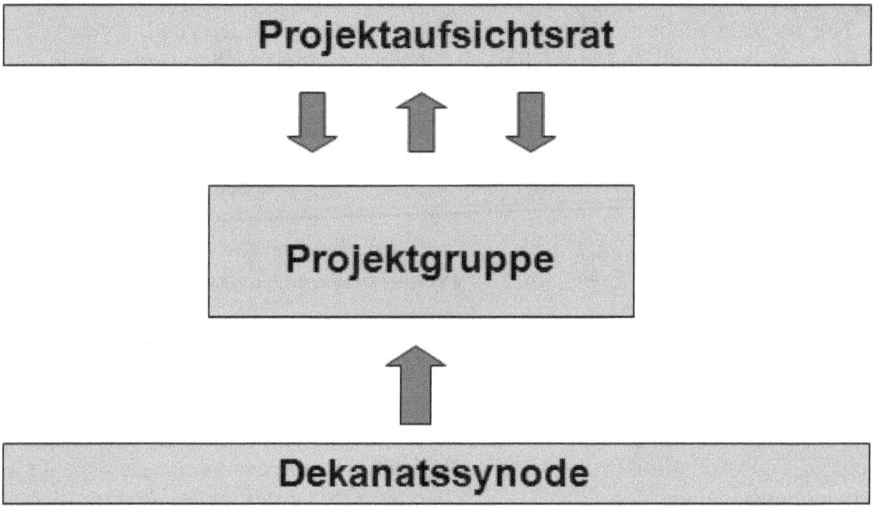

Prämisse 7: Nicht jede Maßnahme muss bis ins Letzte von den Projektverantwortlichen entworfen werden.

Ergebnis der Arbeit kann auch sein, andere Projekte anzustoßen, die entweder in diesem Rahmen zu aufwändig wären, oder die Kompetenz der Verantwortlichen übersteigen. So wurde im Laufe der Projektarbeit eine Stiftungsgründung weitergetrieben, ein Immobilienmanagementprojekt angestoßen und eine Neuorganisation des Kirchengemeindeamts geplant. Die Einführung einer *Balanced Church Card* sollte im Rahmen des Umsetzungsmanagements die Ergebnisse und inhaltlichen Schwerpunktsetzungen des ZuG-Projektes und der weiteren angestoßenen Projekte steuern.

3. Grundpfeiler des Projekts und Projektschritte

Um das Projektziel – die dauerhafte Einsparung von 1,3 Millionen Euro – zu erreichen, wollten wir durch unseren Blick von außen Innovation von innen anstoßen. Dabei ging es immer darum, dem beschlussfassenden Gremium, der Dekanatssynode, Handlungs- und Entscheidungsspielraum zu lassen. Die eben vorgestellten Prämissen bildeten die Rahmenbedingungen für inhaltlich-methodische Entscheidungen und die nachstehenden Grundpfeiler des Projekts.

3.1. Positives Szenario

Der wichtigste Grundpfeiler betrifft die Aura des ganzen Projekts. Es macht einen gravierenden Unterschied, ob man ein *Sparprojekt* anstößt oder ob man eine *Vision* schafft, also ein neues Bild der Kirche malt, die das Dekanat künftig verkörpern möchte. Der Begriff des Sparens klingt nach Entbehrung, Verlust und Schmerzen; in jedem Fall nach Zurückschrauben der (Lebens-/Arbeits-)Qualität. Visionäres Denken dagegen ist die Einladung, einmal out-of-the-box zu spinnen und mit alten Wucherungen und sinnentleerten Institutionen aufzuräumen. Das alles wird zwar am Ende gedämpft vom Rahmen der bald geltenden Haushaltssumme und den vertraglichen und rechtlichen Bedingungen. Dass dieses Vorgehen immer noch besser ist, als sich sofort vom Wissen um die begrenzten Mittel ausbremsen zu lassen, mag ein Beispiel aus der Autoindustrie vor Augen führen: Nicht jene Modellneuerungen sind die echten Hingucker, die von der alten Designvorlage ausgehen und hier und da eine Kurve etwas runder oder dieses und jenes Licht etwas eckiger gestalten. Wirklich überraschend und interessant ist ein Modellnachfolger, wenn die Designer zunächst eine komplett neue Silhouette entwerfen durften, die dann Schritt für Schritt wieder an das alte Modell angeglichen wurde.

3.2. Stufenmodell der Eskalation

Der zweite Grundpfeiler betrifft die Frage, wo man mit der Suche nach Einsparpotenzialen beginnt. Der Unsinn einer Rasenmähermethode wurde bereits klar – noch dazu, wenn man auf eine Organisation trifft, die bereits mehrfach Einsparungen hinnehmen musste und in der jedes Arbeitsfeld schon einmal zur Ader gelassen wurde. Intelligent sparen war deshalb gefragt. Daher ging es zunächst darum, Transparenz über die Arbeitsprozesse aller beteiligten Organisationseinheiten zu gewinnen und die Offenheit, Kritikbereitschaft und Ideen der betroffenen Mitarbeitenden einzubeziehen. Dies gelang nur durch ein *Stufenmodell der Eskalation.* Wir definierten einzelne Suchfelder für Einsparpotenziale, die sukzessive abgearbeiteten wurden. Dabei galt: Erst wenn in einem Suchfeld nichts mehr zu finden ist, geht die Suche im nächsten Feld weiter – falls nötig. Dies sollte sicherstellen, dass keine Effizienzsteigerung in der Verwaltung ausgelassen wurde, bevor es gegebenenfalls doch zu schmerzhafteren Einschnitten in Angebot oder Personal kommen muss.

Suchfeld I:	Analyse der interne Prozesse der Organisation im Dekanatsmanagement, Schnittstellenmanagement, Immobilien-management
Suchfeld II:	Analyse der Chancen, die Einnahmesituation der Evangelischen Dienste zu verbessern
Suchfeld III:	Analyse der Effizienzreserven in den unselbständigen Einrichtungen und Diensten des Dekanats
Suchfeld IV:	Analyse der Potenziale und qualitativen Effekte von Angebotsreduzierungen
Suchfeld V:	Analyse der Sparpotenziale und deren Akzeptanz bei Löhnen und Gehältern

3.3. Messbarkeit der qualitativen und quantitativen Spareffekte (kommunizierende Röhren)

Der dritte Grundpfeiler besteht in dem Bestreben, jede in Frage kommende Maßnahme zunächst messbar zu machen (damit ihre Umsetzung kontrolliert und gesteuert werden kann) und wenn irgendwie möglich, auch den finanziellen Effekt abzubilden. Denn was nützt die Optimierung von Prozessen, wenn daraus kein finanzieller Spielraum entsteht? In Kombination mit dem zweiten Grundpfeiler, dem Stufenmodell der Eskalation entsteht die Vorstellung von *kommunizierenden Röhren* (siehe hierzu Abbildung 3). Jeder Fund an finanziellem Spielraum *füllt* die Röhre des jeweiligen Suchfelds mit einer Summe in Euro. Man beginnt bei der ersten Summe und arbeitet sich Röhre für Röhre weiter. Der Füllstand der letzten Röhre zeigt an, wie weit man noch vom Einsparziel entfernt ist, ob die Suche also weitergehen muss.

3.4. Entscheidungsalternativen (Simulation alternativer Szenarien)

Die Denkweise der kommunizierenden Röhren hat den Vorteil, dass relativ leicht Entscheidungsalternativen vorbereitet werden können. Sollte sich herausstellen, dass eine vorgeschlagene Maßnahme aus bislang nicht bekannten Gründen nicht in Frage kommt, zeigt der Füllstand direkt an, wie groß der Ausgleichseffekt einer oder mehrerer alternativer Interventionen sein muss. So lassen sich verschiedene

Versionen des Maßnahmenmixes darstellen, die im Grunde aus diesen denkbaren Komponenten bestehen:

- Prozessverbesserung mit organisatorischen Konsequenzen (Hebung von Effizienzressourcen)
- Kostenreduktion
- Einnahmeverbesserung
- Leistungsreduktion
- Entgeltveränderungen (Löhne und Gehälter)

Abbildung 2: Simulation alternativer Szenarien in Form von kommunizierenden Röhren (Beispiel)

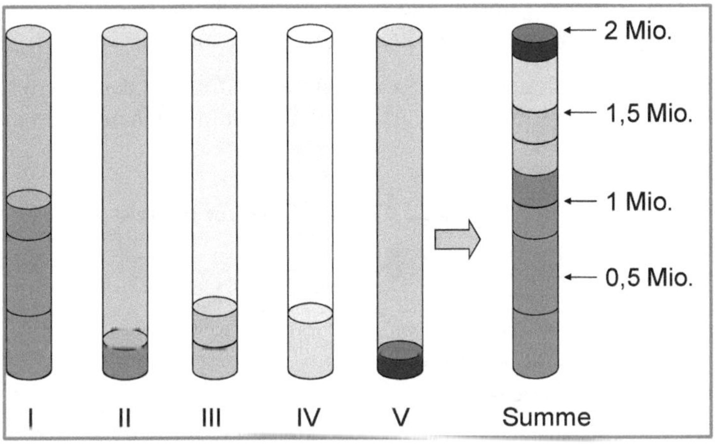

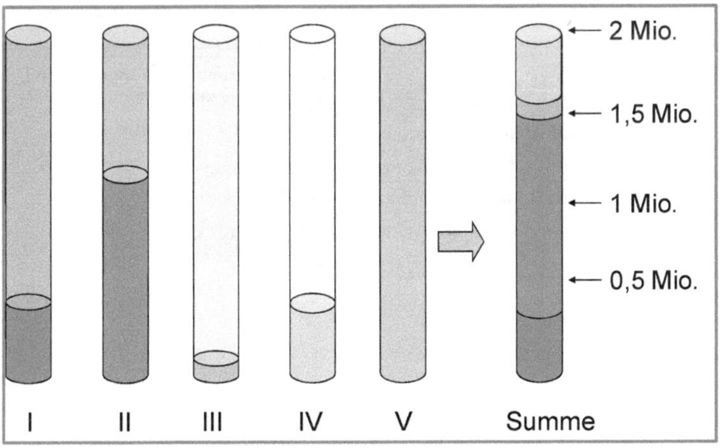

3.5. Balanced Church Card

Für das Umsetzungsmanagement galt von Anfang an die Empfehlung, das Instrument der *Balanced Church Card (BCC)* einzusetzen. Es wurde von Bernd Halfar an der Katholischen Universität Eichstätt als Methode für strategisches Management in Kirchen entwickelt.[5] Die BCC ist hier deshalb gut geeignet, weil sie

- den Grundpfeiler des Positiven Szenarios als inhaltliche Schwerpunktsetzung integriert, der letztlich alle anderen strategisch wichtigen Bereiche folgen müssen, und finanzielle Ziele mit Angebotszielen verknüpft,
- auf einem Blick zeigt, was wann von wem zu tun ist,
- anzeigt, auf welchem Stand die Umsetzung ist,
- die Kräfte des Dekanats auf gemeinsame Ziele hin bündelt und
- offen ist für Eigenverantwortung und Mitgestaltung verschiedener Ebenen.

Es würde zu weit führen, das Konzept in diesem Rahmen ausführlich darzustellen, aber der im ZuG-Projekt angewandte Entwurf der BCC vermittelt einen Eindruck der Grundidee.

Abbildung 3: Das Konzept der Balanced Church Card im Projekt ZuG

5 Halfar/Borger (2007.).

3.6. Projektschritte, Methoden, Ergebnisse

Eine Tabelle sagt oft mehr als tausend Worte. Im Folgenden stelle ich die einzelnen Projektschritte in einer Übersicht zusammen. Die Schritte wurden, wie bereits erwähnt, sukzessive durchgeführt. Sie bildeten die Meilensteine, zu denen der Projektaufsichtsrat zusammentrat. Es ist jeweils vermerkt, welche Methoden wir angewandt haben und welche besonderen Beobachtungen wir außerhalb der konkreten Analyseergebnisse gemacht haben.

Suchfeld und Projektschritt	**Methode**	**Beobachtungen/Anmerkungen**
I. Analyse der internen Potenziale für Prozessoptimierung	Dekanatsmanagement: Dokumentenanalyse, Zeiterfassung Immobilienmanagement: Dokumentenanalyse Schnittstellenmanagement: Dokumentenanalyse, Interviews, Prozessanalyse	Häufig stellte sich heraus, dass so manche übernommene Tätigkeit „eigentlich die Aufgabe der Stelle XY" sei, die nicht vom Dekanat finanziert wird (z. B. des Kirchengemeindeamts). Auf diese Weise kamen einige Hinweise für eine Reorganisation des Kirchengemeindeamts zusammen, die in ein eigenständiges Projekt flossen. Auch bei der Betrachtung des Immobilienmanagements offenbarte sich die Notwendigkeit eines eigenen Immobilienmanagementprojektes.
II. Analyse der Chancen, die Einnahmesituation der Evangelischen Dienste zu verbessern	Analyse der Einnahmeseite der EDM: Dokumentenanalyse, Recherchen zur Drittmittelakquise	Dieser Schritt wurde ausnahmsweise parallel zum Schritt I durchgeführt – mehr Mittel (z. B. Mietzuschüsse bei Übernahme kommunaler Aufgaben, Orientierung an Marktpreisen bei eigenen Vermietungen) zu akquirieren „tut keinem weh".
III. Analyse der Effizienzreserven in den unselbständigen Einrichtungen/ Diensten des Dekanats	Prozessanalyse, Dokumentenanalyse, Interviews Schnittstellenmanagement Dokumentenanalyse, Interviews, Prozessanalyse	In allen Interviews sind wir freundlich empfangen worden, immer auf offene Ohren gestoßen und man hatte den Eindruck, manche haben sogar darauf gewartet, dass sie (von Externen) gefragt werden und anonym ihre Ideen einbringen können. Hier haben wir einige Hinweise auf Einsparpotenziale durch andere Organisationsprozesse erhalten (aber eher Zeit gewonnen, nicht Geld) → Ein Fall für die BCC
IV. Analyse der Potenziale und qualitativen Effekte von Angebotsreduzierungen	Aufstellen von Szenarien (Interviews, Simulation)	Betraf am Ende nur zwei kleinere Arbeitsfelder, von denen eines ohnehin vertraglich ausläuft und im anderen die MA-Stelle durch formale Umsetzung erhalten werden konnte.
V. Analyse der Sparpotenziale und deren Akzeptanz bei Löhnen und Gehältern	Entgeltanalyse (Dokumentenanalyse) Erstellen von Szenarien (rechtliche Prüfung) Akzeptanzprüfung (Hearing MAV)	Zu diesem Schritt kam es nicht, weil das Einsparziel schon früher erreicht wurde.

Schließlich fanden sich diverse Maßnahmen, die in der Summe und über den Zeitraum von 2007 bis 2011 hinweg die erforderlichen Einsparungen versprachen.

Nicht bei allen lag zum Projektende bereits auf der Hand, wie sie genau umgesetzt werden können. Manche benötigten tiefergreifende Satzungsänderungen. Dafür setzte die Dekanatssynode einen eigenen Arbeitskreis ein.

Die Grafik unten zeigt gewissermaßen die *letzte Röhre*, allerdings nicht nach Suchfeldern, sondern nach Maßnahmearten gegliedert. Das größte Potenzial lag unerwartet in der realistischen Erhöhung der Einnahmen. 11 % der Einsparsumme wären durch Optimierungen im Immobilienbereich zu erreichen. Ähnlich sieht es bei der Ausgabenkürzung aus und der Konzentration diverser Verwaltungsprozesse. Die Umstrukturierung der Angebote bzw. dem Auslaufen des Vertrages für eines der Angebote brachten noch einmal 7 %, Sachmittelkürzungen und eine Stellenplanumsetzung weitere 6 % hervor. Insgesamt eröffneten die Maßnahmen einen Spielraum von knapp 1,39 Millionen Euro. Im Projektverlauf standen immer wieder verschiedene Sparvorgaben im Raum.

Gegen Ende des Projekts wurde der lange gültige Betrag von 1,4 Millionen noch einmal auf die bereits genannten 1,28 Millionen Euro korrigiert.

Das Vorhaben, verschiedene alternative Szenarien anzubieten, hat sich am Schluss als zu optimistisch entpuppt. So viel Spielraum gab es einfach nicht – denn Einschnitte bei Löhnen und Gehältern sollten ja vermieden werden. Einzige Umschichtungsmöglichkeiten lagen im Bereich der rund Einhunderttausend Euro, die die Maßnahmenliste über das Ziel hinausgeschossen ist. Aber der ist schnell aufgebraucht, wenn sich die eine oder andere Maßnahme aus bisher nicht absehbaren Gründen nicht umsetzen lässt.

Abbildung 4: Vorgeschlagene Maßnahmen und ihr Gewicht

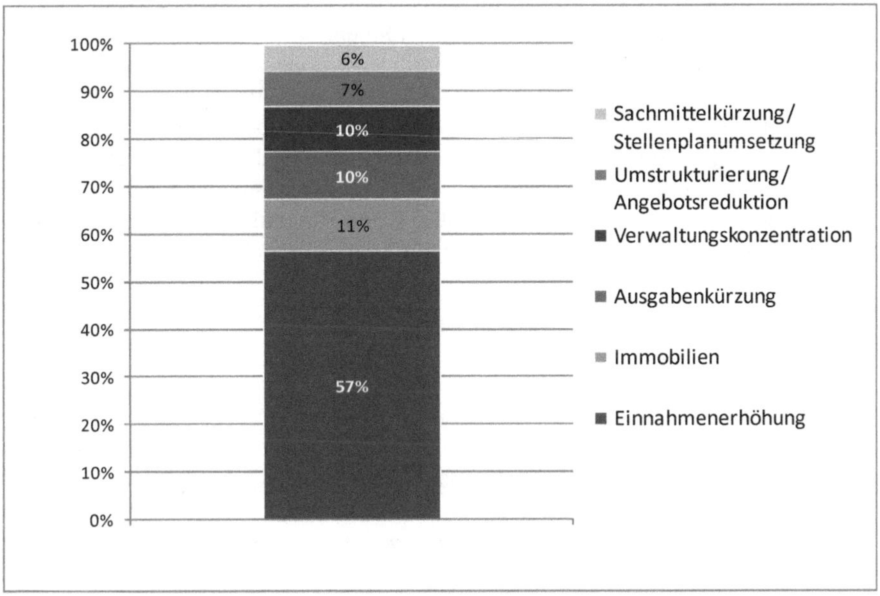

4. Hilfreiches und Beschwerliches

Aus Beratersicht gab es einige hilfreiche Faktoren, aber auch einige beschwerliche. Als besonders konstruktiv empfanden wir die Tatsache, dass wir uns an keine methodischen Vorgaben halten mussten und das einmal eingebrachte Projektkonzept über dieses eine Jahr von der Projektgruppe nahezu 1:1 umgesetzt wurde. Dazu gehörte, dass jede und jeder zum Interview bereit war, bei der oder dem wir die begründete Vermutung hatten, weiterführende Dinge zu erfahren. Außerdem stand uns jede erdenkliche Datenquelle zur Verfügung.

Die Atmosphäre in den Gesprächen war ebenfalls sehr offen und bekannte Probleme wurden ohne Umschweife thematisiert. Auch sind wir auf keine *Titelverteidiger* getroffen, die ihren Arbeitsbereich um jeden Preis verteidigen und lieber woanders Einsparungen sehen wollen. Hier machte sich die Transparenz im gesamten Projekt bezahlt.

Ebenfalls förderlich für die Akzeptanz war, dass das Dekanat den gesamten Prozess nicht aus der Hand gegeben hat, sondern uns als Berater in das Projekt hinein geholt und wieder daraus entlassen hat.

An Beschwerlichem ist vor allem die bereits angesprochene Besonderheit der Bottom-up-Struktur mit ihren teils konkurrierenden Gremien zu nennen, mit der wir bereits mehrfach in anderen Projekten im Kontext der Evangelischen Kirche

Erfahrungen gemacht haben. Darauf war das Projekt aber von Beginn an strukturell eingestellt. Etwas bedauerlich war die Scheu vor größeren Kooperationslösungen, was zu mehr Synergieeffekten hätte führen können.

Den Entscheidungsträgern das Instrument der *Balanced Church Card* so näher zu bringen, dass sie als Arbeitsgerät eingesetzt werden kann, bedurfte einiger Anläufe. Die Idee selbst traf zunächst auf viel Zuspruch, doch zeigte sich, dass die Denkweise eher kulturfremd war, große strategische Ziele auf konkretere, dafür messbare Teilziele herunter zu brechen. Denn damit verbunden ist ja nicht nur die Zielvorgabe, sondern auch eine regelmäßig Kontrolle und die Frage danach, was passiert, wenn ein Teilziel zum angestrebten Zeitpunkt nicht erfüllt ist.

5. Und danach?

Nach so viel Beratersicht, ist es angemessen, der Stadtdekanin Barbara Kittelberger selbst noch einmal das Wort zu geben. Sie stand dankenswerterweise für ein kleines schriftliches Interview zur Verfügung, das ich hier wiedergeben möchte:

B.W.: Wenn Sie etwa drei Jahre nach Abschluss der Beratungsphase das Projekt noch einmal Revue passieren lassen: Was war aus Ihrer Sicht das Besondere am Projekt ZuG?

Stadtdekanin Kittelberger: Mit dem Reorganisationsprozess „Zukunft Gestalten" ist es uns gelungen, dem ausschließlichen Diktat der Finanzen zu entkommen. Wir haben Strukturen, Mitarbeitende, Finanzen und Angebote aufeinander bezogen und daraus die Konsequenzen abgeleitet.

BW: Welche Faktoren erlebten Sie als beschwerlich? Gab es beispielsweise strukturelle oder kulturelle Widerstände?

Stadtdekanin Kittelberger: Die Komplexität des Evangelisch-Lutherischen Dekanatsbezirks München mit seinen Subsystemen erforderte zuweilen ein hohes Maß an Kommunikationsfähigkeit und Moderation. Im Dekanatsbezirk werden die Entscheidungen durch Synoden getroffen. Das Bottom-up-System fördert die Akzeptanz an der Basis, verlängert aber oftmals Entscheidungsprozesse.

Darüber hinaus mussten schmerzliche Entscheidungen auch gegen den Willen der Betroffenen vollzogen werden.

Die gekürzten Schlüsselzuweisungen (seit 2007) trafen den Dekanatsbezirk und Kirchengemeinden gleichermaßen. Jede Kirchengemeinde musste mit einem gekürzten Budget zurechtkommen und gleichzeitig wurden vom Dekanatsbezirk Kürzungen vorgenommen, die gegebenenfalls Gemeinden genauso betrafen.

Es erforderte ein hohes Maß an Vermittlung, alle Beteiligten davon zu überzeugen, dass es in diesem Prozess gleichermaßen um die Überprüfung von Schwerpunkten und Strukturen geht wie auch um finanzielle Kürzungen.

BW: Was waren hilfreiche Faktoren?

Stadtdekanin Kittelberger: Hilfreich waren die klaren Strukturen und Vorgaben des Prozessverlaufs. Die Aufgaben waren hinreichend beschrieben und klar verteilt. Hilfreich war auch der unbefangene Blick von außen auf ein im Laufe der Jahre fest eingespieltes System. Dieser Blick half auch in Situationen, in denen systemimmanente Schwierigkeiten zu dauerhaften Blockaden zu werden drohten.

BW: Wie ging es nach dem Projekt weiter?

Stadtdekanin Kittelberger: Die Beschlussfassung der Maßnahmen und Veränderungen war einmütig. Die Akzeptanz der Maßnahmen, insbesondere der finanziellen Auswirkungen, beschäftigt Gremien bis heute. Die Einsparungen und Veränderungen müssen bis Ende 2011 erbracht sein. Beispielsweise wurden im Prozessverlauf Umlagen (z. B. Dekanatsumlage für alle Kirchengemeinden) beschlossen, die eingeführt wurden, aber bis heute immer wieder kritisch hinterfragt werden.

Die „Umsetzungsgruppe ZuG“, bestehend aus dem Leiter der Evangelischen Dienste, dem Geschäftsführer des Kirchengemeindeamtes, dem Projektleiter und der Stadtdekanin, tragen Verantwortung dafür, dass die Maßnahmen im vorgegebenen Zeitrahmen greifen. Ansonsten muss gegebenenfalls gegengesteuert oder ergänzende Hilfe geleistet werden.

Dennoch ist und bleibt die Umsetzung der einzelnen Maßnahmen ein mühsamer und langer Weg. Manches gelang rasch und ist umgesetzt, andere Maßnahmen wurden auf ihre Realisierung hin noch einmal überprüft und konnten nicht umgesetzt werden. Insgesamt hat sich aber die Kommunikationskultur nachhaltig verändert.

BW: Wie schätzen Sie die Akzeptanz kurz- und langfristig ein?

Stadtdekanin Kittelberger: Der Prozess hat uns mittelfristig geholfen, handlungsfähig zu bleiben und zentrale Inhalte in den Vordergrund treten zu lassen. Ich erlebe Bewegung und Kraft, Engagement und Mut. Dazu trägt sicher auch bei, dass wir Ende 2011 das Sparziel erreichen werden.

Die „Balanced Church Card“ (BCC) verstehen wir dabei als Hilfestellung, strategisch zu planen, Projekte zu entwickeln und zu steuern. Dabei darf sowohl der Finanzrahmen wie auch den Personalbedarf nicht aus den Augen verloren werden.

BW: Welche Wirkungen hatte das Projekt neben den beabsichtigen?

Stadtdekanin Kittelberger: Die Schnittmenge einzelner Arbeitsbereiche und die Notwendigkeit, sich aufeinander zu beziehen, wurde im Laufe des Prozesses deutlicher. Der Mut zu Kooperationen ist gewachsen, gleichzeitig wurde das Bewusstsein für das Eigene und das Unverwechselbare geschärft. Controlling ist zu einem selbstverständlichen Instrumentarium geworden.

BW: Was ist Ihr Fazit, was kann man Nachahmern empfehlen?

Stadtdekanin Kittelberger: Es hat sich gelohnt, das Ergebnis kann sich sehen lassen. Es brauchte aber einen langen Atem und die Bereitschaft, auch einmal gegen den Strom zu denken, ohne Ideologien und Scheuklappen etwas Neues zu wagen – wie wir es mit der Einführung der BCC im Dekanatsbezirk versuchen.

Angesichts der Größe des Dekanatsbezirks, mit rund 270.000 Gemeindegliedern, 68 Kirchengemeinden und über 20 Diensten mussten wir unterschiedlichsten Interessen und Bedürfnissen gerecht werden. In einer Organisation dieser Größe muss also darauf geachtet werden, einen Konsens in wenigen wesentlichen Punkten zu finden. Ansonsten ist es wichtig, dass Entscheidungen nah bei den Menschen getroffen werden, so dass alle Akteure in den Prodekanaten sowie in den Evangelischen Diensten in den Prozess einbezogen sind.

Vielen Dank, Frau Stadtdekanin Kittelberger!

Literaturverzeichnis

Evangelisch-Lutherische Kirche in Bayern (2010a): Wir sagen Ja zur Volkskirche. Online verfügbar unter: http://www.bayern-evangelisch.de/www/ueber_uns/wir-sind-volkskirche.php. Zuletzt geprüft am 19.10.2010.

Evangelisch-Lutherisches Dekanat München (2010b): Größtes Dekanat der bayerischen Landeskirche. Online verfügbar unter: http://www.muenchen-evangelisch.de/index.php?id=dekanat. Zuletzt geprüft am 19.10.2010.

Halfar B./ Borger A. (2007): Kirchenmanagement. Baden-Baden: Nomos.

III.

Ressourcensteuerung

Controlling in der Kirche

Bernd Halfar, Verena Unger

1. Kirche als Organisation

Aus der „Eichstätter Organisationstheorie"[1] stammt der Kalauer: „Wer einen Hammer hat, für den werden alle Probleme zu Nägeln." Organisationen können demnach ihre Aufgaben nur so definieren und wahrnehmen – eine schön mitschwingende Doppeldeutigkeit bei „wahrnehmen"-, wie ihre Bearbeitungspotenziale gestaltet sind. Was man nicht kann, kann man nicht beobachten, weil das eigene Können die Möglichkeiten der Vorstellungen absteckt. Der Zweck von Organisationen präjudiziert deren Organisationsstruktur, diese wiederum die Aufmerksamkeitsmuster, aus denen dann die notwendige Fähigkeit entsteht, zwischen eigener Zuständigkeit und Nicht-Zuständigkeit zu unterscheiden. Diese in Organisationen eingebauten Selektionsmechanismen bilden dann Ausgangspunkte für operative Programmierungen, welche Organisationen mit dem Bild einer Regelhaftigkeit und Zuverlässigkeit ausstatten. Organisationen garantieren sozusagen die Operationen des Systems unabhängig von den Motivationslagen der Mitglieder. Die Kirche als Organisation, mit eigener Verfassung, eigenem Personal, eigenen Regeln, eigener Finanzierung, eigenen diakonischen Einrichtungen, eigenen Gebäuden, Sakramenten und eigenem Glaubensbekenntnis garantiert religiöse Operationen, auch wenn ein Teil der Kirchenmitglieder im Moment oder dauerhaft nicht betet oder religiös gestimmt ist. Aus dieser Stabilität und Regelhaftigkeit erwächst bei Organisationen

1 Gestohlen von Paul Watzlawick.

ein gewisser Strukturkonservatismus mit eingebauter Bestandsgarantie, auch dann noch zu funktionieren, wenn der Zweck sich möglicherweise empirisch immer mehr zurückzieht. Organisationen scheinen über eine eingebaute MEMO-Taste zu verfügen, die immer wieder das eingespielte Betriebssystem hochfährt und dafür sorgt, dass die eingeübten Verfahren nicht gewechselt werden und Routinen beibehalten werden. Ihre Energie und ihren Impuls erhält die MEMO-Taste durch stabil gehaltene Wahrnehmungs- und Erklärungsmuster. Immer dann, wenn ein Ereignis auf dem Bildschirm auftaucht, das ins Beobachtungsschema passt, setzt die Organisation ihren Codierungsschlüssel ein und sieht das Ereignis nun genau in der Form, in der es die Organisation mit ihren Operationen bearbeiten kann. Es ist wahrnehmbar, weil bearbeitbar. Die Organisation bleibt in ihrer Struktur und ihren Operationen stabil, weil sie sich eben nicht irritieren lässt, sondern in ihren Wahrnehmungspotenzialen bereits die Bearbeitbarkeit mitschleppt. Frösche, eine Sonderform quakender, selektiver Systeme, sehen eben nur Futter und Gefahr. Der Frosch verfügt über passende Operationen: Fressen oder Abhauen.

1.1. Die Kirche als Gesellschaft mit beschränkter Hoffnung

Alle Organisationen sind in ihrer Bestandssicherung, und Bestandssicherung heißt eben weitermachen und weitermachen und weitermachen und weitermachen, darauf angewiesen, dass es ihnen gelingt, all das Relevante, was passiert, als bearbeitbar wahrzunehmen. Diese Fähigkeit hat auch die Kirche in Deutschland gut ausgebildet. Sie reagiert, „egal, was passiert", immer auf Säkularisierung. Säkularisierung als Befund hat den Vorteil, dass man weiß, wie man sich diese Entwicklung erklären kann und dass man genau weiß, wie man darauf reagieren kann. Egal, welches Symptom auftaucht, es ist ein Phänomen der Säkularisierung: Priestermangel, Kirchensteuermangel, Glaubensmangel, Ministrantenmangel, Ehrenamtlichenmangel, Bedeutungsmangel, Ehrfurchtsmangel, religiöser Traditionsmangel, Gebetsmangel, Berufungsmangel. Bis über die Langeweilesättigungsgrenze hinaus sind die Routinen der Landeskirchenämter, Ordinariate, Dekanate und sonstigen kirchlichen Verwaltungseinheiten, mit denen die Kirche auf „Säkularisierung" reagiert: man zeichnet drei Kurven.

Die erste Kurve zeigt die rückläufige Anzahl der Kirchenmitglieder in den nächsten Jahren und Jahrzehnten. Fast parallel dazu verläuft die zweite Kurve, welche die (abnehmenden) Einnahmen aus Kirchensteuerzahlungen dokumentiert. Beide, eh schon dramatisch verlaufenden Kurven, werden immer durch eine dritte Kurve komplettiert: die ebenso drastisch (abnehmende) Anzahl der Pfarrer (und Pfarrerinnen). Diese drei Kurven sind der Stoff, aus dem die kirchlichen Entscheidungsgremien wiederum ihr säkulares Glaubensbekenntnis ziehen. Säkular insofern, als dem Heiligen Geist offensichtlich sonst alles zugetraut wird, nur eben diese eine Fähigkeit nicht: diese Kurven zu verändern. Die Organisation Kirche sieht ihre alternative Perspektive nicht, weil sie in ihrem organisatorischen Handwerkskasten nur Mittel und Werkzeuge für Instandsetzungs- und Reparaturarbeiten eingelagert hat. Man stellt theologische Denkmalschutzschilder auf, findet dienstrechtliche Umbauverbote, poliert die hierarchischen Stufen („Betreten für Unbefugte verboten") und sieht dann, zur eigenen Enttäuschung, leider nur einen relativ engen Korridor, in dem man in Richtung Zukunft gehen kann.

Die Kirche als Organisation kann Dinge nur so wahrnehmen, wie ihre Organisationsstruktur, ihre Arbeitsprozesse und Organisationskultur Wahrnehmungsmuster herausgebildet haben. Die in Organisation gegossenen Wahrnehmungsmuster der Kirche sind maßgeblich hauptamtlich geprägt und führen zu einer Organisationsperspektive, die folglich durch eine hauptamtliche Selektionsbrille typische Möglichkeiten sieht und andere eben nicht sieht.

Als Organisation in ihrer „sichtbaren" Organisationsform hat die Kirche gelernt, dass sie selbst in ihrer verhandelbaren, also theologisch nicht determinierten, Form nicht wie eine normale Organisation funktioniert, weil sie ihre Entscheidungen gegenüber ihren Mitgliedern nicht durchsetzen kann, sondern nur gegenüber den hauptamtlichen Mitgliedern. Die Kirche ist deshalb als Organisation mit dem kuriosen Sachverhalt vertraut, dass Entscheidungen der Organisation eben nicht (zwingend oder nicht mal wahrscheinlich) die Möglichkeitsspielräume von Folgeentscheidungen ihrer Mitglieder beeinflussen.

Entscheidungen der Kirche sind für Folgeentscheidungen ihrer Mitglieder mehr oder minder irrelevant, es gibt keine Organisationsdisziplin, man wird nicht ausgeschlossen, wenn man sich anders entscheidet als organisationsgewollt, man wird nicht sanktioniert, wenn man nicht glaubt, das Glaubensbekenntnis nicht kennt oder Sakramente nicht in Anspruch nimmt. [2]

Abgesehen von den dienst- und arbeitsrechtlichen und finanziellen Steuerungsmöglichkeiten der hauptamtlichen Mitarbeiter bleibt der Kirche als Steuerungsmedium ihrer Mitglieder nur das Wort.

Dies führt zu dem merkwürdigen Sachverhalt, dass man nicht weiß, was kirchliche Gremien meinen, wenn sie einen Antrag, ein Arbeitsdokument oder eine Resolution verabschieden. In dem Wort „verabschieden" schwingt eine Doppeldeutigkeit mit: verabschieden auf Nimmerwiedersehen, weil man schon ahnt, dass das Beschlossene nicht realisiert werden wird, oder verabschieden als Verwechslung von Beschluss und Realität, als Irrglaube, mit beschlossenen Worten könne man Wirklichkeit konstruieren.

1.2. Die Kirche als dienstrechtliche Hierarchie

Anders sieht die Steuerungsfähigkeit bei der Allokation hauptamtlicher Ressourcen aus. Hier kann man damit rechnen, dass diese Beschlüsse befolgt werden, solange sie einer administrativen Logik folgen. Dass also der Pfarrer weitere drei Pfarr-

2 Siehe hierzu Luhmann(1977) und Luhmann(2000).

stellen übernimmt, dass aus 10 Gemeinden ein Seelsorgebezirk wird, dass jede Gemeinde nur noch eine 0,10 % Kantorenstelle erhält, dass jede 10. Kirche verkauft oder funktional umgewandelt wird oder dass eine neue Orgel angeschafft wird. Mit den Mitteln der Personalplanung, der Haushaltsplanung, der Gebäudeplanung kann die Kirche auf Säkularisierung reagieren; und sie konzentriert sich weitgehend auf diese Reaktionen auf die oben geschilderten „drei Kurven". Die Kirche reagiert so, als ob sie keinen Einfluss auf laufende Säkularisierungsprozesse hätte, als ob es nur eine Richtung, bergab, gäbe und sie reagiert so, als ob es für sie keine frohe Botschaft als Möglichkeit gäbe. Gerade diese defensiven und letztlich perspektivlosen, auf Zeit spielenden Reaktionsweisen diffamieren das Kirchenmanagement, indem Kirchenmanagement zu einer bürokratischen Aufgabe für Kirchenbürokraten degradiert wird, und nicht zu einem Schlüssel für neue kirchliche Perspektiven.

Die hauptamtliche Kirche, die Kirche der Hauptamtlichen, sieht die Probleme der Kirche aus Sicht der bezahlten Funktionäre: sie passt die Strukturen der Kirche an das Vorhandensein von Hauptamtlichen an. Im katholischen Bereich könnte man, wenn man frech wäre, sagen: Form follows Zölibat. Im evangelischen Bereich ist das Ergebnis ähnlich, doch die Begründung variiert: Form follows money.

Dass eine hauptamtlich geprägte Kirche (und wir sollten das nicht mit Berufungen und Weihesakrament durcheinanderbringen – all das lässt sich auch ohne Dienstregelungen, Beamtenstatus und Karrierewege denken) sich eine Kirche nur hauptamtlich vorstellen kann, weil sie sich verbindliche Organisationsstrukturen und verbindliche Organisationsabläufe und verbindliche religiöse Operationen nur als Folge verbindlicher Entscheidungen vorstellen kann, stimmt auch dann, wenn ehrenamtliche Ressourcen gezielt eingebunden werden. Man bleibt in der Logik Hauptamt / Ehrenamt und wechselt eben nicht in den Modus Bruder/Schwester oder andersrum.

Die hauptamtliche Kirche bleibt in ihrer Struktur bestehen, egal wie eisig der Wind der Säkularisierung bläst, sie sieht sich als einzig mögliche Organisationsform, wahrscheinlich in erheblich schlankerem Gewand. Form follows Stellenplan, Stellenplan follows Zölibat und Money.

Mit dem hauptamtlichen Schnittmuster zeigen die Kirchenverwaltungen und Gremien, dass sie sich Organisationsalternativen, die diesen Namen verdienen, nicht vorstellen können oder wollen. Als Innovationstreiber gelten nicht die Kräfte, die innovativ sind, sondern die rabiat sind und damit entschlussfreudig, allerdings immer im hauptamtlichen Kirchenrahmen. Wer neue Strukturen überlegt, die möglicherweise die parochiale Logik verlassen, gilt als aussichtsloser Spielverderber; wer 10 Gemeinden zu einem Seelsorgebezirk vereinigt, ist modern, weil man damit die „Zeichen der Zeit" zu erkennen scheint.

Diese Planungslogik des schlichten Abspeckens, die Präferenz für Lösungen des Durchwurstelns, welche, wie eine Blaupause aus der Asservatenkammer des „muddling through" und Inkrementalismus, die Entscheidungs- und Verwaltungsstrukturen so stabil halten als ob im Evangelium bereits das kirchliche Personalwesen und Haushaltsrecht im Detail beschrieben worden wären, ist natürlich für die Kirche auch unbefriedigend, weil zu wenig inspirierend, hoffend, aufschließend. Auf dieses wahrgenommene Defizit, dass man nun aus den Apparaten der Landeskirchenämter, Ordinariaten, Kirchengemeindeämter oder Kirchensteuerämter nur die langweiligen drei Kurven, nicht aber hoffnungsfrohe Perspektiven bekommt, reagiert die Kirche so, wie eine Organisation reagieren muss, deren Instrumentenkasten maßgeblich aus Wortwerkzeugen, gesungen oder gesprochen, leider auch manchmal getanzt, besteht. Selbst das Schweigen ist ja wortgetrieben. Die Kirche produziert in ihrem inneren Apparat defensive Strategien für ihren Umgang mit „den drei Kurven", und hat gleichzeitig doch die Kraft und den Willen für strategische Diskussionen, phantasievolle Überlegungen und Perspektiven des Aufbruchs.

Damit beide Seiten in der Kirche nicht zu kurz kommen, führt man ein getrenntes Verfahren durch: die einen entwickeln Sparkonzepte, die anderen schreiben Strategiepapiere. Aus Sicht des Controllings fehlt „lediglich" deren Verknüpfung. Und dieser Hinweis aus Sicht des Controllings ist wahrscheinlich auch der Grund für die kirchenspezifische Skepsis gegenüber Controlling. Beim Sparen und beim Träumen fehlen definierte Ziele der kirchlichen Tätigkeit.

Ein Kirchencontrolling muss die „Verwalter" und die „Strategen" danach fragen, welche Ziele sie erreichen wollen, welche Wahrscheinlichkeiten und Risiken mit ihren Papieren verbunden sind und welche Umsetzungswahrscheinlichkeit besteht. Es ist geradezu frappierend, dass die vielen interessanten strategischen Konzepte, die in unseren Kirchen in großer Anzahl vorliegen, ein gemeinsames Merkmal aufweisen: es fehlt die Operationalisierung der Ziele. Die kirchlichen Gremien wissen in aller Regel nur, warum was getan werden soll, aber sie bekommen von den „Strategen" keine Anhaltspunkte, woran sich Erfolg oder Misserfolg der jeweiligen strategischen Konzeption ausweisen. Und wann der Zeitpunkt ist, die Frage nach Erfolg oder Misserfolg zu stellen. Controlling ist darauf angewiesen, Differenzen zwischen Ist- und Plan-Zuständen zu beobachten, um die Kirchenleitungen mit guten Informationen für die Verbesserung der Entscheidungsrationalität zu versorgen. Doch wo formuliert die Kirche überprüfbare Ziele, wo verknüpft sie ihre Ressourcenplanungen mit Effizienz- und Effektivitätskriterien?

Kirchencontrolling fragt auch nach der kirchlichen Effizienz. Mit der Frage nach der kirchlichen Effizienz erweist sich die Kirchentauglichkeit des Controllings. Controlling in der Kirche heißt eben nicht, die Kirche zu ökonomisieren und fremde Logiken aus dem Wirtschaftsleben einzuführen, sondern bedeutet für das Controlling, sich methodisch auf eine besondere Organisation einzustellen, die eigene Effizienzmuster und Effektivitätsmuster besitzt.

Das spezifische Effizienzmuster der Kirche zeigt sich in der Relativierung betriebswirtschaftlicher Effizienz durch Nächstenliebe und darin, dass man die Frage aus der Selbstbeobachtung ausklammert, welchen Anteil an der modernen Misere, die man „Sakularisierung" nennt, eigentlich die Kirche selber hat.

Etwas vornehmer, nämlich organisationstheoretisch formuliert: Controlling in der Kirche gibt es deshalb nicht, weil sich die Kirche nicht vorstellen kann und will, dass sie selbst das eigentliche Problem ist.

Aus welcher Perspektive soll das Controlling starten? Natürlich nicht aus der Perspektive der hauptamtlichen Motivation, der Freundlichkeit der Hauptamtlichen oder ihrer Begeisterung für die Sache Christi. Das Controlling würde nach dem Ergebnis fragen, nach dem Grad der Zielerreichung. Warum sprechen Hauptamtliche so selten über Ziele? Warum sind Ziele, wenn sie in der Kirche formuliert werden, in aller Regel in normative Sätze gepackt und möglichst nicht überprüfbar?

2. Controlling in der Kirche – Stand der Diskussion

Immer dann, wenn Methoden der Betriebswirtschaftslehre in Bereichen des organisationalen Handelns der Kirche Einsatz finden sollen, wird auf die strikte Trennung zwischen der Kirche als irdische Organisation sowie der Kirche als geistliche Gemeinschaft hingewiesen.[3] Diese Abgrenzung ist kulturell nicht unproblematisch, weil man damit implizit eine Trennung von Dienstleistung und Auftragsdienst vornimmt. Kirchliches Handeln mit dem Begriff Dienstleistung in Verbindung zu bringen, stößt einigen Mitgliedern und Funktionsträgern auf, da die unweigerlich vor dem geistigen Auge auftauchenden Begriffe von „Kunde“ und „Konsum“ so gar nicht mit dem kirchlichen Selbstverständnis einhergehen. Und doch: das Spannungsverhältnis, in welchem Kirche in der gesellschaftlichen Wahrnehmung verstärkt als Dienstleistungsorganisation wahrgenommen, und auch an damit einhergehenden Qualitätskriterien gemessen wird, besteht.[4]

Sich als Mitglied einer Organisation zu begreifen, kann mit der Empfindung, Teil einer Glaubensgemeinschaft zu sein, deren wesentliches Merkmal, der Glaube an Gott, unsichtbar und keinesfalls zur Organisation geeignet ist, in Konflikt geraten.[5] Es bestehen jedoch nicht nur im Wegnerschen Sinne gewisse Unklarheiten über den Organisationscharakter von Kirche, sondern auch eine gewisse Verfahrenheit in der Steuerungsmöglichkeit der Kirche. Gerade aus ihrem Missionsbefehl entsteht ein ständiger Impuls zu stetigem Wachstum und engagierter Erschließung neuer Aufgabengebiete.[6] Aus dem kirchlichen Selbstverständnis heraus ist kein Mensch nicht der Nächste, kein Anliegen nicht bedeutsam und kein Angebot der Kirche nicht für alle Menschen offen! Tätigkeitsfelder zu priorisieren, fällt der Kirche schwer, weil man aus guten Gründen die üblichen Selektionsmechanismen nicht anwendet: Priorisierung nach Ertrag, Priorisierung nach Dramatisierung, Priorisierung nach Mehrheitsbeschluss. Man manövriert sich in eine diffuse Allzuständigkeit, die mit einer ebenso diffusen Führungskultur gesteuert wird. Ent-

3 Bischofsberger (2005): S. 7ff.
4 ebd.
5 Wegner (2003): S. 275.
6 Halfar/Borger (2007)

scheidungen werden in großer Zahl getroffen, aber die Folgen, wenn Entscheidungen umgesetzt werden oder wenn Entscheidungen nicht umgesetzt werden, werden von der Kirche weder systematisch antizipiert noch beobachtet.[7]

Diese Form der Entscheidungsorientierung und Strategieorientierung der Kirche ist auch in der Welt der Wirtschaftsunternehmen ein dominantes Prinzip. Unternehmen scheitern in der Regel nicht, weil sie keine Strategien haben, sondern weil sie ihre Strategien nicht gut umsetzen.

2.1. Kulturelle Besonderheiten der Organisation Kirche

Bei der Umsetzung ihrer Entscheidungen trifft die Kirche in ihrer Mitarbeiterstruktur auf einen hohen Anteil an ehrenamtlichen Mitarbeitern. Ehrenamt ist eine wichtige Ressource zur Erfüllung des kirchlichen Auftrages; umso wichtiger ist es, die Charakteristik dieser Mitarbeitergruppe bei der Einführung eines Controllinginstrumentariums zu berücksichtigen. Ehrenamtliche verfügen i. d. R. über ein beschränktes Zeitbudget, welches selbstverständlich zur Erreichung ideeller, inhaltlich mit der übernommenen Aufgabe verbundenen Zielen genutzt werden soll.[8] Die Bereitschaft und die Möglichkeit von Ehrenamtlichen, an der Erreichung von generellen Organisationszielen mitzuwirken, ist eher gering. Ehrenamtliche haben ihre eigenen präferierten Themen und so kann das Controlling aus dem „Produktionspotenzial Ehrenamtliche" nicht auf eine Organisationsproduktivität schließen.

Eine weitere Besonderheit in der Kirche, so ein Bonmot, liegt darin, dass die Kirche ihre Spezialisten Laien nennt und die Führungspositionen den anderen zuweist. Wie soll sich das Controlling mit Führungsstrukturen und Führungspositionen auseinandersetzen, wenn ein theologisch amtsbezogenes Führungsverständnis auf Führungspersonen trifft, die weder in diesem Ausmaß und in dieser technischen Reichweite führen wollen noch können? Gerade in dieser kirchentypischen Führungsproblematik zeigt sich ein wichtiger Aspekt eines „gewollten Effizienzverlustes".

Ein „ungewollter Effizienzverlust", der mit dieser pfarrerzentrierten Führungskultur einher geht, wird in einer Entscheidungskultur und unübersichtlichen Gremienlandschaft vermutet, die zu einer starken Beschäftigung der Kirche mit sich selbst führt. Steuerungsinstrumente zur Klärung dieser Situation sind weitestgehend nicht vorhanden.[9]

Auf ein weiteres typisches Controllingdefizit verweist Tetzlaff in seiner im Jahr 2000 durchgeführten empirischen Studie über Führung in evangelischen Gemeinden (N=436). Er zeichnete folgendes Bild: Klare Zielvorgaben durch z. B. Leitbilder lagen in nur 34 % der befragten Gemeinden vor, demzufolge haben nur

7 Halfar/Borger (2007): S. 31ff.
8 Hermes (2003): S. 344.
9 Tetzlaff (2003): S. 182ff.

13 % der Gemeinden ein konkretes Bild vor Augen, wenn Sie daran denken, was in den kommenden drei Jahren innerhalb der Gemeinde passiert sein soll. Aussagekräftige Informationen über Teilnehmerstatistiken bereichern, nach der zitierten Studie, 21 % der Gemeinden, Teilnehmerbefragungen zur Erhebung der Qualität der bereitgestellten Angebote finden in 15 % der Gemeinden statt. Eine Kostenrechnung wurde in keiner der befragten Gemeinden geführt. Da sich in den Vorarbeiten zur Durchführung der Studie bereits zeigte, dass Soll- Ist Vergleiche unter zur Hilfenahme entsprechender Daten so gut wie nicht vorhanden sind, wurde dieser Bereich von vorneherein nicht abgefragt. Diese gering ausgeprägten Ansätze zur Selbstkontrolle können auch durch Maßnahmen der Fremdkontrolle nicht ausgeglichen werden, 66,4 % der befragten Pfarrer gaben an, dass diese nicht gegeben sei.[10]

In wichtigen Fragen erleben sich 16 % der Befragten als entscheidungsunfähig, 11 % beklagen eine unverhältnismäßig lange Prozessdauer in Entscheidungsprozessen, 13 % empfinden den mit Entscheidungen verbundenen Gesamtaufwand als zu hoch, weitere 13 % beklagten eine hohe Konflikt Frequenz. Im Fazit sind somit, zumindest im Jahr 2000, Controllinginstrumente in den befragten Gemeinden so gut wie nicht vorhanden aber dennoch dringend erforderlich, da ebenfalls deutlich wurde, dass veränderte Rahmenbedingungen kirchlichen Handelns eine immer größere Herausforderung für dieses darstellen.[11]

3. Qualitätsorientierte Controllinginstrumente in der Kirche

3.1. Die Balanced Score Card, Balanced Church Card, Kirchenkompass

Die Balanced Score Card wurde Anfang der 90iger Jahre von David Norten und Robert S. Kaplan entwickelt. Ziel dieser Entwicklung war, ein Management Informationssystem zu kreieren, welches wesentliche steuerungsrelevante Informationen bereitstellt und den Erreichungsgrad strategischer Zielstellungen misst. In diesem Konzept liegt der Fokus nicht auf rein monetären Aspekten, da diese oft nicht geeignet sind, qualitative Unternehmensziele abzubilden, und somit zu einer eingeschränkten Perspektive führen.[12]

Am Beispiel des Bistums Münster schildert Mertes eine Variante der Balanced Score Card als kirchliches Controllinginstrument mit Anknüpfungspunkten für den Einsatz weiterer Instrumentarien, die auch anderweitig gewonnene Informationen weiterverarbeiten können (s. Abbildung 1).

Die in der Logik des Instrumentes vorhandene Dominanz von Sachzielebenen unterstreicht die Eignung der Balanced Score Card für die Kirche. Die Grund-

10 Tetzlaff (2003): S. 189ff.

11 Ebd.

12 Ackermann/Festerling (2006/2007): S. 2f Eine umfassende Darstellung der Balanced Score Card für Kirchenmanagement: Halfar/Borger (2007): S. 101-208.

struktur der nach Mertes modifizierten Balanced Score Card ist in die Dimensionen Sicherung der Zukunftsfähigkeit, Ausrichtung auf die Leistungswirkung und Sendung unterteilt.

Innerhalb der Dimension Sicherung der Zukunftsfähigkeit sind die Finanzperspektive und die Lern- und Entwicklungsperspektive angesiedelt. Da betriebswirtschaftliche Steuerungsinstrumente in der Kultur kirchlicher Führung bisher noch Exoten sind, empfiehlt es sich, aus Akzeptanzgründen, die Finanzperspektive der Balanced Church Card nicht in den Vordergrund dieser Methode zu stellen. Die Mitarbeiter der Kirchen schöpfen Ihre Motivation in erster Linie aus der Erreichung von Sachzielen, monetäre Aspekte sind Mittel zur Realisierung dieser Ziele. Sinnvolle Kennzahlen können beispielsweise die Messung der Einnahme Anteile aus verschiedenen Finanzierungsarten oder die Messung der anteiligen Verteilung vorhandener Gelder sein.[13] Ein verändertes Leistungsspektrum der Kirchen, insbesondere bezüglich des Grunddienstes Caritas, erhöht die Anforderungen an deren Lernfähigkeit. Zielstellungen zu der Lern- und Entwicklungsperspektive könnten sich aus den Themengebieten Organisationsentwicklung und Wissensmanagement ergeben.[14]

Abbildung 1: Integriertes System von Controlling Instrumenten[15]

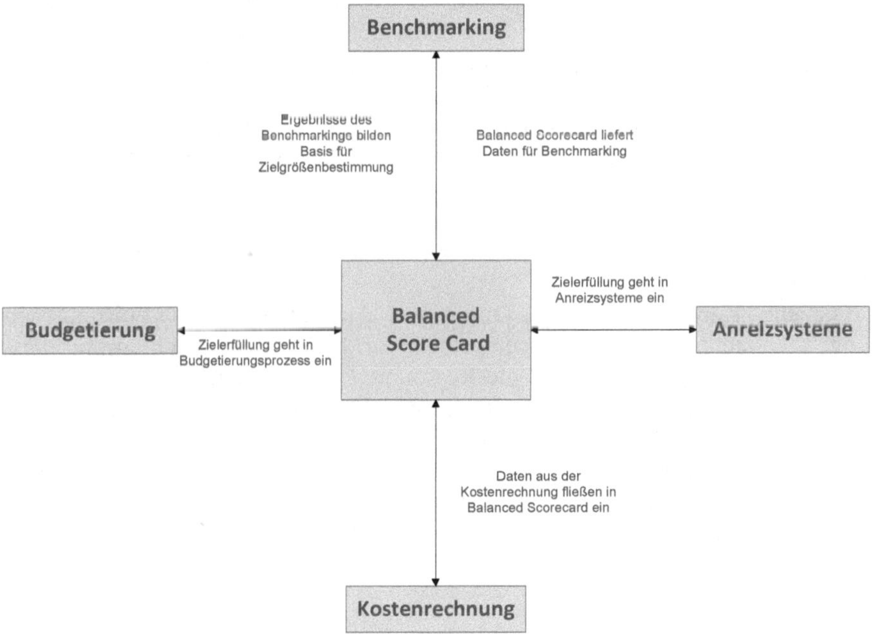

13 Mertes (2000): S. 229 f.
14 Mertes (2000): S. 236.
15 Mertes (2000): S. 213.

Die Kundenkarte wird in dem vorliegenden Konzept von Mertes in die Perspektiven Leistungserbringung und Leistungswirkung zweigeteilt. In der Perspektive der Leistungswirkung schlägt der Autor eine Messung von Einstellungsveränderung bei Kunden des bestehenden Angebotes als Folge der christlichen Botschaft vor. Auf hiermit verbundene methodische Probleme soll an dieser Stelle nicht eingegangen werden.[16]

Die Perspektive der Leistungserbringung beinhaltet die Konkretisierung der Grunddienste Verkündigung, Heilung und Caritas. Bezüglich der Dienstleistungen Verkündigung und Heilung wird in diesem Konzept keine Messung der Zielerreichung anhand von Kennzahlen vorgesehen, um dennoch Anhaltspunkte für den Grad der Zielerreichung zu produzieren, wird der Einsatz von verbalen Statements vorgeschlagen. Etwas fruchtbarer zeigt sich der Ansatz im Aufgabenfeld Caritas, hier ist die Entwicklung von Kennzahlen in Bezugnahme auf Fallzahlen, Kundenzufriedenheit etc. erforderlich.[17] Die Perspektive der Leistungserbringung fällt gemeinsam mit den Karten „interne Perspektive" und „Mitarbeiterperspektive" in die Dimension Ausrichtung auf die Leistungswirkung.

Die „interne Perspektive" ist Ergebnis der Modifikation der Prozesskarte. Das Augenmerk, liegt hier insbesondere auf der Hebung von Standardisierungspotenzialen. Mertes weist daraufhin, dass Standardisierung von Back Office Prozessen auch im kirchlichen Umfeld sehr gut möglich ist, diverse andere Arbeitsabläufe im kirchlichen Handeln jedoch eine hohe individuelle Komponente beinhalten. So kann z. B. ein Seelsorgegespräch durch effiziente Terminvergabe optimal unterstützt werden, das Ergebnis des Kernprozesses ist jedoch im hohen Maß von der Mitwirkung des Kunden und der individuellen Berücksichtigung seiner Bedürfnisse abhängig. Ein weiterer wichtiger Aspekt in der Gestaltung der Prozesse, ist der optimale Einsatz von Mitarbeiterressourcen. Gerade im Hinblick auf den bestehenden Priestermangel, sollten Arbeitsabläufe so gestaltet werden, dass Kleriker nur Aufgaben übernehmen, bei deren Durchführung ein geweihter Priester obligatorisch ist.[18]

Die letzte Karte, welche in die Dimension „Ausrichtung auf die Leistungswirkung" fällt, stellt die Mitarbeiterperspektive dar. In der Zielentwicklung für diese Perspektive ist explizit auch auf die Ressource Ehrenamt einzugehen. Mögliche Zieldimensionen für ehren- und hauptamtliche Mitarbeiter sind Qualifikation und Mitarbeiterzufriedenheit.[19]

Einen weiteren Ansatz, die Balanced Sore Card anhand der Bedarfe von Kirchengemeinden zu modifizieren, ist die von Halfar und Borger entwickelte Balanced Church Card.[20]

16 Mertes (2000): S. 230 f.
17 Mertes (2000): S. 231.
18 Mertes (2010): S. 235 f.
19 Mertes (2010): S. 237.
20 Halfar/ Borger (2007): 101 – 208.

Eine kulturell an die Balanced Church Card anknüpfende Variante des Kirchencontrollings ist der in der Evangelischen Landeskirche in Baden entwickelte Kirchenkompass.

Abbildung 2: Das Design der Balanced Church Card[21]

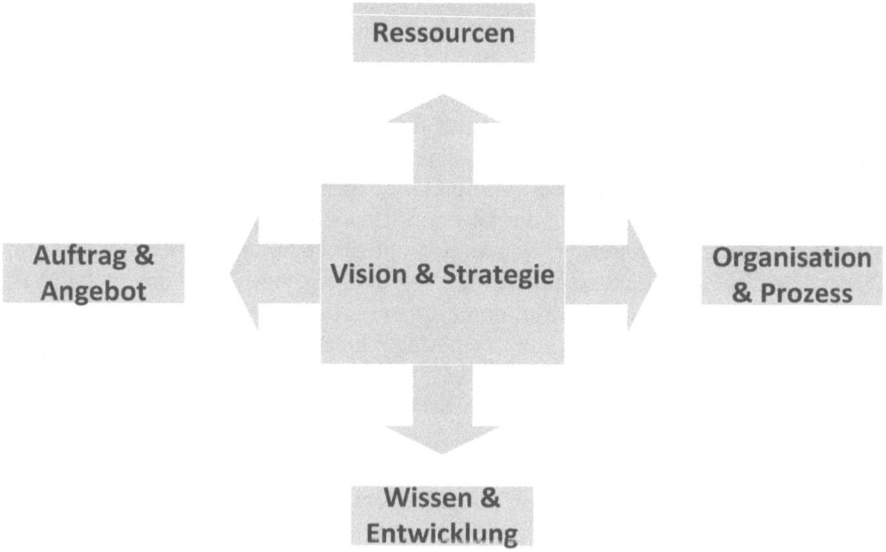

3.2. Visitation – ein Instrument der strategischen Planung?

Die Wurzel von Visitationen sind in den Pastoralbriefen des Apostels Paulus zu finden, welche sich an Timotheus und Titus richten und von den Themen Ordnung und Leitung von Kirchengemeinden handeln. Von diesen Briefen beeinflusst, verfügten Kirchenväter in den ersten frühmittelalterlichen Konzilen, dass Bischöfe jährlich ihre Kirchengemeinden zu besuchen und eine Bestandsaufnahme vorzunehmen haben. Ein erster Strukturierungsversuch dieses Instrumentariums fand um das Jahr 906 statt, als Regino von Prüm einen Fragenkatalog mit 89 Fragen zum Zwecke der Visitation entwickelte.[22]

Eine Visitation verläuft im Prinzip in einem Evaluationskreislauf, mit einer Bestandsaufnahme, einem Soll – Ist Abgleich, einem folgenden Gesamturteil und Empfehlungen zur Verbesserung in einem schriftlichen Bericht, der zusätzlich zwischen den Beteiligten besprochen wird.[23]

21 Halfar/Borger (2007): S. 104.
22 Zünd (2006): S. 7-11.
23 Fischer (2004): S. 385 – 399.

In neuen Visitationsverfahren verlagert sich der Schwerpunkt dieses Instruments von einer Bestandsaufnahme zu der Entwicklung strategischer Zielvereinbarungen. Die badische Landeskirche wagte im Jahr 1999 den Versuch durch die Formulierung von 34 Leitsätzen in einen Strategie Prozess einzusteigen. Zur Clusterung der Leitsätze wurden sechs verschieden Rubriken erarbeitet, die wiederum drei hierarchisch aufeinander aufbauenden Unterkategorien zugeordnet wurden. Die Basis dieses Konstrukts bildet die Ebene vom Auftrag der Kirche, welche thematisch auf den Leitsätzen aufbaut, die der Rubrik „Lebensgrund der Kirche: das Wort Gottes“ zugeordnet wurden. Die nächste Ebene „Auftragserfüllung der Kirche“ bilden drei Rubriken. Die hierunter formulierten Leitsätze fallen unter die Themenbereiche „Kirche als Zeugnisgemeinschaft“, „Kirche als Kommunikationsgemeinschaft“ und „Kirche als Interpretationsgemeinschaft“. Am höchsten angesiedelte ist die Zielebene mit der Überschrift „Gemeinschaft im Reich Gottes“ hierunter fallen zwei weitere Rubriken: „Kirche als Handlungsgemeinschaft“ und „Kirche als Sozialisationsgemeinschaft“.[24] An dem vorliegenden Konzept fällt auf, dass sich die ausformulierten Zieldimensionen auf einem hohen Abstraktionsniveau bewegen. Die Frage nach konkreten Maßnahmen, welcher der Erreichung der gesetzten Ziele dienlich sind, bleibt offen.

Visitation kann immer nur eine Momentaufnahme sein,[25] und führt nicht zwangsläufig zu einer kontinuierlichen Ausrichtung der Kirche an strategischen Zielstellungen. Eine weitere Schwierigkeit besteht darin, Fachleute, die nicht dem Klerus angehören, in die Visitation mit einzubeziehen.[26]

Visitation ist keinesfalls ein Ersatz für modernes Controlling , dennoch zeigt es, das ein Instrument mit einer dem Controlling ähnelnder Charakteristik eine lange Tradition innerhalb der Kirchengeschichte aufweisen kann.

4. Auf dem Weg zu einem kirchenspezifischen Wirkungscontrolling

Ob die Kirche erfolgreich ist, oder eben nicht, lässt sich nicht aus denjenigen Kennzahlen ablesen, die in einem „normalen“ Wirtschaftsbetrieb wie gleißendes Licht den Erfolg beleuchten: die Rentabilität, der Gewinn, der Ertrag. Organisationen wie Wirtschaftsunternehmen, die letztlich gegründet und betrieben werden, um das eingesetzte Kapital möglichst rentabel einzusetzen, unterscheiden sich eben schon in der Zielstellungen von Kirche, die zwar auch wirtschaften, aber nicht wirtschaftlich funktionieren muss, aber bereit ist, ihre Rentabilität zu relativieren. Diese Relativierung einer ökonomischen Eindimensionalität geschieht durch Parallelorientierungen der Kirche an verschiedenen Bezugsgruppen und an verschiedenen Leistungszielen, die eine starke Sachzieldominanz aufweisen. Die Kirche

24 ebd.
25 ebd.
26 ebd.

verzichtet bewusst auf einen Teil der möglichen Wirtschaftlichkeit, indem sie andere, konkurrierende Ziele verfolgt. Betrachtet man diese soziale Logik in der Form eines Produktionsmodells, so finden wir in der Kirche immer wieder Inputfaktoren, von denen mehr oder minder klar ist, dass diese ökonomisch keinen sonderlichen Sinn ergeben.

Wir finden Inputfaktoren, die nicht wirtschaftlich, sondern organisationskulturell begründet sind. Traditionen, Routinen oder Leitbilder führen dann beispielsweise dazu, dass in den kirchlichen Gremien und Verwaltungen auch Menschen mitarbeiten (sollen!), die relativ ineffizient sind. Jeder Ökonom wird dazu raten, bei den Inputfaktoren und bei der Kombination dieser Inputfaktoren so zu verfahren, dass ein Zustand der technischen Effizienz erreicht wird. Technische Effizienz meint: es gibt keine andere, effizientere Kombinationsform der Inputfaktoren. Die Kirche verletzt dieses Effizienzgebot ganz bewusst, weil schon die Art und Weise der Dienstleistungsproduktion selbst ein wichtiges Ziel ist. Wir können einer gewissen Paradoxie nicht ausweichen, die darin besteht, dass wir manche Ziele nur dann gut erreichen, wenn wir „ineffizient" arbeiten. Solche „organisationsgetriebene Ineffizienzen" werden durch „missionsgetriebene Ineffizienzen" ergänzt. Das Evangelium ist eine Fundgrube für Ineffizienzen. Die vernachlässigten Grenzkosten bei der Suche nach dem verlorenen Schaf, der verlorene Sohn mit vernachlässigten Opportunitätskosten, die Bezahlung des Herbergsvaters durch den Samariter ohne Zielkontrolle, unproduktive Fastenzeiten in der Wüste, die Präferenzbildung für die blutflüssige Frau, obwohl doch ein Kind im Sterben liegt... Und wir sehen überall „berufskulturell getriebene Ineffizienzen", die bewusst akzeptiert werden, obwohl sie, zumindest scheinbar, nicht zwingend einer technischen Produktionseffizienz entsprechen. Angesprochen werden hier die in der Kirche unglaublichen Mengen an Supervision, Findungszeiten und Konfliktvermeidungskosten, aber auch die vielen kleinen alltäglichen Liebenswürdigkeiten im kirchlichen Berufsalltag, die Zeit in Anspruch nehmen.

Das Kirchencontrolling muss solche Effizienzverluste wahrnehmen und ausrechnen und der Kirche in Rechnung stellen, - aber im Prinzip eben dann verteidigen, wenn sie durch bewusste Organisationsentscheidungen entstanden und begründet sind.

Mit diesem eigenen Effizienzmodell, und Nächsten- und Gottesliebe sind betriebswirtschaftlich gesehen echte Zeitfresser, organisiert sich die Kirche, wobei das Controlling immer wieder die Frage stellen muss, ob dann alle „Ineffizienzen" in diesem Maße bewusst und gewollt sind. Wenn ja, werden „Ineffizienzen" zu einer Form kirchlicher Effizienz.

Auf der Wirkungsseite könnte das Kirchencontrolling an folgender Unterscheidung von Zielebenen ansetzen:[27]

27 Zum Konzept des wirkungsorientierten Controllings in NPO siehe: Halfar/IGC-AG (2010).

Abbildung 3: Wirkungsorientiertes Controlling

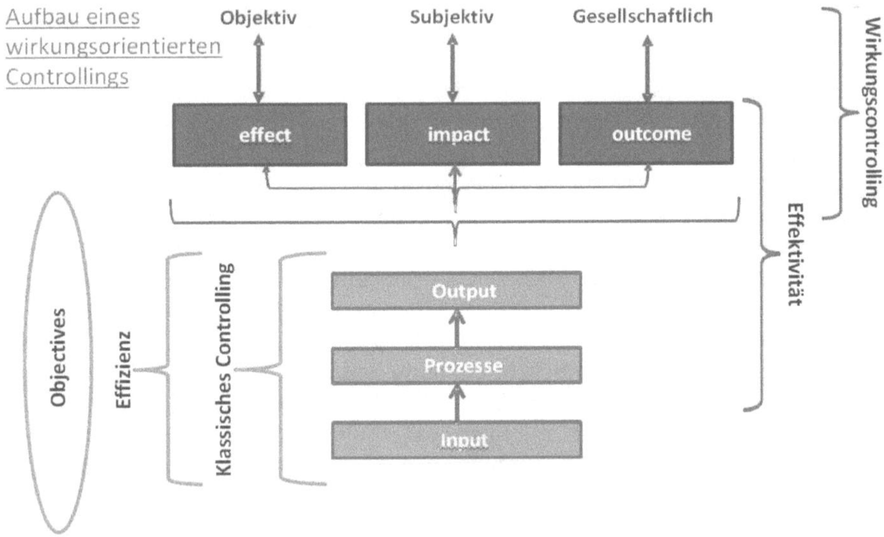

- **Output:** quantitative Leistungsmenge, die letztlich die Basis für qualitative Wirkungseffekte (Impact, Outcome, Effect) darstellt. Der Output ist das mengenmäßige Produktionsergebnis der Organisation. Output ist eigentlich ein begrifflicher Zwitter: er bezeichnet sowohl eine Seite der (quantitativen) Wirkung und gibt gleichfalls, in Bezug auf die Inputs, einen Hinweis auf die interne Effizienz der Organisation.
- **Outcome:** gesellschaftliche Wirkungen und Nutzen (objektive kollektive Effektivität), den die von der Organisation erstellten Güter oder Dienstleistungen haben. Die Leistungen der Organisation wirken sich bei verschiedensten Adressatengruppen, bei Dritten, in der Gesellschaft, allgemein: im Gemeinwohl, aus. Outcome bezieht sich somit auf die „wider effects".
- **Effect:** unmittelbare, objektiv ersichtliche und nachweisbare Wirkung (objektive Effektivität) für einzelne Stakeholder. Abgebildet werden hier zielgruppenspezifische, intendierte, von der Wahrnehmung und Deutung der Zielgruppen unabhängig bestehende Wirkungen.
- **Impact:** subjektiv erlebte Wirkung des Leistungsempfängers bzw. der Stakeholder (subjektive Effektivität) und somit eine Reaktion der Zielgruppen auf Leistungen (Output) und/oder auf die (objektiven) Wirkungen (Effects) der Leistungen. Impacts als subjektive Reaktionen sind Einstellungen, Urteile, Zufriedenheitsäußerungen, aber auch die Änderung bzw. Stabilisierung von Verhaltensweisen.

Diese vier verschiedenen Wirkungsebenen lassen sich nun mit den typischen vier Stakeholdergruppen zu einer Controllingmatrix verknüpfen:

Die Anspruchsgruppen sind horizontal aufgeführt, die Wirkungsformen vertikal: die Tabelle ist ein Vorschlag für ein Basismodell für „Wirkungsorientiertes NPO-Controlling".

Abbildung 4: Controllingmatrix

	Direkte Wirkungs-empfänger Primary Customer	Weitere externe Stakeholder	Finanziers	Mitglieder/interne Stakeholder
Outcome				
Impact				
Effect				
Output				

4.1. Beispiel: Ein kirchliches Dekanat

Das kirchliche Dekanat ist in einer Großstadt angesiedelt und ist durch sinkende Zahlen bei Kirchenbesuchen, Mitgliedern, Einnahmen, Haupt- und Ehrenamtlichen ebenso gekennzeichnet wie durch eine Aufbruchstimmung und Bereitschaft bei den Verantwortlichen, die kirchlichen Angebote stakeholderspezifisch zu formulieren.

Ziele mit Mengenbezug (Output)			
Direkte Wirkungsempfänger	Stellvertreter Stakeholder, Gesellschaft, Umwelt	Finanziers	Mitglieder/interne Stakeholder
Wirkungsdefinition Zeitlich klar definierte und stabile Serviceangebote Indikator % von Kirchenmitgliedern in Stichproben, die Angebotsstruktur kennen Messung Gestützte und ungestützte standardisierte Marktforschung	Wirkungsdefinition Hohe Angebotsdichte mit Resonanz im Zielbereich Indikator Durchschnittlicher Zielerreichungsgrad im Kundensegment Messung Gestützte und ungestützte standardisierte Marktforschung	Wirkungsdefinition Einhaltung von Kostenbudgets Indikator % der Budgets, die eingehalten werden Messung Haushaltsstatistik	Wirkungsdefinition Zeitlich klar definierte und stabile Angebotslandschaft Indikator % der Angebote, die auch ohne eigene Präsenz laufen würden Messung Testverfahren in Versuchsgebieten
Ziele mit gesellschaftlicher Wirkung (Outcome)			
Wirkungsdefinition Aktive Mission durch Gläubige strahlt in der Kommune aus und beeinflusst Handlungen Indikator Teilnahme an kirchlichen Veranstaltungen und deren Anzahl Messung Kirchenstatistik	Wirkungsdefinition „Funktionierende Kirchen" führen zu neuen Gruppen von Ehrenamtlichen, zu neuen sozialen Angeboten und zu erhöhtem Spendenaufkommen für Erhaltung der Kirchengebäude Indikator Anzahl der neuen Ehrenamtlichen pro Jahr. Messung Befragung der Gemeindeleitungen	Wirkungsdefinition Übernahme von kunsthistorischen Renovierungsaufgaben durch Firmenpatenschaften. Indikator Anzahl der Zustiftungen und Patenschaften Messung Auswertung der Buchhaltung Kirchenverwaltung	Wirkungsdefinition Mehr „Apostel" Indikator % der Schulabgänger, die sich für einen kirchlichen Beruf entscheiden. Anzahl Eintritte ins Priesterseminar Messung Standardisierte Befragung der Abschlussklassen. Kirchenstatistik
Ziele mit subjektiven Wirkungen (Impact)			
Wirkungsdefinition Mitglieder haben ihre Lieblingskirche gefunden, deren Architektur, Atmosphäre und/oder Angebote individuell als passend erlebt werden. Indikator % der positiven Rückmeldungen Messung Telefonische Befragung mit teilstandardisiertem Fragebogen	Wirkungsdefinition Leben wird als erfüllt und sinnvoll wahrgenommen. Indikator Zustimmungsquote zu „Sinn -Items" Messung Rückmeldungen aus befragten Fokusgruppen engagierter Gottesdienstbesucher	Wirkungsdefinition Bistum empfindet das Dekanat als förderungswürdiges Pilotmodell Indikator % der Förderanträge, die bewilligt werden Messung Experteninterviews mit Finanzdirektoren	Wirkungsdefinition Mitarbeiter verspüren Rückenwind und individuelle Entfaltungsmöglichkeit durch plurale Angebotslandschaft. Indikator % der Kündigungen und Versetzungsgesuche wegen beruflicher Unzufriedenheit Messung Leitfadengestützte Interviews mit ehemaligen Mitarbeitern

Ziele mit objektiver Wirkung im Adressatenkreis (Effect)			
Wirkungsdefinition Plurale Gottesdienstlandschaft mit ausreichenden Angeboten für unterschiedliche religiöse Milieus vorhanden. Indikator Anzahl wöchentlicher Gottesdienste mit liturgischer Spezialität Messung Inhaltsanalyse des Gottesdienstspiegels	Wirkungsdefinition „Funktionierende Kirche" führt zu neuen Gruppen von Ehrenamtlichen, zu neuen sozialen Angeboten und zur finanziellen Entlastung des Haushaltes der Kommune. Indikator Kirchliche Angebote, die dem städtischen Sozialatlas gemeldet werden im Jahresvergleich Messung Anzahl der Klicks auf der Homepage	Wirkungsdefinition Sinkende „liturgische Stückkosten" durch steigende Besucherzahlen in Gottesdiensten **Indikator** Besucherzahlen an„Zählsonntagen" **Messung** Zählen	Wirkungsdefinition Neue inhaltliche Impulse für kirchliches Leben durch aktivierte religiöse Milieus. Indikator Milieuspezifische Gottesdienstqualität Messung Likertskalierte Bewertung von Gottesdiensten durch Besucher

NPO-Controllingsystematik für ein kirchliches Dekanat: Wirkungsdimensionen

Hinter einem solchen wirkungsorientierten Controllingmodell stecken einige Grundsatzentscheidungen. Damit angesprochen ist zum einen ein kultureller Wandel in der Kirche von der Inputorientierung zur Wirkungsorientierung. Die theologische Schubkraft, was die Kirche tut und was sie tun soll, speist sich durch den Auftrag Christi. Zwischen dem Auftrag Gottes als „Angebotsorientierung" und den Wünschen und Erwartungen der Menschen an die Kirche als „Nachfrageorientierung" wird zwar in theologischen Kreisen gerne unterschieden, - sicherlich auch um die professionelle Definitionsmacht über seinen eigenen Berufsalltag nicht zu verlieren -, aber zwischen dem, was Menschen brauchen, und dem, was Kirche will, liegt in der Regel nicht die widersprüchliche Problematik. Aus Sicht des Controllings besteht das Entscheidungsproblem in der Menge, also in der „optimalen Kombination" von Seelsorge, Verkündigung, caritativem Handeln, Sakramenten, Kirchenmusik, Hausbesuchen, Jugendarbeit, Gottesdiensten, Predigtvorbereitung, Gremien, Exerzitien, Diavorträgen, Pfarrbrieflayout, Pfarrfesten und Rosenkranzandachten. Für diese alltäglichen Entscheidungssituationen muss das Controlling ein strategisches System anbieten, das es ermöglicht, die kurzfristigen Handlungen und Entscheidungen auf mittelfristige Ziele zu beziehen.

Damit verknüpft sind theoretische und methodische Anforderungen an den Kirchencontroller selbst. Controlling in der Kirche ist komplizierter als im Industriebetrieb. Wir hatten die typischen Effizienzmuster bereits erwähnt, aber noch methodisch kniffliger ist die methodische Übersetzung von Zielen einer Organisation, die dabei ist, das Reich Gottes zu bauen, aber letztlich immer auf den „Produktionsfaktor Gnade" angewiesen ist. Die der Kirche auch in religiös schattigen Zeiten mögliche „Produktivität“ zu beobachten, zu analysieren und zu „reporten“, ist Kirchencontrolling.

Literaturverzeichnis

Ackermann, K./Festerling, S. (2006/2007): Balanced Score Card, in: Digitale Fachbibliothek Human Ressources Management, Knauth, P./Wollert, A. (Hg.), symposion, Düsseldorf.

Bischofsberger, P. (2005): Kirchliches Management – Grundlagen und Grenzen, Lit Verlag, Münster.

Fischer, U. (2004): Von Grund, Auftrag und Ziel der Kirche – Visitationen als Instrument der Kirchenleitung, in: Management mit Vision und Verantwortung – Eine Herausforderung an Wissenschaft und Praxis, Wiedmann, K.-Peter/Fritz, W./Abel, B. (Hg.), Gabler, Wiesbaden.

Halfar, B/Borger, A. (2007): Kirchenmanagment, Nomos, Baden-Baden.

Halfar,B./IGC-AG (2010): Wirkungsorientertes NPO-Controlling. Leitlinien zur Zielfindung, Planung und Steuerung in gemeinnützigen Organisationen. Hrsg von der International Group of Controlling, Haufe-Verlag, Freiburg u.a.

Hermes, H. (2003): Vom Controlling in der Gemeindeberatung zum Controlling in Kirchengemeinden, in: Organisationsberatung – Supervision, Coaching, 4 /2003.

*Luhmann, N.(2000):*Die Religion der Gesellschaft, Suhrkamp, Frankfurt/M.

Luhmann, N.(1977): Funktion der Religion, Suhrkamp, Frankfurt/M.

Mertes, M. (2000): Controlling in der Kirche – Aufgaben, Institutionen und Organisation dargestellt am Beispiel des Bistums Münster, Chr. Kaiser / Gütersloh Verlagshaus, Gütersloh.

Tetzlaff, A. (2003): Führung in der evangelischen Kirche – eine empirische Studie in evangelischen Gemeinden, in: Empirische Controllingforschung, Weber, J./Kunz, J. (Hrsg.), Deutscher Universitätsverlag, Wiesbaden.

Wegner, G. (2003): Auf dem Weg zur „Organisation Kirche“? Aktuelle Strukturfragen der Evangelischen Kirche in Deutschland, in: Religion – Staat – Politik, Brocker, Manfred, Behr, Harmut, Hildbrandt, Mathias (Hg.), Westdeutscher Verlag, Wiesbaden.

Zünd, A. (2006): Visitation und Controlling in der Kirche – Führungshilfen des kirchlichen Managements, Lit Verlag, Berlin.

Geschäftsprozessmanagement in kirchlichen Verwaltungen

Peter Faiß

Die Anforderungen an die kirchlichen Verwaltungen verändern sich. Wo die kirchliche Verwaltungskultur in der Vergangenheit in der Prägung der öffentlichen Hand erfolgreich war, werden nun schlanke und flexible Prozesse sowie entscheidungs- und steuerungsrelevante Unterstützungsleistungen gefordert bei gleichzeitig erhöhtem Druck auf die Verwaltungskosten.

1. Die klassische Prägung kirchlicher Verwaltungen

Als kirchliche Verwaltungen werden im folgenden Beitrag die folgenden Leistungsfelder

- Finanzen,
- Personal,
- Meldewesen,
- Informationstechnologie,
- Bau und Liegenschaften und die
- allgemeine Verwaltung

verstanden, wie sie bei den Landeskirchen, Diözesen/Bistümern, Kreisdekanaten, Kirchenkreisen etc. angesiedelt sind.

Die kirchlichen Verwaltungen sind in Kultur und Verfahren deutlich von den klassischen öffentlichen Verwaltungen geprägt. Der kamerale Haushalt und die an der öffentlichen Hand orientierten Tarifsysteme machen dies deutlich. Auch die klassischen Verwaltungswerte wie Ordnungsmäßigkeit, Gesetzes- und Beschlusskonformität, Dienstwege und Zuständigkeiten zeugen von der Historie und Prägung kirchlicher Verwaltungen.

Diese klassische Verwaltungskultur trifft zunehmend auf Kritik und neue Anforderungen. Parallel zu den Entwicklungen der öffentlichen Verwaltungen werden zunehmend betriebswirtschaftliche Konzepte und Verfahren in den kirchlichen Verwaltungen umgesetzt (Doppik, Qualitätsmanagement, neue Tarifsysteme etc.). Die klassischen Verwaltungswerte werden um Kundenorientierung, Leistungs- und Ergebnisorientierung, Reaktionsschnelligkeit, Flexibilität und Steuerungsunterstützung ergänzt.

Diese zusätzlichen Anforderungen an kirchliche Verwaltungen treffen auf langjährig etablierte Strukturen und Prozesse. Geprägt wurden diese Strukturen in der klassischen Sicht der Aufbauorganisation, in der betriebliche Funktionen in einer hierarchischen Organisation strukturiert wurden. In dieser Tradition wurden Organisationsanalysen in kirchlichen Verwaltungen mittels Interviews, Zeit- und Mengenanalysen, der klassischen Aufgabenkritik und weiteren, von der Aufbauorganisation geprägten Methoden umgesetzt.

Viele konfessionelle Einrichtungen der Gesundheits- und Sozialwirtschaft (Caritas und Diakonie) haben sich seit den 90er-Jahren des vergangenen Jahrhunderts von der klassischen Verwaltungsprägung der öffentlichen Hand gelöst. Im Finanz- und Rechnungswesen sind die kameralen Haushalte in die Doppik überführt worden (Pflege-Buchführungsverordnung von 1995), in der Personalverwaltung lösen Tarifsysteme wie „AVR Neu" die enge Orientierung am BAT (Bundes-Angestelltentarifvertrag) ab, mit der Einführung von Qualitätsmanagementsystemen wurde die primär an der Aufbauorganisation orientierte Organisationsgestaltung um das Geschäftsprozessmanagement ergänzt.

Diese beispielhaft benannten Entwicklungen in den konfessionellen Einrichtungen der Gesundheits- und Sozialwirtschaft finden mittlerweile zunehmend Akzeptanz in den kirchlichen Verwaltungen, sicherlich wesentlich unterstützt durch die personellen Verflechtungen in den Aufsichts- und Leitungsgremien der Einrichtungen.

2. Impulse aus dem Geschäftsprozessmanagement

Abbildung 1: Geschäftsprozessmanagement ergänzt die klassische funktionale Sicht

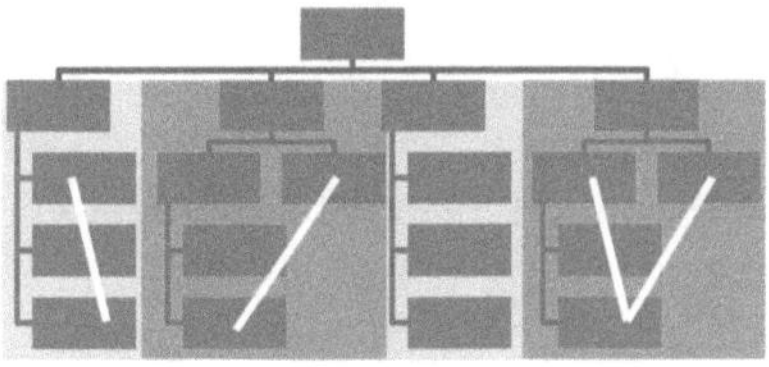

Klassische funktionale Sicht

- Hierarchische Sicht – Zuständigkeiten, Funktionen und Aufgaben
- Geschäftsprozesse werden an Abteilungsgrenzen unterbrochen – Schnittstellen und Koordinierungsaufwand!
- Gefahr der Binnenorientierung – Kundenbedürf-nisse und Ergebnisorientierung gehen häufig verloren.
- Teiloptimierung, komplexe Schnittstellen zwischen funktionalen Bereichen, hoher Koordinationsaufwand.

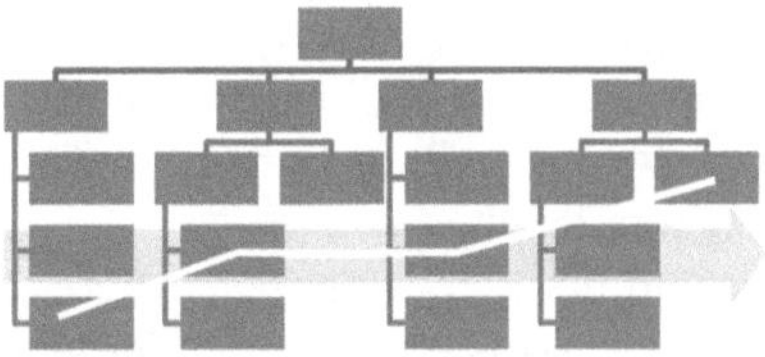

Geschäftsprozessorientierung

- Ergänzung der klassischen funktionalen Sicht um die Sicht auf die wertschöpfenden Geschäfts-prozesse
- Priorisierung der Kundensicht – Abkehr von der binnenorientierten Organisationsgestaltung.
- Zahlen-Daten-Fakten-getriebene Organisationsgestaltung – Sicherung der Ergebnisorientierung.
- Prozessorientierte Optimierung innerhalb der Organisation vs. prozessorientierte Neugestaltung.

Mit den Methoden des Geschäftsprozessmanagements, die häufig im Kontext der Implementierung von Qualitätsmanagementsystemen eingeführt werden, wird die klassische Sicht der Aufbauorganisation um die ablauforientierte Sicht der Geschäftsprozesse ergänzt. Wo in klassischer Sicht Dienstwege und Zuständigkeiten diskutiert und gestaltet werden, prägt das Geschäftsprozessmanagement eine ergebnis- und kundenorientierte Sicht auf die Management- und Unterstützungsprozesse der kirchlichen Verwaltungen.

„Ein Geschäftsprozess ist eine zielgerichtete, zeitlich logische Abfolge von Aufgaben, die arbeitsteilig von mehreren Organisationen oder Organisationseinheiten unter Nutzung von Informations- und Kommunikationstechnologien ausgeführt werden können. Er dient der Erstellung von Leistungen entsprechend den vorgegebenen, aus der Unternehmensstrategie abgeleiteten Prozesszielen.“[1]

Für das Management kirchlicher Verwaltungen seien die folgenden Beispiele für Geschäftsprozesse benannt:

- Einstellung eines neuen Mitarbeitenden
  Von der Bedarfsauslösung über die Stellenausschreibung und -besetzung bis zum Ende der Probezeit.
- Rechnungseingang
  Postalischer Eingang über Zeichnung bis zum Zahlungsausgang.

1 Gadatsch (2010): S. 41.

- Monatsablauf Finanz- und Rechnungswesen
  Standardisierter Monatslauf mit Abschluss und Datenübernahme aus Vorsystemen (Leistungsabrechnung, Personalabrechnung), Buchungsschluss, Kostenrechnung und Bereitstellung für das Standardberichtswesen.
- Genehmigung einer Baumaßnahme
  Vom Antrag über die fachliche, rechtliche und wirtschaftliche Prüfung bis zum Genehmigungsbescheid.

Mit diesen Beispielen wird eine wesentliche Priorisierung bereits deutlich: Das Geschäftsprozessmanagement fördert die Kundenorientierung und die Betrachtung der Wertschöpfung im kompletten Geschäftsprozess.

Geschäftsprozesse werden in der Praxis nach heterogenen Sichten gegliedert. Insbesondere im Gesundheitswesen werden die behandelnden und pflegenden Prozesse als primäre Prozessen bezeichnet, die versorgenden Prozesse der Unterkunft und Verpflegung werden als sekundäre Prozesse gegliedert, wohingegen die verwaltenden Prozesse als Tertiärprozesse bezeichnet werden. Aus dem Qualitätsmanagement hat sich die Unterscheidung nach Kernprozessen – den direkt am Kunden wertschöpfenden Prozessen, den Unterstützungsprozessen (z.B. operative Verwaltungsprozesse) sowie den Managementprozessen entwickelt.[2]

Letztere Prozessgliederung wird häufig aufgrund der schwammigen Abgrenzung von Unterstützungs- und Managementprozessen kritisiert. Für das Verwaltungsmanagement bietet sich hier allerdings die Gelegenheit, Verwaltungsleistungen mit Dienstleistungscharakter (Unterstützungsprozesse) von Aufsichts-, Kontroll- und Steuerungsaufgaben (Managementprozesse) abzugrenzen.

Das Geschäftsprozessmanagement in kirchlichen Verwaltungen bietet sich zur Verfolgung der folgenden Ziele an:

- Standardisierung von Prozessen (Sicherung der Qualität)
- Minimierung von Schnittstellen (reduzierte Wartezeiten und Informationsverluste, Steuerbarkeit der Prozesse)
- Vermeidung von Medienbrüchen (manuelle Datenübernahmen)
- Verkürzung von Prozesszeiten (Automatisierung, Reduktion Warte-/Liegezeiten)
- Klärung der Prozessverantwortung (Ergebnisverantwortung gegenüber Verwaltungskunden, interne Prozesssteuerung)
- Ausrichtung an Kundenbedürfnissen (Mitarbeitende in kirchlichen Diensten und Verwaltungen, Laien in den Gremien etc.).

2 Schmelzer H./Sesselmann W. (2008): S. 77 ff.

3. Vorgehen und praktische Erfahrungen im Geschäftsprozessmanagement

3.1. Die strukturelle Prozessanalyse

In der Beratungspraxis fallen häufig umfassende Geschäftsprozesserhebungen und -dokumentationen mit geringer Optimierungswirkung auf:

- Vollerhebungen inkl. Trivialprozesse
- Umfangreiche Prozessdokumentationen mit geringer Leserorientierung und entsprechend geringer Akzeptanz
- Erhebung und Dokumentation als Selbstzweck, rudimentäre Prozessoptimierung
- Unbefriedigende Aufwand-Nutzen-Verhältnisse

Es hat sich bewährt, zur Priorisierung der zu analysierenden Geschäftsprozesse eine strukturelle Erhebung voranzustellen. Die Analyse, welche Verwaltungsleistungen in welchen Mengengerüsten für welche Leistungsempfänger („Verwaltungskunden") erbracht werden, erlaubt nicht nur die Priorisierung zur späteren Geschäftsprozessanalysen, sie unterstützt in vielen Fällen auch den Leistungsnachweis der kirchlichen Verwaltungen.

Abbildung 2: Strukturelle Analyse mit beispielhaften Mengengerüsten

	Finanzen			Personal			IT			...	
	Leistungen	Buchungsvolumen	Buchungsbelege pa	Leistungen	Anzahl Personalfälle	Neueinstellung pa	Leistungen	Anzahl Anwender	Anz. Arbeitsplatzgeräte	Leistungen	Bemerkungen
Kirchenkreis											
Suptur	✓			✓			✓			✓	
Seelsorge	✓			✓			✓			✓	
Seelsorge Personal	✓			✓			✓			✓	
Schule/Bildung	✓			✓			✓			✓	
Verwaltung	✓			✓			✓			✓	
Kirchengemeinden											
Gemeinden	✓			✓			✓			✓	
Kindergärten	✓			✓			✓			✓	Ab 201x beim Trägerverein
Friedhöfe	✓			✓			✓			✓	
Sonstige											
CVJM	✓			✓			✓			✓	
Altenheim				✓							

Viele kirchliche Verwaltungen reagieren auf Kritik an ihrer Leistungsfähigkeit und Wirtschaftlichkeit mit pauschalen Verweisen auf hoheitliche Aufgaben. Demgegenüber fördert die strukturelle Analyse eine fakten- und zahlenbasierte Argumentation, in der die tatsächlichen Mengengerüste und Produktivitätskennzahlen ausgewiesen und bewertet werden können. Häufig liegen keine Produktivitätskennzahlen vor – hier unterstützen branchenkompetente Unternehmensberater mit belastbaren Vergleichsdaten und Kennzahlen (Benchmarks).

Wie eingangs formuliert, ist eine flächendeckende Geschäftsprozesserhebung, -modellierung und -optimierung nur in seltenen Fällen zielführend. Für die detaillierte und dementsprechend aufwändige Prozesserhebung und -analyse sollten nur die Geschäftsprozesse mit einem entsprechenden Optimierungspotenzial einbezogen werden.

Die prozessorientierte Stellenanalyse ist ein praxisbewährtes Analyseinstrument zur strukturellen Analyse der wertschöpfenden Geschäftsprozesse in den Verwaltungsbereichen.

Abbildung 3: Beispiel prozessorientierte Stellenanalyse Schulreferat eines Kirchenkreises.

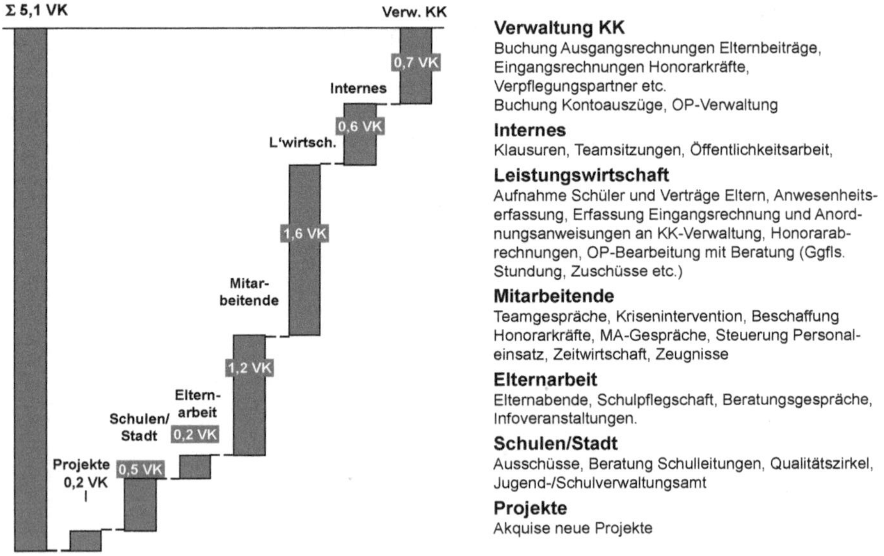

In Interviews mit den Verwaltungsmitarbeitenden werden die Geschäftsvorfälle mit den entsprechenden Mengengerüsten (Fälle pro Tag, Woche, Monat oder Jahr) und der Zeitaufwand pro Fall mittels Expertenschätzung der Verwaltungsmitarbeitenden erhoben. Im Erhebungswerkzeug werden diese Basisdaten über eine Jahresarbeitszeitkalkulation in verschiedenen Auswertungsdimensionen zusammengeführt:

- Aufwandsprofil pro Mitarbeitenden für die Plausibilisierung gemeinsam mit den Verwaltungsmitarbeitenden
- Aufwandsprofil der Abteilungen und Aufgabenbereiche/Prozesse zur Bewertung des Optimierungspotenzials im Branchenvergleich
- Aufwandsprofil Verwaltungskunden – Abgleich der Verwaltungsleistungen mit der Verrechnung/Rechnungsstellung gegenüber den Verwaltungskunden

Die Erhebungsergebnisse genießen bei den Verwaltungsmitarbeitenden eine hohe Akzeptanz, da sie auf der eigenen Schätzung und auf Mengengerüsten basieren und somit einen sachorientierten Dialog zur Optimierung der Aufgabenverteilung und Geschäftsprozesse ermöglichen. In den durchgeführten Projekten wurde diese Analyse in frühzeitiger Abstimmung und Einbeziehung der Mitarbeitervertretung erfolgreich umgesetzt.

Die Quantifizierung des Optimierungspotenzials sichert die Wirtschaftlichkeit der anschließenden Prozessanalyse. Die von den Mitarbeitenden häufig benannten klassischen „Verwaltungsaufreger"[3] werden über die quantitative Analyse häufig relativiert und die tatsächlich aufwandsbindenden Prozesse konkretisiert.

3.2. Die Prozessanalyse

Zur Prozessmodellierung stehen vielfältige Methoden und IT-Werkzeuge zur Verfügung. Für eine wirtschaftliche und zielführende Methoden- und Werkzeugauswahl gilt es, Anlass und Zielsetzung der Prozessmodellierung zu klären:

- Eine häufige Zielsetzung ist der Transparenzgewinn im Rahmen von Reorganisations- oder Kooperationsvorhaben. Anhand der dokumentierten und visualisierten Prozessabläufe können Optimierungsmaßnahmen in Prozessen, alternative Prozessabläufe, Prozessverantwortlichkeiten, neue IT-Lösungen etc. erarbeitet, vorgestellt und bewertet werden.
- Die gewonnene Transparenz der modellierten Geschäftsprozesse kann für die laufende Steuerung der Verwaltungsdienstleistungen genutzt werden: Ermittlung von Mengengerüsten, Prozesskosten und Prozesskennzahlen sowie Vergleich mit branchenüblichen Vergleichsgrößen bzw. Vergleichspartnern (Benchmarking).
- Prozessmodelle werden zur Dokumentation der internen Prozesse und Regelungen genutzt, also zur Unterstützung der laufenden Steuerung, der Qualitätssicherung, der Einarbeitung neuer Mitarbeitender, zur Absicherung gegen Wissensverlust bei personellen Abgängen etc.. Im Rahmen des Qualitätsmanagements sind dabei ggf. formale Anforderungen zu beachten.

3 Die von den Verwaltungsmitarbeitenden häufig benannten schwierigen Prozesse („Unvollständig ausgefüllter Personalbogen" etc.) zeigen in der strukturellen Analyse meist eine eher geringe Aufwandsbindung.

- Zur Unterstützung von Dienstleistungsvereinbarungen kirchlicher Verwaltungen werden die Geschäftsprozesse zwischen Verwaltungskunde und Verwaltung visualisiert und abgestimmt. Auf dieser Basis können Schnittstellen, Leistungsvereinbarungen, Dienstgütevereinbarungen (Service Level Agreements) sowie Dienstleistungskosten/-preise etc. vereinbart werden.
- Im Rahmen der Auswahl und Einführung von IT-Anwendungssystemen (Rechnungs-, Personal- oder Meldewesen, CAFM – Computer Aided Facility Management etc.) kann die Modellierung wesentlicher Kernprozesse die Konkretisierung der fachlichen Anforderungen und die spätere Einführung wesentlich unterstützen.

Die grafische Visualisierung von Geschäftsprozessen in Form von Flowcharts hat bereits sinnbildlichen Charakter bekommen. In diesen Ablaufdiagrammen werden die Prozessschritte, Ablaufbeziehungen und Ergebnisse/Dokumente dargestellt – in den „Swimlane-Diagrammen" in nach der Verantwortung geordneten Spalten oder Zeilen (Schwimmbahnen). Wesentlicher Vorteil dieser Darstellungsform ist die intuitive Nachvollziehbarkeit der dargestellten Prozesse – zumindest wenn die Prozessschritte sinnvoll zusammengefasst sind, die ausgewiesenen Verantwortungsbereiche im Prozess auch genutzt wurden und nicht zu viele Zusatzinformationen (IT-Aspekte, differenzierte Symbole für Ergebnistypen etc.) enthalten sind.

Abbildung 4: Tabellarische und grafische Modellierung von Geschäftsprozessen.

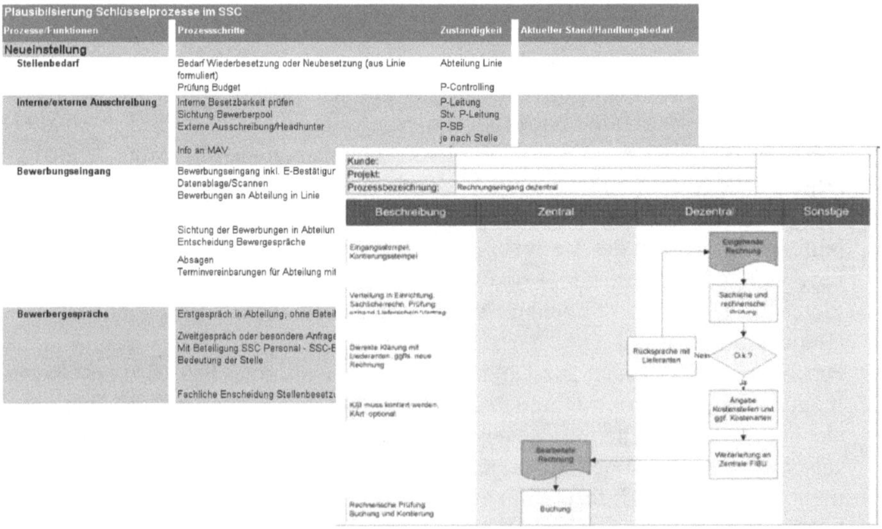

Die tabellarische Dokumentation, die auch durchaus geeignet ist für die „kleine Modellierung zwischendurch", findet in den kirchlichen Verwaltungen hohe Akzeptanz und Nutzen. Die Inhalte sind in der Tabellenkalkulation schnell erfasst und verteilt, es sind keine aufwändigen Erklärungen und IT-Werkzeuge notwendig, die Spalten können problemlos um weitere Inhalte ergänzt werden.[4] Lediglich komplexe Ablaufstrukturen sind schwierig darstellbar. In diesen Fällen kann die grafische Visualisierung ihre Vorteile ausspielen und die tabellarische Modellierung ergänzen.

Zur Prozessoptimierung in kirchlichen Verwaltungen hat sich die Beschränkung auf möglichst pragmatische Methoden bewährt. Neben den beiden vorgestellten Ansätzen wurden für spezielle Anwendungen weitere methodische Ansätze entwickelt:[5]

- Aus dem Bereich der prozeduralen Software-Entwicklung stammen die klassischen Modellierungsmethoden wie der Programmablaufplan und das Nassi-Shneidermann-Diagramm (Strukturgramm) der 60- und 70er-Jahre des vergangenen Jahrhunderts, zu denen DIN-/ISO-Normierungen vorliegen.
- Hohe Akzeptanz findet die Methode der „Ereignisgesteuerten Prozessketten“ (EPK), die neben den Funktionen der Prozesse auch Ereignisse, die logischen Verknüpfungen zwischen Ereignissen und Funktionen sowie den Kontroll- und Datenfluss modelliert. Im ARIS Toolset der IDS Scheer (Software AG) wurde die erweiterte EPK-Methode zur sichtenorientierten Organisations-, Daten-, Leistungs-, Funktions- und Steuerungsmodellierung weiterentwickelt.
- Weitere, im Umfeld des Geschäftsprozessmanagements und der objektorientierten IT-Entwicklung geschaffene Modellierungsmethoden sind die Unified Modeling Language und die Business Process Modeling Notation.

Die Bewertung der Geschäftsprozesse anhand interner und externer Bewertungsmaßstäbe sichert die Ergebnisorientierung in der Optimierungsphase. Während in vielen Qualitätsmanagementvorhaben eine flächendeckende Detailoptimierung zu beobachten war, setzt die Geschäftsprozessoptimierung an der zielgerichteten Optimierung wesentlicher Kernprozesse an.

Für kirchliche Verwaltungen sind im Finanzbereich die Verfahren der Haushalts-/Budgetplanung, die Optimierung der Rechnungseingangsbearbeitung und die Beschleunigung der unterjährigen Abschlüsse zur zeitnahen Bereitstellung von steuerungsrelevanten Daten im Berichtswesen gängige Ansatzpunkte.

Für die Personalverwaltung sind effizientere Prozesse im Bereich der Personalbeschaffung sowie der Zeitwirtschaft im Rahmen der monatlichen Personalabrechnung häufige Optimierungsschwerpunkte.

Mit der Prozessmodellierung gelingt es, die Verantwortungs- und Tätigkeitswechsel innerhalb der Prozesse zu visualisieren und schlankere Prozesse zu gestalten. Die für viele Verwaltungsprozesse wichtige Frage, wie die zentralen und dezentralen Aufgaben zugeschnitten werden sollen, lässt sich anhand der model-

4 Zusätzliche Spalten für „Genutzte IT-Systeme“, „Bearbeitungsdauern“, „Optimierungspotenzial und Bemerkungen“ etc.
5 Gadatsch (2010): S. 63ff.

lierten Prozesse anschaulich klären, alternativ diskutieren und vereinbaren. Der wesentliche Beitrag des Geschäftsprozessmanagements liegt in der Unterstützung einer faktenbasierten Diskussion auf Basis des Prozessablaufes, der Mengengerüste, der Aufwände und der Prozesskosten.

Viele kirchliche Verwaltungen nehmen Dienstleistungs- und Aufsichtsaufgaben in gemischter Form wahr, die Kontroll- und Prüfungsmechanismen führen häufig zu komplexen Abläufen mit Engpässen und langen Durchlaufzeiten. Die klare Differenzierung der verschiedenen Aufgaben und die transparente Vorstellung schlankerer Prozesse mit angemessen reduzierten Prüfungsschritten ist die Basis für einen sachorientierten Dialog zur Gestaltung wirtschaftlicher Dienstleistungsprozesse und angemessener Prüfungsverfahren.

Im Rahmen der Geschäftsprozessoptimierung werden häufig Doppelarbeiten identifiziert. Meist werden die Doppelarbeiten durch mangelnde Abstimmung, nicht geeignete Berichtssysteme (Inhalt, Zeit und Form), nicht integrierte IT-Systeme etc. ausgelöst. Mit der stetig steigenden IT-Durchdringung gelingt es für immer mehr Vorgänge, die Datenerfassung vor Ort in den operativen Geschäftsprozessen zu leisten. Dies ist die Basis für eine medienbruchlose Weiterverarbeitung auch bei arbeitsteiligen Strukturen.

Auf Basis der modellierten Kernprozesse können die Vor- und Nachteile der funktionalen oder ganzheitlichen Sachbearbeitung bewertet und gestaltet werden. Während die prozessorientierte Sicht zu ganzheitlichen Bearbeitungsformen neigt, sind die wirtschaftlichen Folgen geänderter Stellenprofile auch weiterhin zu berücksichtigen.

4. Praktische Erfahrungen und Erfolgsfaktoren

Aus den bereits umgesetzten Projekten zur Geschäftsprozessoptimierung in kirchlichen Verwaltungen haben wir die folgenden Erfolgsfaktoren abgeleitet:

Abbildung 5: Erfolgsfaktoren aus der Praxis.

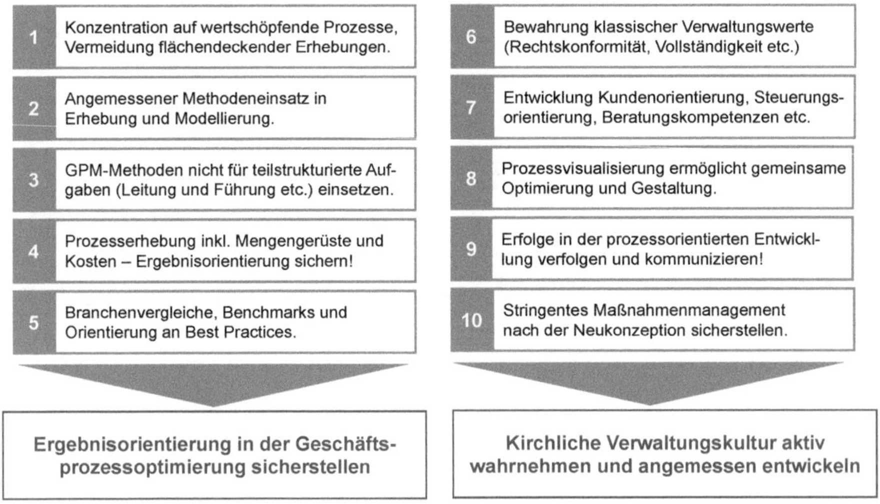

In den durchgeführten Projekten in kirchlichen Verwaltungen konnten Kostensenkungen bis zu 30 % durch neue Dienstleistungsmodelle, einen effizienteren Personaleinsatz und durch schlankere Geschäftsprozesse umgesetzt werden. Die Verwaltungsmitarbeitenden hatten durch die frühe quantitative Analyse eine hohe Sicherheit zu den Projektauswirkungen (droht Stellenabbau oder geht es um qualitative Entwicklung?) und brachten sich sehr engagiert in die Prozessanalyse und – optimierung ein. Mit der kunden- und ergebnisorientierten Sicht des Geschäftsprozessmanagements gelang eine kulturangemessene Neuausrichtung in den kirchlichen Verwaltungen.

Kurz: Das Geschäftsprozessmanagement ist ein wesentlicher Bestandteil eines aktiven Verwaltungsmanagements und hat sich bei der Umsetzung in kirchlichen Verwaltungen bewährt.

Literaturverzeichnis

Faiß, P. (2008): Prozessorientiertes Verwaltungsmanagement. Einführung in das Geschäftsprozessmanagement. In: KVI im Dialog 2008 Nr. 3 S. 34-36.

Faiß, P. (2008): Prozessorientiertes Verwaltungsmanagement. Strukturelle Analyse und Optimierung. In: KVI im Dialog 2008 Nr. 4 S. 31-34.

Faiß, P. (2009): Prozessorientiertes Verwaltungsmanagement. Prozessanalyse und -optimierung. In: KVI im Dialog 2009 Nr. 1 S. 36-40.

Gadatsch A. (2010): Grundkurs Geschäftsprozess-Management. Vieweg+Teubner GWV Fachverlage GmbH, Wiesbaden.

Schmelzer H./Sesselmann W. (2008): Geschäftsprozessmanagement in der Praxis. Carl Hanser Verlag, München.

Erfolgsfaktor Personal – Personalmanagement im christlichen Kontext

Jürgen Kegelmann, Martin Hitzel, Veronika Rieger, Alexander Stock

1. Mitarbeiterbindung und Arbeitgeberattraktivität als wichtige Erfolgsfaktoren

Gerade für kirchliche Institutionen und Werke stellt es aufgrund des demographischen Wandels eine zunehmende Herausforderung dar, qualifiziertes Personal zu gewinnen, das bereit und fähig ist, sich der tätigen Nächstenliebe zu stellen.

Die bestehende Mitarbeiterstruktur ist auf Grund von Arbeitsverdichtungen, Umstrukturierungen, Einstellungsstopps und Stellenkürzungen tendenziell überaltert. In den nächsten Jahren ist vielfach ein Ausscheiden von erfahrenen Kräften en bloc zu erwarten, und daher auf die Generation 50 plus ein Augenmerk zu legen. Die Fähigkeiten und Erfahrungen älterer Mitarbeiter sowie deren Leistungsfähigkeit und -bereitschaft muss langfristig bis zum Renteneintritt erhalten werden. Indes ist bei einem Teil dieser Mitarbeitergruppe ein ganz anderer Trend zu spüren: die Rente mit 67 liegt für viele Beschäftigte in weiter Ferne und vielfach streben ältere Beschäftigte ein Ausscheiden aus dem Erwerbsleben vor dem Erreichen des Rentenalters an.[1]

---

1 Länge/Menke (2007): S. 38.

Gleichzeitig sinkt in der Bevölkerungsstruktur der Industrienationen die Zahl potentieller junger, gut qualifizierter Mitarbeiter. Es kommt teilweise schon heute zu einer Verknappung des Arbeitskräfteangebots und auf Grund der größeren Mobilität und Flexibilität der jungen Menschen spricht man in der Wirtschaft von einem „war for best talents“.[2] Regionale Ungleichheiten sowie Standortfaktoren werden ein entscheidendes Auswahlkriterium für die Mitarbeiter sein.[3] Zudem ist es in der heutigen Zeit nicht mehr selbstverständlich, dass Mitarbeiter ihrem Arbeitgeber treu bleiben.

Problematisch dabei ist, dass häufig diejenigen gehen, die man aufgrund ihres Know-hows und ihrer Leistungsfähigkeit gerne behalten hätte. Hingegen bleiben diejenigen, die nicht unbedingt zu den Leistungsträgern zählen.[4] Konzepte zur Bindung von Mitarbeitern und zur Positionierung als attraktiver Arbeitgeber sind daher wichtige Ziele im Personalmanagement.

2. Die Herausforderungen für den Diözesancaritasverband Rottenburg-Stuttgart e.V. (DiCV)

Die Arbeitsanforderungen in den Caritas-Regionen haben sich in den letzten Jahren deutlich verändert. So steht heute neben der klassischen Beratung von Klienten vor allem die kreative Weiterentwicklung von sozialen Angeboten für die aktuellen Probleme und Nöte im Mittelpunkt. Die Inhalte der Arbeitstätigkeit müssen laufend im Rahmen von Projektstrukturen angepasst werden. Mitarbeiter erfahren höhere Belastungen und Erwartungen in ihrem Arbeitsalltag:

- eine steigende Anzahl zu betreuender Klienten,
- die Probleme der Klienten sind vielschichtiger geworden,
- Mitarbeiter müssen mehr Verantwortung für sich und Klienten übernehmen.

Gleichzeitig weist die Mitarbeiterschaft des DiCV eine ungünstige Altersstruktur auf. Es kommt zu einem drohenden Verlust einer tragenden Säule in der Mitarbeiterstruktur über einen bereits absehbaren Zeitraum.

Der DiCV will seinen Mitarbeitern Anreize und Hilfestellungen bieten, damit sie leistungsfähig, leistungsbereit und loyal bleiben.

2 Brandenburg/Domschke (2007): S. 17.
3 Brandenburg/Domschke (2007): S. 17, 27.
4 Flato/Reinbold-Scheible (2008): S. 75.

Durch geeignete Maßnahmen soll:

- dem Abwandern qualifizierter Kräfte in die Privatwirtschaft oder andere Organisationen,
- Unzufriedenheit und Resignation am Arbeitsplatz
- und Krankheit infolge der Arbeitstätigkeit

entgegen gewirkt werden.

Darüber hinaus gilt es, junge und qualifizierte Kräfte zu gewinnen, an sich zu binden und dafür zu sorgen, dass die älteren Mitarbeitenden ihre Erfahrungen und ihr Wissen an die neuen Kräfte weitergeben.

Für den DiCV ist es somit unverzichtbar, sich mit dem Thema der Mitarbeiterbindung und Attraktivität als Arbeitgeber zu befassen.

3. Personalmanagement aus Sicht der Mitarbeitenden

Personalmanagement betrifft immer die (potentiell) Beschäftigten und die Arbeitgeber. Im Folgenden soll Personalmanagement zum einen aus Sicht der Lebens- und Berufsphasen der (potentiell) Mitarbeitenden und zum anderen aus Sicht des (normativen, strategischen und operativen) Managements des kirchlichen Unternehmens betrachtet werden.

3.1. Lebens- und Berufsphasen

Die Arbeit der Mitarbeiter muss so gestaltet sein, dass die Mitarbeiter über die gesamte Lebens- und Berufsphase angemessen gefordert und gefördert werden. Ein wichtiger Aspekt hierbei ist die Berücksichtigung der derzeitigen Lebenssituation, Interessen, Bedürfnisse und der persönlichen Werte, die sich grundsätzlich mit dem Alter verändern.

Je besser eine Institution versteht, was ihre Mitarbeiter motiviert und bindet, desto effektiver kann sie entsprechende Maßnahmen des Personalmanagements einsetzen.

Abbildung 1: Lebens- und Berufsphasen[5]

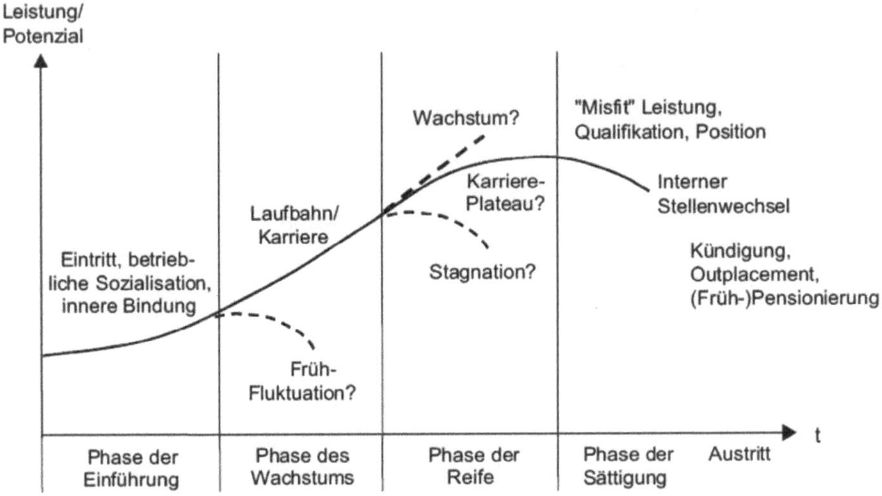

Im Folgenden sollen die einzelnen Lebens- und Berufsphasen kurz beschrieben und mögliche Instrumente des Personalmanagements vorgestellt werden.

3.2. Phase der beruflichen Einführung

In der Phase der beruflichen Einführung stehen Berufswahl, Ausbildung und Berufseinstieg im Vordergrund. Die Mitarbeiter haben ihre Erwartungen und Vorstellungen an die Arbeitsstelle, die sie während ihrer Schulzeit, Ausbildung, Praktika oder der vorherigen Arbeitsstelle entwickelt haben. Beim Eintritt in das kirchliche Unternehmen, mit der Einführung in die Arbeit und dem betrieblichen Sozialisationsprozess, nehmen die Mitarbeiter die Arbeitsstelle subjektiv wahr. Die Erlebnisse in der betrieblichen Wirklichkeit sind ausschlaggebend, ob der Mitarbeiter zufrieden ist.[6] Nur wenn die Erwartungen und die individuellen Ansprüche an die Arbeitswelt im Unternehmen von den Erlebnissen erfüllt werden, kann von einer Bindung des jeweiligen neuen Mitarbeitenden an das kirchliche Unternehmen ausgegangen werden. Wesentliche Komponenten dieser Phase sind Arbeitsinhalte, Arbeitsbedingungen, Status und Entlohnung.[7]

Eine lebenslange Bindung an eine kirchliche Einrichtung angesichts der veränderten Arbeitswelt und den Wertewandel der Mitarbeiter erscheint unrealistisch und kann nicht als eigentliches Ziel der Mitarbeiterbindung in dieser Lebens- und

5 Graf (2009): S. 143.
6 Zölch/Mücke/Graf/Schilling (2009): S. 206 f.
7 Bröckermann/Pepels (2004): S. 55 f.

Berufsphase angesehen werden. Ein (ein- oder mehrmaliger) Stellenwechsel ist für viele Menschen erstrebenswert, da so wichtige Kompetenzen wie z. B. Flexibilität, breiterer Erfahrungsschatz, Kreativität, Innovation, Selbstorganisation etc. aufgebaut werden können.

Ein Personalmanagement muss dieser Tatsache Rechnung tragen. Gerade im Hinblick auf den starken Wettbewerb um junge, gut ausgebildete Mitarbeitende muss ein kirchliches Unternehmen auch in dieser Phase in eine Mitarbeiterbindung investieren.

Dem Caritasverband bietet sich hierbei der Einbezug von Mitgliedsunternehmen als mögliche Alternative für einen wechselwilligen Mitarbeitenden der Caritas-Familie an.

Darüber hinaus sollte der Stellenwechsel so gestaltet sein, dass eine Rückkehroption und Entwicklung im DiCV eröffnet wird. Auf diesem Wege könnte der DiCV von den neu aufgebauten Kompetenzen bei der Rückkehr profitieren.[8]

Mögliche Personalmanagementinstrumente in der Einführungsphase sind:

Einführungsphase	Einarbeitung und Betreuung: • Präsent und Karte bei Antritt der Arbeitsstelle • Einarbeitungsplan/Einführungsprogramme für Kompetenzerwerb • Willkommenstage für neue Mitarbeiter (Vorstellung des Verbandes, Begrüßung durch Vorstand und Mitarbeitervertretung, Knüpfen von Netzwerken, Vorstellung und Rundgang durch Geschäftsstelle, Schulung zu MitarbeiterInnengespräch) • Transparente Informations- und Kommunikationsprozesse durch Intranet, Mitarbeiterzeitschrift „Caritas Direkt“ • Teilnahme an Angeboten (Gottesdienste, Betriebsausflug…) Förderung/Entwicklung: • Beratungs- und Fördergespräche (Abgleich der Unternehmens- und Mitarbeitervorstellungen, Vorzeigen von Möglichkeiten/Perspektiven) • Fähigkeiten austesten (Projektarbeit, Führungs-, Fachaufgaben übertragen) • Berufsbegleitendes Studium • Entwicklungsvereinbarung • Caritas Bildungsportal „QualiNet“

Abbildung 2: Instrumente in der Einführungsphase

3.3. Phase des Wachstums und Phase der Reife

Nach einem gewissen Zeitraum der Sammlung von Erfahrungen folgen die Phase des Wachstums und die Phase der Reife. In diesen beiden Phasen, bei denen die Mitarbeitenden in die sie betreffenden Aufgaben eingearbeitet sind und eine ge-

8 Bröckermann/Pepels (2004): S. 359.

wisse Routine bekommen haben, sind Tätigkeiten, die Spielraum schaffen sowie Sinn und Spaß vermitteln, wichtige Perspektiven.

Die Phase des Wachstums (ca. 30-39 jährige) ist durch Professionalisierung gekennzeichnet: Fähigkeiten werden vertieft und weiterentwickelt, Abläufe werden rationalisiert und Zugänge zu Informationsquellen und Schaltstellen der Unternehmenspolitik ausgebaut.[9] In dieser Phase ist es wichtig, dass den Mitarbeitenden neue Herausforderungen angeboten werden. Dies wird durch Umstiegs- und schließlich durch Aufstiegsarbeitsplätze ermöglicht.[10]

Diese Berufsphase muss im Verhältnis zu der jeweiligen Lebensphase der in der kirchlichen Institution tätigen Menschen gesehen werden.

- Die Vereinbarkeit von Familie und Beruf führt zu unterschiedlichen Bedürfnissen in der Arbeitswelt von Frauen und Männern. Bei Doppelverdienern ergibt sich häufig eine Anfrage an den Arbeitgeber zur Flexibilisierung der Arbeitszeiten, um Kindererziehung und Beruf zu verbinden. Hierbei sind zunehmend auch „Vätermonate des Elterngeldes"[11] zu berücksichtigen. Insbesondere Alleinerziehende mit kleinen Kindern oder Beschäftigte mit pflegebedürftigen Verwandten haben das Bedürfnis zeitlich und örtlich flexibel zu arbeiten.
- Andererseits gibt es Singles oder Mitarbeiter ohne Kinderwunsch mit beruflichen Entwicklungswünschen.

All diese Lebensereignisse können größere Einschnitte in der persönlichen und beruflichen Entwicklung beim Mitarbeiter auslösen. Für kirchliche Einrichtungen ist es wichtig und aus christlicher Grundüberzeugung Aufgabe, dazu beizutragen, betriebliche Belange und individuelle Herausforderungen auszubalancieren, um das Potenzial aller Mitarbeiter zu erhalten und in der jeweiligen kirchlichen Einrichtung oder Institution zu halten.

9 Zölch/Mücke/Graf/Schilling (2009): S. 212.
10 Brandenburg/Domschke (2007): S. 139.
11 Althauser/Schmitz/Venema (2008): S. 94.

Instrumente in der Wachstumsphase sind:

Wachstumsphase	Stellenwert liegt bei der Arbeit und Karriere: • Übertragung höherwertiger Aufgaben mit mehr Verantwortung, Erweiterung der Tätigkeitsfelder • Hospitationsprogramm für neue Führungskräfte (2. + 3. Führungsebene) • Regelmäßige Karriere- u. Laufbahnplanung, Feedback geben • Mitgliedschaft in High-Potential-Pools/Expertengruppen • Berufsbegleitendes Studium Stellenwert liegt bei Vereinbarkeit von Familie und Beruf: • Wertschätzung und Unterstützung • Zeitlich und örtlich flexible Arbeitsplätze/Freistellung • Familienunterstützende Maßnahmen: Home-Office, Teilzeitarbeit • Fördermaßnahmen abgestimmt auf die zur Verfügung stehende Zeitressourcen • Chancengerechtigkeit zu Vollzeit, Karriereentwicklung trotz zeitlich u. örtlich flexibler Arbeitsgestaltung, Laufbahnberatung Entscheidung für Elternzeit und familienbedingte Beurlaubung: • Absprache mit Mitarbeiter, ob Perspektive auf Wiedereinstieg besteht • Kontakt halten während Beschäftigungspause • Weiterentwicklungsangebote mitteilen • Einstiegsprogramme nach Familienpause

Abbildung 3: Instrumente in der Wachstumsphase

In der Phase der Reife (ca. 40 - 49 jährige) findet man bei vielen Beschäftigten oft Anzeichen für nachlassende Motivation.

Diese rührt daher, dass viele Beschäftigte ihre letzte Karrierestufe bereits erreicht haben, jedoch noch circa zwanzig Berufsjahre vor ihnen liegen und sie keine beruflichen Perspektiven mehr sehen.[12] Die Mitarbeiter kennen ihre Aufgaben und erfüllen die Anforderungen vollständig, so dass keine oder nur noch geringe Lernchancen und Herausforderungen bestehen.[13]

Aufgabe des Personalmanagements ist es, dem Wunsch qualifizierter Kräfte nach beruflichen Herausforderungen zu entsprechen. Auch hier sind Aufstiegsarbeitsplätze ein wichtiger Ansatzpunkt.[14]

In der heutigen Zeit ist auch dieser Lebensabschnitt häufig durch Umbrüche gekennzeichnet. Durch den gesellschaftlichen Wertewandel, der sich z. B. durch Instabilität von Paarbeziehungen und den damit einhergehenden Alleinerziehenden, Patchworkfamilien sowie kleinen Kindern im fortgeschrittenen Alter zeigt, entstehen veränderte Rahmenbedingungen und Bedürfnisse. Die Instrumente der

12 Flato/Reinbold-Scheible (2008): S. 142.
13 Zölch/Mücke/Graf/Schilling (2009): S. 212.
14 Brandenburg/Domschke (2007): S. 139.

Wachstumsphase müssen auch spezifische Lebenssituationen (z. B. späte Elternschaft) berücksichtigen.

Mögliche Instrumente in der Phase der Reife:

Reifephase	Standortbestimmung und Aufstieg: • Laufbahnberatung, Aufbaustudium • Förderung horizontaler Karriereschritte (Fachbereichsleiter, Referent, Teamleiter, Projektmitarbeiter, Manager) • Arbeitsplätze und Aufgabenspektrum anpassen • Mitarbeit bei Gremien, Qualitätszirkeln, High-Potential-Pools, Expertengruppen • Einbindung der Mitarbeiter in Überlegungen zu Weiterbildung, Karriere und Wissensbewahrung, insbesondere Bewältigung der Pensionswelle • Paten- und Mentorenmodelle

Abbildung 4: Instrumente in der Phase der Reife

3.4. Phase der Sättigung

In der Phase der Sättigung, die zum Berufsaustritt und Renteneintritt führt, sind andere Ziele des Personalmanagements als in den anderen Phasen zu verfolgen.

Die Bereitschaft zu einem Stellenwechsel nimmt mit dem Lebensalter ab. Bis zum 40. Lebensjahr besteht ein häufiger Arbeitswechsel, der dann relativ deutlich abnimmt und bei Beschäftigten über 50 Jahren gegen Null tendiert.[15]

Dies lässt sich aus Mitarbeitersicht dadurch begründen, dass ein Arbeitsplatzwechsel mit einem Verlust an Ansprüchen verbunden ist, der in einer neuen Stellung schwer ausgeglichen werden kann.[16] Auch aus Unternehmenssicht werden bevorzugt jüngere Mitarbeiter eingestellt. Für die Generation 50 plus gibt es aktuell keinen großen Arbeitsmarkt.

Der Erfahrungsschatz dieser Beschäftigten ist regelmäßig sehr hoch. In der späten Berufsphase kann vielmehr das Problem auftreten, dass persönliche Qualifikationen abnehmen bzw. veralten.[17] Die Leistungsfähigkeit älterer Beschäftigter ist individuell sehr unterschiedlich. Sie muss auch in geistige und körperliche Leistungsfähigkeit unterschieden werden.

Erstere hängt vor allem davon ab, ob die entsprechende Person es gewohnt ist, stetig dazuzulernen und weniger vom biologischen Alter. Die körperliche Leistungsfähigkeit hingegen sinkt ab einem bestimmten Alter.[18]

Es ist in dieser Phase demnach von Bedeutung, die Mitarbeitenden bis zum Renteneintritt leistungsfähig und lernbereit zu halten und die Arbeitsbedingungen sowie das Arbeitsumfeld zu verbessern, um bspw. häufig auftretenden Krankheiten

15 Brandenburg/Domschke (2007): S. 155.
16 Brandenburg/Domschke (2007): S. 155.
17 Zölch/Mücke/Graf/Schilling (2009): S. 207.
18 Deller/Kern/Hausmann/Diederichs (2008): S. 46.

vorzubeugen und Fehlbelastungen zu vermeiden. Den Mitarbeitern muss ein Zugang zu Beschäftigungen ermöglicht werden, die ihren Fähigkeiten, Erfahrungen und Qualifikationen Rechnung tragen, und auch Weiterbildung angeboten werden.

Aus christlicher Grundüberzeugung und betriebswirtschaftlicher Vernunft gilt es, diesen Beschäftigten Wertschätzung zu vermitteln und so Ausgrenzung und Resignation vorzubeugen. Ein wichtiger Aspekt ist in dieser Phase der systematische Wissenstransfer und der intergenerative Austausch von erfahrenen und jüngeren Mitarbeitern, um möglichst viel Erfahrung und Wissen im Unternehmen auch nach dem Ausscheiden der Mitarbeitenden zu binden.

Ergänzend kann an eine flexible Weiterbeschäftigung im Rentenalter gedacht werden, um zum einen erfahrene Kräfte ohne Einarbeitszeit in Arbeitsspitzen einsetzen zu können und zum anderen den Übergang zwischen den Generationen flexibler zu gestalten.[19]

Mögliche Instrumente in der Phase der Sättigung:

Sättigungsphase	Nachfolgeplanung und Wissenstransfer: • Zuweisung neuer Position (Pate, Mentor, Lehrer, Senior-Experte) • Berücksichtigung des Leistungswandels im Erwerbsverlauf, Arbeitsplätze anpassen, Umschulung, Stellenwechsel (intern/extern) • Gezielte Qualifizierung Älterer für neue Verfahren, Altersgerechte Fördermaßnahmen (Praxisbezug, individuelle Ausrichtung der Lernzeit/-geschwindigkeit) • Bildung von Projektgruppen zum Thema Wissensbewahrung und -transfer, Bewältigung der Pensionswelle (Wissenslandkarten, Dokumentationen, Mitarbeitervorträge zu Erfahrungen, erfolgreichen Projekten etc.) • Laufbahnen früher an Nachfolger abgegeben, Stellvertretungsplanung • Altersteilzeit, Arbeitszeitverkürzungen, Rückkehrkonzepte • Auszeit für Erholung und Besinnung (Gewährung von bis zu drei bezahlten Arbeitsbefreiungen für z. B. Exerzitien)

Abbildung 5: Instrumente in der Phase der Sättigung

Neben den zuvor genannten Instrumenten gibt es Maßnahmen, die auf alle Mitarbeiter im Unternehmen unabhängig ihrer Lebens- und Berufsposition anzuwenden sind. Mitarbeiter, die weder motiviert noch bereit sind, sich mit ihrer Leistungsfähigkeit auseinander zusetzen, lassen sich auch durch die Anwendung irgendwelcher Instrumente nicht dazu bewegen. Die Unternehmenskultur beeinflusst maßgeblich das Denken und Handeln von Mitarbeitern, da sie die Werteebene des Unternehmens darstellt. Sie hat sich im Laufe der Zeit entwickelt und ist für sich mit all ihren Eigenarten und Ausprägungen gewachsen. Definierte und gelebte Werte und Normen haben eine Leit- und Orientierungsfunktion, geben Hinweise auf die Unternehmensziele und schaffen ein Gefühl der Geborgenheit. Welches Mitarbeiterbild im Unternehmen besteht, ob Mitarbeiter als wichtige Unternehmensressourcen erachtet werden, ob ältere Mitarbeiter eingestellt werden und wie mit ihnen umgegangen wird, ist eine Frage der Unternehmenskultur.

19 Deller/Kern/Hausmann/Diederichs (2008): S. 9-11.

Folgende Instrumente gilt es über alle Phasen hinweg einzusetzen:

- glaubhafte und vertrauensvolle Unternehmenskultur
- offene Kommunikation
- Führungskräftesensibilisierung und Führungsleitlinien „Unser Miteinander" (Vorbildverhalten, positive Team-Atmosphäre, Betreuung, Beratung, Wertschätzung)
- Aufklärung & Sensibilisierung der Belegschaft bzgl. alternder Belegschaften, Notwendigkeit lebenslangen Lernens
- Förderung der Selbstentwicklung (PE 2000, Wissensdatenbank, Zeitschriftenbibliothek, Fach- und Kommentarliteratur)
- Verbindlichkeit von Zielvereinbarungen und Vereinbarung von individuellen Entwicklungsprogrammen
- Altersgemischte Teams
- Unterstützung in Krisenzeiten
- Maßnahmen der Gesundheitsförderung: Programme zur Förderung der körperlichen Aktivität, Suchtberatung, gesundheitsfördernde Arbeitsplatzgestaltung

Abbildung 6: Instrumente aller Phasen

4. Personalmanagement aus Sicht des Managements

Im folgenden Kapitel wird Personalmanagement aus Sicht des normativen, strategischen und operativen Managements der kirchlichen Einrichtung am Beispiel des DiCV dargestellt.

4.1. Normatives Personalmanagement

Die normative Managementebene hat die Aufgabe, über gemeinschaftlich geteilte Visionen eine Orientierung nach innen und außen anzubieten.

Diese ist im Beispiel des DiCV in der Satzung formuliert und bringt die langfristige Ausrichtung des DiCV auf den Punkt:

> "Caritas als Erfüllung des Liebesgebotes Christi gehört zusammen mit Verkündigung und Gottesdienst zum Auftrag und zu den unverzichtbaren Lebensäußerungen der Kirche…"[20]

20 "Caritas als Erfüllung des Liebesgebotes Christi gehört zusammen mit Verkündigung und Gottesdienst zum Auftrag und zu den unverzichtbaren Lebensäußerungen der Kirche.
Im Sinne dieses im Evangelium begründeten Auftrages wendet sich die Kirche mit ihren karitativen Werken helfend den Menschen in leiblicher und seelischer Not und in sozial ungerechten Verhältnissen zu.
Dabei ist Caritas zunächst persönliche Aufgabe eines jeden Christen, aber auch Aufgabe einer jeden christlichen Gemeinschaft und Gemeinde sowie Aufgabe der ganzen Diözese. Dieser Aufgabe gilt die besondere Sorge des Bischofs. Daher steht der Caritasverband unter dem Schutz und der Aufsicht des Bischofs von Rottenburg-Stuttgart. Er wirkt in seinem Auftrag in Kirche, Staat und Gesellschaft.".

Sie ist von allen Mitgliedern als gemeinsamer Auftrag anerkannt und von den entsprechenden Gremien verabschiedet.

Die Satzung wurde ergänzt um das Leitbild der Mitarbeiterinnen und Mitarbeiter, die ebenfalls als Handlungsgrundlage für die gemeinsame Arbeit der Mitglieder und Einrichtungen dient.

Aus diesem Grundverständnis heraus ist die Würde des Menschen ein leitendes Motiv der Arbeit des DiCV.

Die Würde eines jeden Menschen gründet in seiner Gottebenbildlichkeit. Als Geschöpf Gottes ist er in seiner Lebensgeschichte zu verantworteter Freiheit berufen, die in allen Lebensbereichen auf die Bewahrung und Behütung des menschenwürdigen Lebens aller zielt.

Daher besitzen für die caritasspezifische Personalpolitik eine besondere Relevanz obige Werte:

- zum christlichen Menschenbild,
- zum Verständnis menschlicher Arbeit sowie
- zur Gemeinschaft im Dienste der Kirche.

Die Personalpolitik der Caritas darf daher die Arbeitsverhältnisse nicht allein unter ökonomisch-instrumentellen Gesichtspunkten gestalten.

Personalpolitik der Caritas verfolgt das Ziel, dass die oben beschriebenen Werte einen Einfluss auf das Tagesgeschäft bzw. die laufenden Managemententscheidungen haben und einen Rahmen zu setzen, der es den Mitarbeitenden ermöglicht diese Grundberufung in ihrer konkreten Arbeit zu entfalten.

Dazu gehört, dass wichtige strategische Entscheidungen von den jeweiligen Entscheidungsträgern gegen diese Grundwerte geprüft werden. Auch sollen konkrete Aktivitäten und Maßnahmen definiert werden, die die Umsetzung der Werte im Organisationsalltag gewährleisten sollen.

4.2. Strategisches Personalmanagement

Das strategische Management eines Unternehmens stellt das Bindeglied zwischen normativem und operativem Management dar. Das „Leitbild der Mitarbeiterinnen und Mitarbeiter" und die daraus abgeleiteten strategischen Zielsetzungen sowie die definierten Grundwerte stellen damit die Richtschnur für das längerfristig strategische und das kurzfristig operative Handeln dar. Das strategische Personalmanagement stellt somit den Rahmen und die Orientierung für die operativen Maßnahmen dar und bindet diese an die normativen Vorgaben.

Ansätze eines strategischen Personalmanagements sollen im Folgenden an Hand von zwei Beispielen aus dem DiCV erläutert werden:

- Strategisch ausgerichtete Personalentwicklung
- Strategische Personalbindung und -gewinnung

Das Handlungsfeld der Personalentwicklung hat beim DiCV in den vergangenen Jahren eine strategische Bedeutung erlangt. Das Rahmenkonzept zur Personalentwicklung bildet die „PE 2000 – Strategieunterstützende und personenzentrierte Entwicklungsarbeit im DiCV". Diese ist in drei Hauptteile gegliedert:

- Grundlagen der Personalentwicklung im DiCV
- Personalentwicklung in der Praxis
- Personalentwicklung als Kooperationsaufgabe

Bausteine zu diesem Konzept bilden z. B.

- „Das MitarbeiterInnengespräch",
- „Fördermaßnahmen,
- „Fort- und Weiterbildung",
- „Familie und Beruf - Kontaktprogramm" und
- „Spiritualität".

Auf strategischer Ebene verbindet die Personalentwicklung eine an den Lebens- und Berufsphasen orientierte Fort- und Weiterbildung mit den strategischen Anforderungen, Zielen und Bedürfnissen des DiCV.

Das Handlungsfeld der Personalbindung und –gewinnung des DiCV wird durch eine aktuell konzipierte, strategisch ausgerichtete Kampagne des DiCV unterstützt.

Die Zielsetzung geht über kurzfristige Verbesserung von Stellenausschreibungen hinaus und setzt sich vor allem mit den Hausforderungen des demographischen Wandels, der Pluralität der Bedürfnisse der potentiellen Mitarbeiter, dem Wandel der Märkte und der Wettbewerbsfähigkeit auseinander. Die Kampagne kombiniert moderne Marketinginstrumente mit den bestehenden personalpolitischen Instrumenten und setzt sich zum Ziel, die „Marke Caritas aufzuladen" und damit bestehende und künftige Mitarbeiter zu binden. Erreicht werden soll dies auch durch eine umfassende Berücksichtigung der Zielgruppen:

- *Bestehende Mitarbeiter* sollen durch die erhöhte Kommunikation der tatsächlich vorhandenen Mehrwerte überzeugt für die Caritas sein und als Referenz nach außen auftreten
- Sich beruflich (neu) orientierende *potentielle Mitarbeiter* sollen die Marke Caritas mit ihrem positiven Image kennen lernen und als attraktiven Arbeitgeber erkennen
- *Mittler und Multiplikatoren*, wie z. B. Lehrer oder Berufsberater, sollen in die Lage versetzt werden, in ihrer Arbeit die Caritas als attraktiven Arbeitgeber weiterzuvermitteln

Insbesondere die Leitungskräfte des DiCV sind als Vertreter des Arbeitgebers wiederum gefordert, die Kampagnenbotschaften tatsächlich einzulösen und mit Leben zu erfüllen.

4.3. Operatives Personalmanagement

Normatives und strategisches Personalmanagement müssen durch entsprechende operative Maßnahmen unterstützt und umgesetzt werden.

Wesentliche Maßnahmen sind z. B. Chancengleichheit von Frauen und Männern sowie die Förderung der Vereinbarkeit von Familie und Beruf, Nachwuchskräftegewinnung und Caritas-interner Stellenmarkt sowie systematische Qualifizierung und Lernen von älteren Mitarbeitenden.

Die Chancengleichheit von Frauen und Männern sowie die Förderung der Vereinbarkeit von Familie und Beruf betreffen alle personalpolitischen Handlungsfelder des DiCV. Diese reichen von einem Kontaktprogramm in der „familienbedingten Beurlaubung“ und Wiedereingliederungshilfen, Förderungen in der „Teilzeitarbeit“ bis zu flexiblen Arbeitszeit- und Arbeitsortmodellen.

Neben einer „Dienstvereinbarung zur flexiblen Arbeitszeitgestaltung“ sollen auch „flexible Arbeitsorte“ dabei helfen, dienstliche und persönliche Interessen möglichst weit in Einklang zu bringen. Seit Ende 2008 bearbeitet der DiCV das Projekt „Mobiles Arbeiten“. Falls die Aufgaben des Mitarbeiters eine flexible Arbeitsplatzgestaltung erlauben, kann ein flexibler Arbeitsplatz (z. B. Heimarbeitsplatz, mobiler Arbeitsplatz) eingerichtet werden. Die Entscheidung über die Einrichtung erfolgt durch den zuständigen Vorgesetzten. Viele Mitarbeiter in der Geschäftsstelle und den Caritas Regionen nehmen dieses Instrument bereits wahr.

Vergleichbare Instrumente werden schwerbehinderten Mitarbeitern oder Beschäftigten die Angehörige pflegen, angeboten.

Auf diesem Wege werden qualifizierte Beschäftigte an den DiCV gebunden, ein Rahmen für effizientes Arbeiten z. B. neben den familiären Belastungen ermöglicht und insb. Frauen in Teilzeitarbeit während der Kindererziehungszeiten Entwicklungsförderungen mit Blick auf zukünftige Fach- und Führungsaufgaben im DiCV angeboten.

Der DiCV hat Instrumente entwickelt, um Nachwuchskräfte zu gewinnen und qualifizierte Kräfte langfristig im Caritasverband zu halten.

Mit dem Instrument „Projekt und Studium“ wurden gemeinsam mit der Katholischen Fachhochschule Freiburg neue Wege der Nachwuchskräftegewinnung beschritten. Zwei Hochschulabsolventen, die berufsbegleitend einen Masterabschluss im Management erwerben wollen, erhalten eine studienbegleitende Projektstelle. Dies ermöglicht einen Transfer der Studieninhalte in die Praxis und führt für den DiCV und die Studierenden zu einem Mehrwert. Gleichzeitig ermöglicht es den Studierenden, ihren Lebensunterhalt zu finanzieren. Daneben gibt es das Caritas-Master-Stipendium, mit dem auch weitere Master-Studiengänge durch eine teilweise Übernahme der Studiengebühren gefördert werden.[21] Dieses wendet sich an intern Beschäftigte des DiCV und andere Studierende. Der DiCV ermöglicht so

21 Durch das Management-Masterstudium erwerben die potenziellen zukünftigen und bestehenden Beschäftigten Kompetenzen wie Interdisziplinarität, persönliche Führungskompetenz, Prozesskompetenz und hohe Praxiskompetenz.

Entwicklungsmöglichkeiten neben der Arbeit bzw. eröffnet sich einen Pool an möglichen zukünftigen Mitarbeitenden.[22]

Auf Grund neuer Arbeitsformen und zunehmender Sozialer Arbeit in Projekten können immer mehr Stellen nur befristet besetzt werden. Der DiCV hat aus diesem Grunde mit dem Deutschen Caritasverband eine Stellenbörse entwickelt. Diese ermöglicht für Caritas-Einrichtungen eine kostenlose Veröffentlichung von Stellenanzeigen auf www.caritas-jobs.de. Personalverantwortliche können zudem aktiv im Bewerberpool recherchieren.

Ziel der Caritas ist es, alle Caritasträgerschaften zu erreichen, um einen Umschlagsplatz von Angebot und Nachfrage aus Sicht der Mitarbeiter sowie der Arbeitgeber aufzubauen, bei dem das Angebot an Stellen immer vorhanden ist. Die Jobbörse ist ein wichtiger Beitrag, leistungsfähige Mitarbeiter nicht ausschließlich beim DiCV zu halten, aber durch passende Stellen den Mitarbeiter wieder erreichen zu können.

Ein weiterer Baustein des operativen Personalmanagements stellt die Mitarbeiterentwicklung und Qualifizierung dar.

Im Personalentwicklungskonzept „PE 2000" nehmen das Mitarbeitergespräch mit Zielvereinbarung, Auswertung der Zielerreichung und zukünftiger Förderung der Mitarbeiter einen zentralen Stellenwert ein. Diese Maßnahmen dienen dem Erreichen von verbandlichen und persönlichen Zielen. Mitarbeitergespräche sind ein erfolgreiches und wirkungsvolles Instrument der Personalentwicklung, da sie auf den Dialog und die vertrauensvolle Zusammenarbeit zwischen Vorgesetzten und Mitarbeitern bauen. Strategieunterstützende und personenzentrierte Entwicklung greifen im Mitarbeitergespräch ineinander.

Hierzu wurde u.a. das Bildungsportal des DiCV „QualiNet" als ein freiwilliger Zusammenschluss von Trägern mit Caritas-spezifischen Bildungsangeboten aufgebaut. Die Mitglieder dieses diözesanen Netzwerkes sind derzeit der DiCV, der Caritasverband für Stuttgart e.V., das Institut für Angewandte Forschung, Entwicklung und Weiterbildung (IAF), die Paul Wilhelm von Keppler-Stiftung, die Stiftung Haus Lindenhof und das Zentrum „Tabor" für karitativ-diakonische Spiritualität, eine Einrichtung des DiCV und der Franziskanerinnen von Reute. Gemeinsam entwickeln sie werte- und qualitätsorientierte Fort- und Weiterbildungen.

Beim DiCV besteht noch Handlungsbedarf in der Sensibilisierung zum Thema demographischer Wandel. Die Leistungsfähigkeit Älterer muss in das Bewusstsein der Mitarbeiter gelangen. Themen wie Wissensbewahrung und -transfer sind mit Blick auf die Bewältigung der Pensionswelle stärker in den Fokus zu rücken. Entsprechend der Kampagne 2010 des deutschen Caritasverbandes mit dem Thema „Experten fürs Leben" könnte das Thema „alternde Belegschaften" ebenfalls einen Themenschwerpunkt finden. Bei dieser Kampagne ruft die Caritas zur Solidarität

22 Der DiCV verzichtet bewusst auf eine vertragliche Anschlussverpflichtung der Studenten, wodurch es zu Abgängen zu anderen Organisationen kommen kann. Der DiCV legt aber Wert darauf, dass zukünftige Mitarbeitende aus freien Stücken im Verband arbeiten wollen.

zwischen den Generationen auf. Im Mittelpunkt der Kampagne stehen das Expertenwissen und die Lebenserfahrung älterer Menschen. Mögliche Instrumente für den DiCV könnten sein:

- Projektgruppen zum Thema Wissensbewahrung und -transfer
- Gezielter Übergabe von Aufgaben an Nachfolger
- Entwicklung von neuen Rollen für ältere Beschäftigte wie z. B. Pate, Mentor, Lehrer, Senior-Experte

Diese hier aufgeführten beispielhaften Maßnahmen und Bausteine berücksichtigen die jeweiligen Lebens- und Berufsphasen der Beschäftigten des DiCV und fügen sich in den Rahmen des normativen und strategischen Personalmanagements des DiCV ein. Auf diesem Wege können den Beschäftigten geeignete Angebote unterbreitet und die unternehmerischen Ziele des DiCV optimal unterstützt werden.

5. Fazit und Schlussbemerkung

Kirchen und kirchliche Einrichtungen benötigen ein modernes Personalmanagement, um mit Hilfe ihrer Beschäftigten ihren christlichen Auftrag optimal erfüllen zu können. Dies gilt um so mehr angesichts der demographischen Entwicklung und absehbarer Engpässe an qualifiziertem Personal.

Neben den Faktoren Einsatzbereitschaft, Motivation, Leistungspotenzial, Loyalität und Fachwissen muss ein Personalmanagement die Voraussetzungen für eine Mitarbeiterbindung und Arbeitgeberattraktivität in den Blick nehmen.

Personalmanagement muss daher in ein normatives und strategisches Management eingebunden und auf die Lebens- und Berufsphasen der Mitarbeitenden zugeschnitten werden.

Der DiCV bietet hierzu wertvolle Beispiele, die in vergleichbarer Form nicht nur von anderen Trägern der Sozialwirtschaft, sondern auch der verfassten Kirche übernommen werden können.

Literaturverzeichnis

Althauser, U./Schmitz, M./Venema, C. (2008): Demografie – Engpass Personal. Antworten, Strategien und Konzepte im Umgang mit knappen Ressourcen. Köln, Luchterhand Verlag.

Brandenburg, U./Domschke, J.-P. (2007): Die Zukunft sieht alt aus. Herausforderungen des demografischen Wandels für das Personalmanagement. Wiesbaden, Gabler Verlag.

Bröckermann, R./Pepels, W. (2004): Personalbindung. Wettbewerbsvorteile durch strategisches Human Resource Management. Berlin, Erich Schmidt Verlag.

Deller, J./Kern, S./Hausmann, E./Diederichs, Y. (2008): Personalmanagement im demografischen Wandel. Ein Handbuch für den Veränderungsprozess. Heidelberg, Springer Verlag.

Flato, E./Reinbold-Scheible, S. (2008): Zukunftsweisendes Personalmanagement. Herausforderung demografischer Wandel. Fachkräfte gewinnen, Talente halten, Erfahrungen nutzen. München, mi-Fachverlag.

Graf, A. (2009): Lebenszyklusorientierte Personalentwicklung. Handlungsfelder und Maßnahmen, in: Moderne Personalentwicklung. Mitarbeiterpotenziale erkennen, entwickeln und fördern. 3. Auflage, Wiesbaden, (Hrsg.) Thom, N./Zaugg, R., Gabler Verlag.

Länge, T. W./Menke, B. (2007): Generation 40 plus. Demografischer Wandel und Anforderungen an die Arbeitswelt. Bielefeld, W. Bertelsmann Verlag.

Zölch, M/ Mücke, A./ Graf, A./ Schilling, A. (2009): Fit für den demografischen Wandel? Ergebnisse, Instrumente, Ansätze guter Praxis. Göttingen, Haupt Berne Verlag.

Der Kirchenkompass

Ralph Hartmann

1. Zusammenfassung

Der Kirchenkompass ist ein Instrument der Organisationsentwicklung für alle Ebenen der evangelischen Landeskirche in Baden.

Mithilfe des Kirchenkompasses verständigen sich Leitungsgremien über strategische Schwerpunkte, Ziele und konkrete Maßnahmen zu deren Umsetzung. Strategische Entscheidungen werden explizit getroffen und an den biblischen Auftrag rückgebunden. Die Leitungsarbeit in kirchlichen Gremien wird professionalisiert, durch den Einsatz des gleichen Instrumentes der Organisationsentwicklung auf allen Ebenen der Landeskirche wird die vertikale (z. B. Visitationen) und horizontale (z. B. Kooperationen) Kommunikation gefördert. Ausgangspunkt sind die vier biblischen Leitbilder der Landeskirche, als Grundlage zur jeweiligen Ableitung des biblischen Auftrages.

Eine besondere Stärke des Kirchenkompasses ist seine Zeiteffizienz. Auf Gemeindeebene haben Kirchengemeinderäte nach 1.5 Tagen ihre Ziele mitsamt Maßnahmenplanung für die ersten Schritte zu deren Umsetzung erarbeitet. Der Kirchenkompass setzt auf einen kontinuierlichen Lernprozess und entlastet von dem unerfüllbaren Anspruch konzeptioneller Vollständigkeit.

2. Anstoß der Landessynode

Insbesondere die ehrenamtlichen Mitglieder von Synoden und Leitungsgremien verlangen ein Instrument zur partizipativen und transparenten Planung kirchlicher Arbeit und Ressourcen.

Die gemeinsame Leitungsverantwortung Haupt– und Ehrenamtlicher soll gestärkt werden. Im Jahre 2004 beginnt der Kirchenkompass in der Landessynode mit einem ekklesiologischen Diskurs über die biblischen Leitbilder kirchlicher Arbeit und einer gemeinsamen Analyse gegenwärtigen Stärken, Schwächen und Herausforderungen für die badische Landeskirche. Nach verschiedenen Konsultationen im Zusammenspiel aller vier kirchenleitenden badischen Gremien verabschiedet die Landessynode im Frühjahr 2007 sechs strategische Schwerpunktziele und beauftragt den Ev. Oberkirchenrat mit der Konzeption von Projekten zur Umsetzung dieser Schwerpunktziele. Ein Jahr später werden durch die Landessynode sieben landeskirchliche „Kirchenkompass-Projekte“ auf den Weg gebracht.

Abbildung 1: Organigramm Kirchenkompass

Das Projekt „Gemeinde leiten und entwickeln mit dem Kirchenkompass" wird mit dem Ziel aufgelegt, Kirchenbezirken ("Dekanaten"), Kirchengemeinden und anderen landeskirchlichen Diensten und Einrichtungen die Methode des Kirchenkompasses anzubieten. Prozessmoderatorinnen und –moderatoren werden für die Begleitung der Prozesse ausgebildet, die Gemeindeberatung der Landeskirche wird eingebunden. Ein Kirchenkompass-Fonds von 1 Million Euro steht zur Unterstützung strategischer Kirchenkompass-Projekte der Kirchenbezirke und Kirchengemeinden zur Verfügung.

2.1. Eine badische Erfolgsgeschichte

Bereits zwei Jahre nach Beginn des Projektes „Gemeinde leiten und entwickeln mit dem Kirchenkompass" haben fast 100 Kirchengemeinden (ca. 15 % der Gesamtzahl), 12 Kirchenbezirke (50 % der Gesamtzahl) und einige landeskirchliche Einrichtungen das feiwillige Angebot genutzt und einen Kirchenkompass-Prozess begonnen. Damit sind die Zielvorgaben des Projektes weit überschritten.

Insbesondere im Zusammenspiel mit den Visitationen bewährt sich der Kirchenkompass.

Bereits seit mehr als 10 Jahren werden in den Visitationen der Kirchengemeinden und Kirchenbezirke Zielvereinbarungen geschlossen. Die Vorbereitung und der Abschluss dieser Zielvereinbarungen werden durch den Kirchenkompass wesentlich erleichtert, die Ziele werden profilierter und schärfer, ihr Zustandekommen transparenter.

2.2. Die Grundstruktur des Kirchenkompasses

Abbildung 2: Die Grundstruktur des Kirchenkompasses

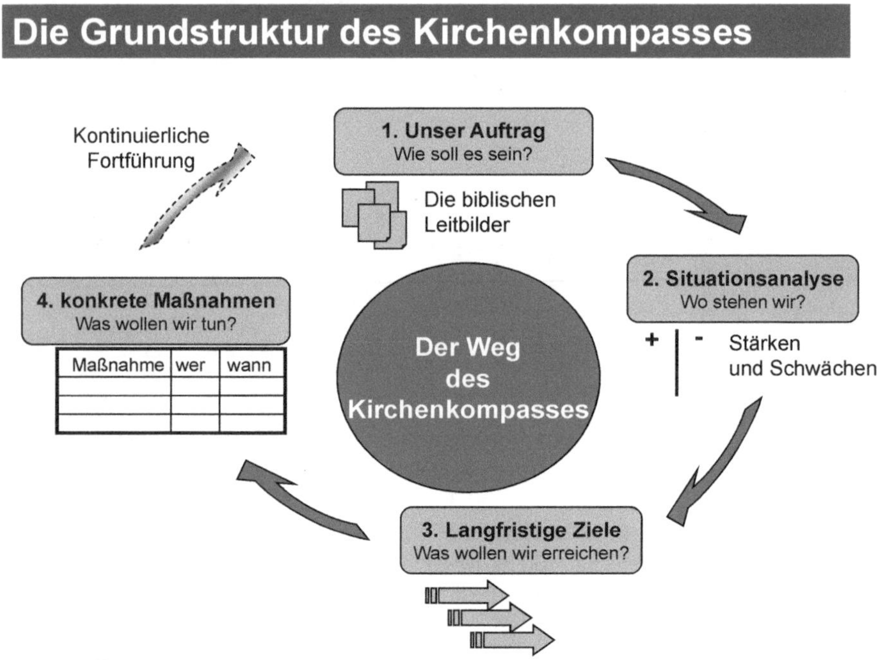

3. Der Kirchenkompass ist evangelisch

Abbildung 3: Biblische Leitbilder

Ausgangspunkt der strategischen Planung ist die Arbeit mit den vier biblischen Leitbildern der Landeskirche. Sie stehen für die Auftragsperspektive kirchlichen Handelns. Kirche ist eine Organisation, die sich ihre Zweckbestimmung nicht selbst gibt, wie das Vereine in ihren Satzungen oder Unternehmen in der Formulierung ihrer „Mission" tun. Kirche findet ihre Auftragsbeschreibung im Evangelium Jesu Christi. Kirchliche Leitung ist nichts anderes als die Verständigung über den konkreten, von Jesus Christus durch das Evangelium gegebenen Auftrag zu einer bestimmten Zeit an einem bestimmten Ort. Somit hat kirchliche Leitungsarbeit eine analoge Struktur zur pastoralen Predigtarbeit. Sie ist ein Verständigungsprozess über die biblische Botschaft mit dem Ziel, Gottes Auftrag und Willen in Zeit und Ort Wirklichkeit werden zu lassen.

Die theologische Perspektive kirchlicher Leitungsarbeit liegt in der Verantwortung aller, die in die entsprechenden Gremien berufenen oder gewählt sind.

3.1. Der 1. Schritt: Theologische Verständigung mithilfe der Leitbilder

Im ersten Schritt des Kirchenkompass-Prozesses findet die Verständigung über den biblischen Auftrag durch die Konkretionen aller vier Leitbilder statt. Um die Komplexität der biblischen Botschaft und die Vielfalt der angebotenen Bilder und Attribute von Gemeinde zugunsten der Effizienz des Strategieprozesses zu reduzieren, gibt es das Angebot dieser vier biblischen Leitbilder, die von der Landessynode verabschiedet wurden. Natürlich bildet die Auswahl dieser vier Leitbilder bereits eine Vorauswahl und setzt theologische Akzente. Allerdings wird diese Vorauswahl in der Praxis nicht als Engführung, sondern als hilfreiche Komplexitätsreduktion empfunden. Die theologische Verständigung erfolgt über die Konkretionen des biblischen Auftrages vor Ort. Dabei hat sich die Mehrperspektivität der vier Leitbilder bewährt. Die jeweiligen Leitungsgremien entscheiden sich nicht für eines der Leitbilder, sondern befragen alle vier Leitbilder nach ihrem konkreten Auftragsgehalt. Der theologische Verständigungsprozess muss der Mehrperspektivität der biblischen Botschaft entsprechen. Eine Engführung auf ein biblisches Leitbild würde eine unangemessene Fokussierung bedeuten, die der Fülle und Weite der biblischen Botschaft nicht entspricht.

3.2. Der 2. Schritt: Verständigung über die gegenwärtige Situation

Nach der Verständigung über die Auftragsperspektive erfolgt im zweiten Schritt des Kirchenkompass-Prozesses eine Verständigung über die gegenwärtige Situation.

Dem Soll-Zustand wird der Ist-Zustand gegenübergestellt.

Eine probate Variante der Situationsanalyse ist die Verständigung über eine gemeinsame „SWOT-Analyse“. Sinnvoll kann es sein, die Situationsanalyse durch einen geeigneten Input z. B. über soziodemographische Daten anzureichern.

Der theologischen Mehrperspektivität des Auftrages durch die vier biblischen Leitbilder entspricht die organisationale Mehrperspektivität der Situationsanalyse durch die Differenzierung der Ergebnisse in vier, von der Balanced Scorcard abgeleiteten Organisationsperspektiven des Kirchenkompasses (s.u.).

Der erste theologische Schritt fördert meist Themen der Zielgruppen- und Mitarbeitendenperspektive zutage, der zweite Schritt der Situationsanalyse zeigt seinerseits erfahrungsgemäß die Themen aus der Strukturen- und der Ressourcenperspektive auf.

3.3. Der 3. Schritt: Was müssen wir auf den Weg bringen - Strategische Ziele

Aus den gesammelten Erkenntnissen nehmen in einem dritten Schritt Arbeitsgruppen Priorisierungen des strategischen Entwicklungsbedarfes vor.

Die Arbeitsgruppen formulieren 2-3 strategische Ziele mit Konkretionen („Messgrößen"), die der Verständigung über die Ziele dienen. Die Konkretionen sind besonders wichtig, um eine tatsächliche Verständigung über die Ziele sicherzustellen. Gleichzeitig bieten sie Hinweise für die folgende Maßnahmenplanung.

Zusätzlich ist es hilfreich, sich auch über die Frage zu verständigen, was unverändert bleiben und wovon man sich verabschieden sollte.

Die Ergebnisse aus den Gruppenarbeiten werden im Plenum zusammengetragen, geclustert, diskutiert und priorisiert.

Am Ende dieses Arbeitsschrittes steht die Vereinbarung über eine vorher definierte Anzahl von strategischen Zielen samt Konkretionen.

4. Die kirchliche Adaption der „Balanced Scorecard"

Abbildung 4: Balanced Scorcard

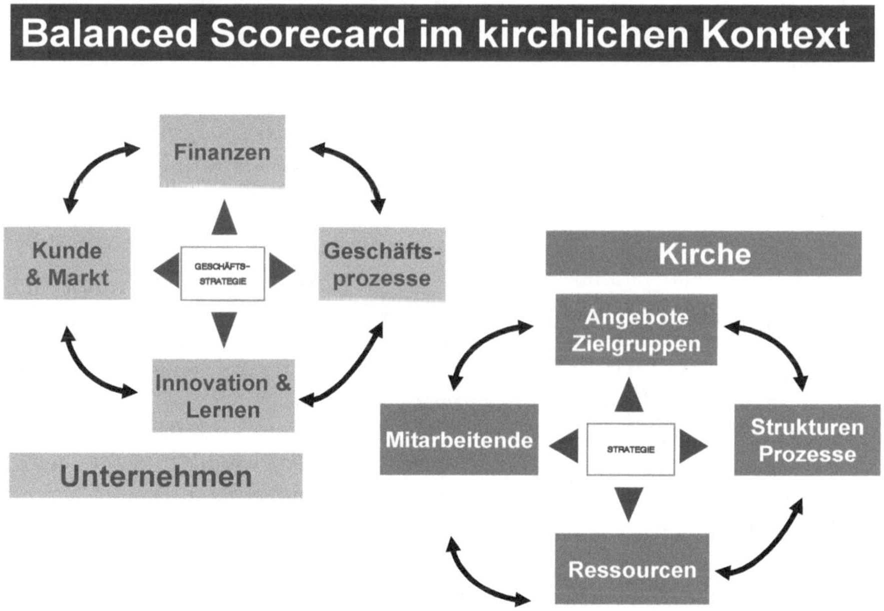

Als geeignetes Instrument der strategischen Entwicklung wurde die „Balanced Scorecard" (BSC) identifiziert und in ihren Perspektiven an die kirchliche Situation angepasst.

Die Anpassung zeigt sich v.a. in der Einführung der „Mitarbeitendenperspektive". Mitarbeitende sind im kirchlichen Kontext nicht nur eine Ressource, sondern eine eigene theologische Dimension des Gemeindelebens.

4.1. Kirchenkompass als Lernprozess

Abbildung 5: Struktur Kirchenkompass

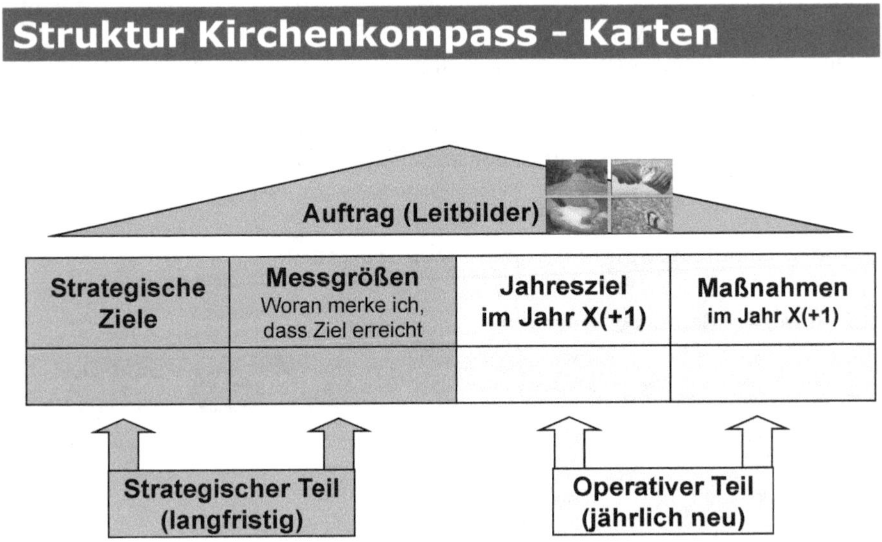

Die langfristigen, strategischen Ziele werden für einen Zeitraum von 4-5 Jahren definiert. Die operativen Ziele und Maßnahmen werden jahresweise definiert und geplant. Auf einem jährlichen Strategieworkshop werden die operativen Jahresziele und die geplanten Maßnahmen evaluiert, die langfristige strategische Ausrichtung überprüft und daraufhin die operative Planung für das kommende Jahr bis hin zur konkreten Maßnahmenplanung vereinbart.

Durch die jahresweise Evaluation und Planung wird ein Lernprozess vollzogen, der theologisch geboten ist, einen kontinuierlichen Abgleich mit dem Möglichen und Machbaren und eine angemessene Reaktion auf unvorhergesehene Chancen und Notwendigkeiten erlaubt.

4.2. „Harte Tools weich nutzen"

Abbildung 6: Harte Tools weich nutzen

Harte Tools weich nutzen -
Beispiele für Ziele und Messgrößen

Strategische Ziele	Messgrößen „Woran können wir merken, dass das Ziel erreicht ist ..."
Junge Familien sind selbstverständlicher Teil des Gemeindelebens	• Kinderwagen im Gottesdienst • Viele Kinder im Kindergottesdienst – TN > 10 • Entsprechende Lieder, Themen, Medien im Gottesdienst • Gut besuchte Familiengottesdienste (> 100) 8xJahr • 50% Gemeindeveranstaltungen mit Kinderbetreuung
Unsere Angebote sind abgestimmt und zielgruppenorientiert veröffentlicht	• Jährliche Jahresplanungskonferenz Gesamtgemeinde • Auswertung Sinus-Milieustudie mit alle Gemeindegruppen • Darstellungen Schaukästen, Homepage, Gemeindebrief sind aktuell und ansprechend • Zielgruppenorientierte Datenbank (incl. EMail) mit Interessensmerkmalen • regelmäßiger zielgruppenorientierte Newsletter

BSC als Instrument zur Verständigung

Die konkrete Verständigung über die strategischen Ziele erfolgt durch die Definition von „Messgrößen". Das Moment der „Messbarkeit" kirchlicher Arbeit stößt vielerorts auf Widerstand, insbesondere dann, wenn die quantifizierten Messgrößen eingefordert werden.

Wir verstehen den Kirchenkompass als Verständigungsinstrument und nicht als Instrument des Controllings. Dieses Verständnis erlaubt weichere Messgrößen, die wir im gemeindlichen Kontext i.d.R. als „Konkretionen" bezeichnen.

5. Umsetzung – Maßnahmenplanung

Die Planung und Festschreibung konkreter Maßnahmen sorgt im vierten Schritt für Verbindlichkeit und für eine strukturelle Weiterentwicklung der Leitungsfunktionen. Meist werden Arbeitsgruppen oder Ausschüsse für die Umsetzung der Maßnahmen gebildet, die durch die Kirchenkompass - Planung mit einem klaren Auftrag und einem vereinbarten Kompetenzrahmen versehen sind. Insbesondere auf

Gemeindebene bewirkt diese Differenzierung der Leitungsarbeit eine höhere Motivation der Beteiligten durch schnellere Umsetzungsergebnisse. Weil nicht mehr „alle über alles reden" stellen gemeindliche Leitungsgremien eine spürbare Entlastung fest. Die Gremienarbeit wird professioneller, strukturierter und übersichtlicher wahrgenommen.

5.1. Kirchenbezirke (Dekanate) formieren sich als Planungs- und Gestaltungsraum

Abbildung 7: Prozessstruktur

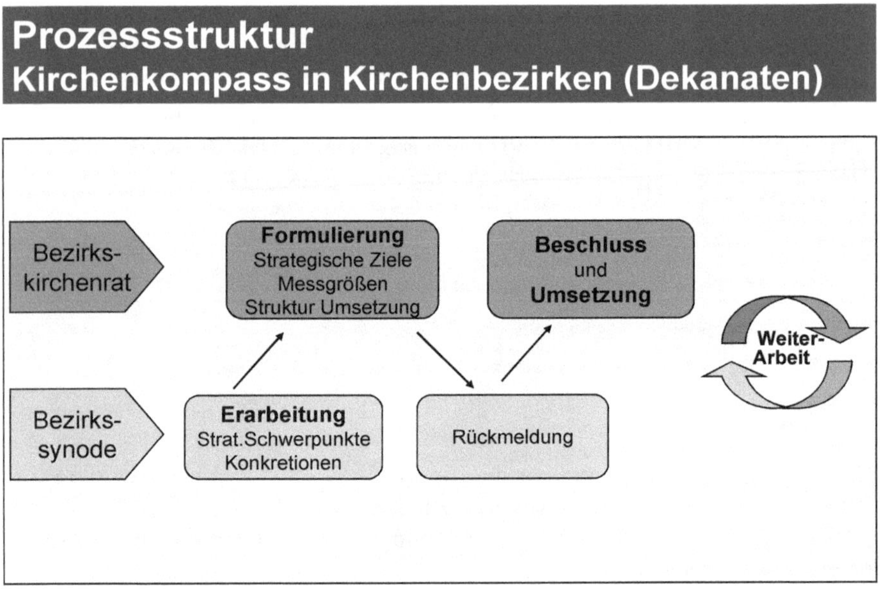

Insbesondere die ländlichen Kirchenbezirke nutzen den Kirchenkompass, um den wachsenden Herausforderungen für die mittlere kirchliche Leitungsebene gerecht zu werden. Im Zusammenspiel von Dekanat, Bezirkskirchenrat und Bezirkssynoden werden übergemeindliche Projekte und Strukturen auf den Weg gebracht.

6. Auswirkungen, und Ausblick

Der Kirchenkompass stärkt das Selbstbewusstsein der ehrenamtlich Leitenden. Insbesondere auf der Ebene von Kirchengemeinden und Kirchenbezirken finden Leitungspersonen ein Instrument, das durch die operationalisierten Planungen und die Controlling-Möglichkeiten für Verbindlichkeit sorgt. Für die Umsetzung kann auf eine Projektmanagement-Struktur zurückgegriffen werden, die ein zügiges arbeitsteiliges Vorankommen mit klaren Kompetenzrahmen ermöglicht.

Flankierend wird ein gemeinsamer Qualifikationskurs für ehrenamtlich und hauptamtlich Leitende in Kirchengemeinden und Kirchenbezirken angeboten, der in fünf Modulen die Teilnehmenden in Fragen der strategischen und operativen Steuerung, in Personalführung und Finanzfragen professionalisiert.

Die meisten Ehrenamtlichen in den Leitungsgremien wollen professionell Arbeiten und sich dazu auch ihrer theologischen Verantwortung stellen.

Die Zielvereinbarungen der Visitationen werden durch den Kirchenkompass optimal vorbereitet. Allerdings sehen sich die Visitatorinnen und Visitatoren selbstbewussten Gemeinden gegenüber, die ihrerseits eine ähnlich intensive und transparente Darstellung der übergeordneten Interessen verlangen.

Für Kooperationen und übergemeindliche Vorhaben ist es ein großer Vorteil, wenn an die gleichen Steuerungsinstrumente angeknüpft werden kann und die Beteiligten die gleiche Sprache sprechen.

6.1. Erkenntnisse und Ausblick

Der Kirchenkompass ist als Angebot an Kirchengemeinden und Kirchenbezirken erfolgreich, weil er in relativ kurzer Zeit einen Bogen von der theologischen Reflexion bis zur Planung konkreter Maßnahmen spannt. V.a. die Ehrenamtlichen nehmen ihren geistlichen Auftrag umso engagierter wahr, wenn er sich konkret operationalisieren lässt. Der Profilierung kirchlicher Arbeit tut es gut, wenn sich auch scheinbar profane Alltagsfragestellungen („Sollen wir unser Gemeindehaus an Fremde vermieten?") theologisch rückgebunden werden.

Der kontinuierliche Lernprozess mit seinen jährlichen Reflexionsschleifen entlastet von dem Anspruch konzeptioneller Vollständigkeit und erlaubt Innovationen und Experimente.

Auf landeskirchlicher Ebene wird künftig vor dem Hintergrund der demographischen Entwicklungen die Ressourcenperspektive des Kirchenkompasses eine stärkere Rolle spielen. Im Hinblick auf diese schwierigen Diskussionen und Entscheidungsprozesse wird sich der Kirchenkompass neu bewähren müssen.

IV.

Service

Kundenbeziehungen als Aufgabe des Kirchenmanagements? Zehn Thesen und immer die gleiche Frage: Interessiert sich die Kirche nicht für die Beziehungen zu ihren Mitgliedern?

Bernd Stauss

In kommerziellen Unternehmen und vielen nicht-kommerziellen Organisationen hat das Kundenbeziehungsmanagement in den letzten Jahren eine außerordentliche

Bedeutung erlangt. Damit ist eine radikale Umkehrung traditioneller Denkmuster verbunden. Zum einen erfolgt eine Abkehr von einer primär intern orientierten betriebswirtschaftlichen Perspektive und eine Hinwendung zu einer grundsätzlichen Ausrichtung institutionellen Handelns auf die Bedürfnisse und Erwartungen externer Kunden. Zum zweiten verschieben sich die kundenbezogenen Zielsetzungen weg von der herkömmlichen kurzfristig orientierten Neukundenakquisition und hin zu Aufbau und Pflege langfristiger Kundenbeziehungen. Dieser Perspektivenwechsel ist natürlich kein altruistischer Akt, sondern schlicht Ergebnis der ökonomischen Erkenntnis, dass es unter intensiven Wettbewerbsbedingungen auf gesättigten und weitgehend verteilten Märkten in der Regel weit Erfolg versprechender - profitabler - ist, in die Bindung bestehender Kunden und die Vermeidung ihrer Abwanderung zu investieren als Kunden von der Konkurrenz abzuwerben.[1]

In der praktischen und wissenschaftlichen Diskussion zum Kirchenmanagement scheint dieser Gedanke und das entsprechende Managementhandeln kaum Beachtung zu finden. Aufmerksamkeit und Chance auf Anwendung in der Kirchenpraxis haben vor allem Managementkenntnisse, die unmittelbar zur notwendigen internen Anpassung an verschärfte finanzielle Zwänge eingesetzt werden können, sprich zu Kostensenkung, Effizienzsteigerung oder Downsizing mit der Zusammenlegung organisatorischer Einheiten, Personalreduzierungen usw. Auch in den wenigen weiter führenden, innovativen wissenschaftlichen Arbeiten, die Kirchenmanagement nicht als notwendiges Übel zur Bewältigung des organisationalen Schrumpfungsprozesses sehen, sondern als Chance zur besseren, weil systematisch durchdachten und planmäßigen Aufgabenerfüllung,[2] wird eine primär interne Perspektive eingenommen mit dem Fokus auf der Frage, wie die kirchlichen Organisationen ihre Ressourcen effektiver und effizienter im Hinblick auf klar definierte Ziele steuern können. Externe Zielsetzungen eines Aufbaus, Ausbaus und Erhalts langfristiger Beziehungen zu den Adressanten kirchlicher Leistungen sind in der Regel allerdings nicht im betrachteten Zielkatalog enthalten.

Diese Ignoranz von Kirche und Kirchenmanagement gegenüber den Gläubigen bzw. Kirchenmitgliedern ist Ausgangspukt und Thema dieses Beitrags. Er enthält keinen Entwurf eines Kundenbeziehungsmanagements für Kirchen, keine Managementempfehlungen für kirchliche Organisationen, sondern stellt nur Grundzüge des kommerziellen Kundenbeziehungsmanagements dar und verbindet diese Darstellung mit der immer wiederholten Frage, warum das, was im unternehmerischen Bereich mit großer Ernsthaftigkeit und Professionalität betrieben wird, für Kirche und Kirchenmanagement irrelevant sein soll. Oder anders ausgedrückt: Warum können zwar Kunden profitorientierter Unternehmen erleben, dass sich diese (aus Eigeninteresse) um sie bemühen, an ihren Meinungen und Einschätzungen interessiert sind, sie langfristig binden oder auch wieder gewinnen wollen,

1 Bruhn (2003); Payne/Rapp (2003);Bruhn (2009).
2 Halfar/Borger (2007).

während sie als Mitglieder von „Nonprofit-" Kirchen oft nur deren Eigeninteresse an finanzieller Zuwendung wahrnehmen.

Mit dieser Fragestellung ist auch beabsichtigt, das klassische Diskussionsmuster zwischen betriebswirtschaftlichen Vertretern eines Kirchenmanagements und Angehörigen der Kirchenadministration zu durchbrechen. Üblicherweise stößt die Anwendung betriebswirtschaftlicher Denkschemata in kirchlichen Institutionen auf große Skepsis, da man befürchtet, dass damit der Blick auf das Proprium, auf den spezifischen christlichen Auftrag und Charakter verloren ginge. Zwar werden Vertreter eines Kirchenmanagements nicht Müde zu betonen, dass es gerade nicht um den Ersatz von christlichem Auftrag durch Kommerzialisierung geht, sondern darum, durch die Anwendung eines speziellen Instrumentariums zu gewährleisten, dass kirchliche Institutionen weiter bestehen, wachsen und ihren Auftrag besser wahrnehmen können.[3] Aber dies hilft ihnen meist nicht, sie bleiben in der Verteidigungsposition. Deshalb wird hier im Kern anders argumentiert. Es werden Grundzüge eines systematischen Beziehungsmanagements präsentiert und dann um Antwort auf die Frage gebeten, inwiefern das christliche Proprium und die Bewahrung von Geist und Religion die Vernachlässigung der Beziehung zu den Kirchenmitgliedern, den Kunden kirchlicher Leistungen, verlangt. Bevor allerdings die beziehungsrelevanten Sachverhalte präsentiert werden, sei in einer vorbemerkenden These das begriffliche Verständnis von Kunden in Bezug auf Kirche erläutert.

1. These: Kirche ist Dienstleister – selbst Gottesdienst ist Kundendienst

Nicht nur die Anwendung von Managementwissen, sondern bereits die Verwendung von Managementbegriffen löst in kirchlichen Kreisen vielfach Widerstand und Empörung aus. Das gilt insbesondere auch für die Charakterisierung der Kirche als Dienstleister und der Anwendung des Begriffs Kunde auf die Adressaten des kirchlichen Angebots. Dabei wird offenbar jeweils implizit ein enger marktlicher Bedeutungsinhalt unterstellt, der in weiten Teilen der betriebswirtschaftlichen Literatur – und auch hier – nicht geteilt wird.

Dienstleistungen sind organisatorische Angebote, die sich durch spezifische Merkmale auszeichnen. Dazu zählen vor allem Intangibilität (Nichtgreifbarkeit) und Integrativität (Kundenbeteiligung). *Intangibilität* besagt, dass Dienstleistungen nicht physisch präsent und daher nicht sinnlich wahrnehmbar sind. *Integrativität* bezeichnet den Umstand, dass sich die Abnehmer (Kunden) an der Leistungserstellung beteiligen, indem sie entweder sich selbst oder ein ihnen gehörendes Objekt in den Erstellungsprozess einbringen.[4] Die liturgisch-katechetischen, diakonisch-sozialen und kulturellen Angebote der Kirchen sind intangibel und können

3 Raffée (1998): S. 12f.
4 Hentschel (1992): S. 26ff.

nicht ohne Beteiligung der Adressaten erstellt werden. Eine Taufe ohne Täufling ist nicht möglich; ein Gottesdienst ohne Besucher ist kein Gottesdienst mehr. Wenn am Ende nur noch der Pfarrer in der Kirche steht, findet Gottesdienst nicht statt, die Kirche feiert sich dann nur noch selbst. Kirchliche Angebote, einschließlich des Gottesdienstes, weisen somit die Merkmale von Dienstleistungen auf, dementsprechend bieten Kirchen auch Dienstleistungen an und man kann sie logisch konsequent auch als Dienstleister bezeichnen.

Erstaunlich ist, dass sich kaum begrifflicher Widerstand und Empörung regen, wenn einfach von kirchlichen Leistungen die Rede ist. Folglich scheint die Konnotation des Dienenden der entscheidende Auslöser der psychischen Reaktanz zu sein. Sollte dies der Fall sein, wäre es für Kirchenvertreter nicht leicht, dies theologisch zu begründen. Jedenfalls auf Jesus könnten sie sich nicht berufen, wie die Evangelien an vielen Stellen belegen. Es sei nur auf das helfende und heilende Handeln Jesu Christi verwiesen, auf seine konkreten Dienste, die er dem Nächsten erweist, und seine zeichenhafen Handlungen, etwa wenn er seinen Jüngern die Füße wäscht (Joh 13). Es ist offensichtlich: „Jesus erweist Dienstleistungen und macht sein Leben selbst zum Dienst“.[5] Darüber hinaus sind vor allem seine Reden zu nennen, in denen er den Dienst am Nächsten in den Mittelpunkt stellt. Es sei in diesem Zusammenhang nur an den zentralen Satz Jesu im ‚Rangstreit’ der Jünger erinnert, in dem er sich selbst durch den Dienst definiert:[6] „Ich aber bin unter euch wie der, der bedient" (Lukas 22,27) “, oder an Matthäus 22, 37-40, wo Jesus das Gebot der Gottesliebe mit dem der Nächstenliebe verknüpft und dies zur Richtschnur gottgewollten Handelns macht. In all dem macht er deutlich, dass es keinen christlichen Grund gibt, sich vom Dienste leisten zu distanzieren, sondern dass dem Menschen zu dienen und Gott zu dienen untrennbar zusammengehören.

Mit diesem vorgestellten Verständnis von Dienstleistungen sind auch bereits Aussagen über den Kundenbegriff gemacht. Unter *Kunden* sind die Adressaten der Leistungen zu verstehen, gleichgültig, ob diese über den Markt vermittelt werden oder nicht. In diesem Sinne bezeichnet auch eine Kundenbeziehung keineswegs zwingend eine Markt- oder Warenverbindung, sondern die Beziehung einer Organisation und ihrer Mitarbeiter zu den Leistungsempfängern. In Bezug auf Kirchen sind damit die Beziehungen zu den Gläubigen oder Kirchenmitglieder angesprochen. Allerdings erscheint der Kundenbegriff präziser, da die Adressaten kirchlicher Leistungen keineswegs alle gläubig und Mitglied der Kirche sein müssen. Wenn im Folgenden dennoch bisweilen der Begriff ‚Kirchenmitglied’ verwendet wird, dann im Sinne eines Kunden als demjenigen, für den und mit dem kirchliche Leistungen erstellt werden.

Auf diesem begrifflichen Verständnis fußen die nun folgenden Thesen zu Kundenbeziehungen und Kundenbeziehungsmanagement.

5 Brandt (1931): S. 70.
6 Gaillot (1997): S. 236.

2. These: Wenn die Kirchen an dauerhaften und lebendigen Beziehungen zu ihren Mitgliedern interessiert sind, muss dem Beziehungsmanagement erste Priorität eingeräumt werden

Kundenbeziehungen stellen eine Folge von Interaktionen zwischen einem Anbieter von Gütern und Dienstleistungen einerseits und dessen Kunden andererseits dar. Solche Beziehungen unterscheiden sich von Einzeltransaktionen durch eine Anzahl von Merkmalen:[7]

- Sie stellen *mehrmalige, nicht zufällige Interaktionen* (wie Informationsaustausch oder Kaufprozesse) dar,
- haben eine *zeitliche Struktur* (durchlaufen typische Phasen),
- weisen *mehrere Ebenen* auf (wie eine sachliche und eine emotionale Ebene),
- lassen aufgrund der Erfahrungen im Zeitablauf *Vertrauen* entstehen,
- führen über die Zeit häufig zu *spezifischen Investitionen* (wie z. B. kundenindividuellen Leistungsentwicklungen) und
- sind in Abhängigkeit vom Ausmaß des Vertrauens und vom Umfang der spezifischen Investitionen durch eine bestimmte *Beziehungsintensität und -qualität* geprägt, die wesentlich die *Bindung* zwischen den Partnern bestimmt.

Diese generelle Charakterisierung liefert wichtige Hinweise auf zentrale Herausforderungen für das Kundenbeziehungsmanagement: Es gilt, durch die planmäßige Gestaltung aller Interaktionen mit dem Kunden dafür zu sorgen, dass sich eine Beziehung auf verschiedenen Ebenen entwickelt und durch den Aufbau von Vertrauen und den Einsatz kundenspezifischer Investitionen eine Intensität und Qualität der Beziehung erreicht wird, die zu einer längerfristigen Bindung im gegenseitigen Interesse führt. Eine gezielte Vorgehensweise setzt jedoch grundsätzliche Vorstellungen über die Entstehung und die Entwicklung von Beziehungen voraus. Hierfür liefert das Konzept des Kundenbeziehungs-Lebenszyklus eine fruchtbare Orientierung.

Der *Kundenbeziehungs-Lebenszyklus* stellt ein allgemeines Erklärungsmodell eines idealtypischen zeitlichen Verlaufs einer Kundenbeziehung dar.[8] Dieses liefert ein Rahmenkonzept für eine systematische Beziehungsanalyse und einen differenzierten Einsatz von Maßnahmen des Kundenbeziehungsmanagements, das auf den im Zeitablauf variierenden Status der Kundenbeziehung ausgerichtet ist. Dabei wird unterstellt, dass eine Kundenbeziehung – wie jede persönliche Beziehung auch – verschiedene Phasen durchläuft, die mit jeweils unterschiedlichen Wachstumsraten der Beziehungsintensität verbunden sind und phasenspezifische Aufgaben des Kundenbeziehungsmanagements erfordern. Abbildung 1 zeigt eine einfache Variante eines solchen Beziehungsverlaufs.

7 Diller (2001): S. 529f.
8 Stauss (2000a, 2006), Bruhn (2009), S. 59ff.

Abbildung 1: Der Kundenbeziehungs-Lebenszyklus[9]

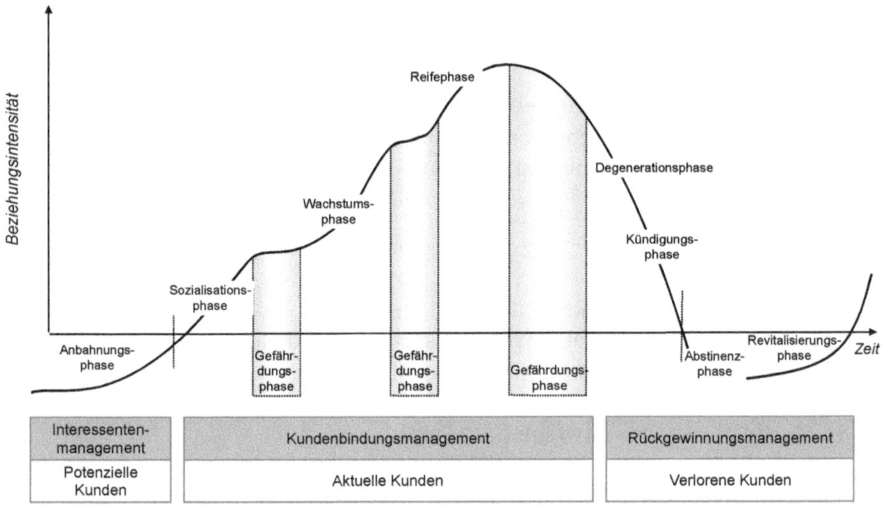

Diese Phasenbetrachtung rückt die Tatsache in den Fokus, dass im Hinblick auf die Beziehung drei Kundengruppen unterschieden werden können, die jeweils völlig unterschiedliche Anforderungen an das Management stellen: Potenzielle Kunden sind Adressaten des Interessentenmanagements, aktuelle Kunden stellen die Zielgruppe des Kundenbindungsmanagements dar, und auf die verlorenen Kunden sind die Aktivitäten des Rückgewinnungsmanagements ausgerichtet (siehe Abbildung 2).

Das *Interessentenmanagement* hat zum Ziel, in der Anbahnungsphase bei potenziellen Kunden Interesse zu wecken und Interessenten zu einem Erstkauf zu bewegen. Das *Kundenbindungsmanagement* hat grundsätzlich die Aufgabe, die aktuellen Kunden zu halten und die Beziehungen zu ihnen zu gestalten und auszubauen. Die Teilaufgaben dieses Managementbereichs unterscheiden sich je nach Dauer sowie dem Grad der Stabilität bzw. Gefährdung der Kundenbeziehung.

In Bezug auf die Dauer der Kundenbeziehung ist entscheidend, ob eine neue Beziehung vorliegt oder nicht.[10] Neukunden sind häufig noch unsicher darüber, ob ihre Entscheidung richtig war und ob sie zukünftig daran festhalten wollen. Deshalb kommt es in dieser Phase darauf an, die Beziehung zu festigen und im Rahmen des *Neukundenmanagements* aktiv zu gestalten. Dazu gehört es, Neukunden durch spezifische Informations- und Dialogangebote in der Sozialisationsphase aufmerksam zu betreuen, sie in ihrer Entscheidung zu bestärken und mit ihnen ein Vertrauensverhältnis aufzubauen.

9 Stauss(2006): S. 434.
10 Stauss/Seidel (2007): S. 29ff.

Ein zweites, den Kundenstatus charakterisierendes Merkmal ist die Stabilität der Kundenbeziehung. Kundenbeziehungen sind stabil, wenn Kunden grundsätzlich zufrieden sind bzw. sich nicht ernsthaft mit dem Gedanken der Einschränkung oder Beendigung der Kontakte befassen. Die Beziehung zu diesen stabilen Kunden ist weiterzuentwickeln, auszubauen und zu vertiefen. Gefährdet sind Beziehungen dann, wenn Kunden die Möglichkeit des Abbruchs erwägen. Dies ist vor allem der Fall, wenn Kunden mit dem Angebot oder aber mit unternehmerischen Handlungsweisen unzufrieden sind. Denn Unzufriedenheit ist eine zentrale Ursache dafür, dass Kunden ihre Loyalität aufkündigen. Deshalb kommt es für Unternehmen in hohem Maße darauf an, Kundenunzufriedenheit zu entdecken, zu analysieren und mittels gezielter Maßnahmen wieder in Zufriedenheit umzuwandeln. Einen zentralen Ansatzpunkt hierfür stellen Beschwerden dar. Insofern zielt das *Beschwerdemanagement* auf die Stabilisierung der durch Unzufriedenheit gefährdeten Geschäftsbeziehungen.

Kundenbeziehungen können aber auch ohne Unzufriedenheit gefährdet sein, beispielweise wenn mit der Zeit das Verbundenheitsgefühl verloren geht. Daher gilt es, Anzeichen für einen Rückgang der Beziehungsintensität frühzeitig zu entdecken, zu identifizieren und die betroffenen Kunden durch Maßnahmen des *Abwanderungspräventionsmanagements* zur Fortführung ihrer Beziehung zu bewegen.

Da auch der konsequente Einsatz von Bindungsmaßnahmen Kundenabwanderungen nicht vollständig verhindern kann, ergänzen mehr und mehr Unternehmen das strategische Mix des Kundenbeziehungsmanagements um ein *Rückgewinnungsmanagement*, mit dessen Hilfe Kunden, die explizit die Geschäftsbeziehung aufgekündigt bzw. diese faktisch verlassen haben, für das Unternehmen zurückgewonnen werden sollen. Das Rückgewinnungsmanagement ist ebenfalls phasenspezifisch zu differenzieren. Befinden sich die Kunden in der Kündigungsphase, können sie aus Anlass ihrer Kündigung angesprochen werden (*Kündigungsmanagement*). Ein anderes Segment und ein anderer Handlungsbereich liegen vor, wenn es sich um Kunden handelt, die bereits vor einer längeren Zeit die Geschäftsbeziehung verlassen haben und zu denen nach einer bestimmten Abstinenzphase die eingeschlafene Geschäftsbeziehung wieder belebt werden soll (*Revitalisierungsmanagement*).

Abbildung 2: Beziehungsstatus des Kunden und Aufgaben des Kundenbeziehungsmanagements[11]

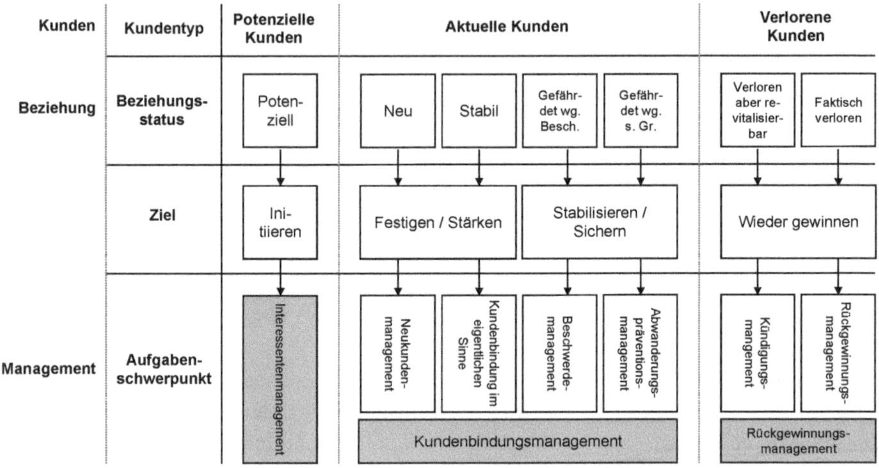

Ein Transfer solcher Überlegungen auf den kirchlichen Bereich erscheint nicht sonderlich schwierig. Die charakteristischen Merkmale einer Kundenbeziehung gelten uneingeschränkt auch für die Kirche-Mitglied-Beziehung. Im Laufe einer Kirchenmitgliedschaft kommt es zu mehrfachen, nicht zufälligen Interaktionen, wobei Gottesdienste und Kasualien wie Taufe, Erstkommunikation, Firmung, Konfirmation oder Heirat am Bedeutendsten sind. Eine kirchliche Mitgliedschaft durchläuft typische Phasen, die zum einen durch die Kasualien voneinander abgrenzbar, vor allem aber meist durch eine variierende Intensität der Kirchennähe gekennzeichnet sind. Es handelt sich um eine komplexe Mehrebenenbeziehung mit rationalen, kognitiv-theologischen und emotional-spirituellen Dimensionen. Der Beziehungsaufbau verlangt von den beteiligten Partnern spezifische Investitionen; auf Seiten der Mitglieder vor allem in monetärer und zeitlicher Hinsicht, auf Seiten der Kirchenvertreter – insbesondere der Pfarrer – in Form individueller Betreuung und partieller Anpassung des Leistungsangebots. Je mehr es der Kirche und ihren Mitarbeitern gelingt, in den Interaktionen die mehrdimensionalen Erwartungen der Kunden zu erfüllen und Vertrauen aufzubauen, desto höher werden deren wahrgenommene Beziehungsqualität und -intensität ausfallen, die das Ausmaß ihrer Kirchenbindung bestimmen.

Damit sind auch die Herausforderungen für ein kirchliches Kundenbeziehungsmanagement in gleicher Weise beschrieben. Es gilt, durch die planmäßige Gestaltung aller Interaktionen mit dem Kunden dafür zu sorgen, dass sich eine Beziehung auf verschiedenen Ebenen entwickelt und durch den Aufbau von Vertrauen und den Einsatz kundenspezifischer Investitionen eine Intensität und Qualität der Be-

11 In Anlehnung an Stauss/Seidel (2007): S. 32.

ziehung erreicht wird, die zu einer längerfristigen Bindung im gegenseitigen Interesse führt.

Dabei kann auch das Konzept des Kundenbeziehungs-Lebenszyklus eine Denkhilfe darstellen, auch wenn es einer spezifischen Anpassung und Modifikation bedarf. Die Phasen einer kirchlichen Kundenbeziehung müssen eingehend untersucht und angemessen bezeichnet und beschrieben werden. Doch wer tatsächlich an einem Erhalt und einer Stärkung von Kirche-Mitgliedschaftsbeziehungen interessiert ist, kann bereits unmittelbar aus dem vorliegenden Lebenszykluskonzept und den zugeordneten Managementbausteinen einen großen Gewinn ziehen. Er wird erkennen, dass man potenzielle, aktuelle und verlorene Mitglieder differenziert betrachten und behandeln muss und dass es systematischer und unterschiedlicher Anstrengungen bedarf, wenn man neue Kirchen- oder Gemeindemitglieder integrieren, alte in ihrer Treue bestärken, enttäuschte zufriedenstellen, abwanderungswillige halten oder ausgeschiedene wieder zurückgewinnen will. Wenn allerdings entsprechende Überlegungen nicht angestellt und vorliegende Konzepte nicht einmal im Hinblick auf ihre potenzielle Anwendbarkeit geprüft werden, stellt sich die Frage: **„Hält die Kirche Maßnahmen zur Initiierung, Stabilisierung, Intensivierung und Wiederaufnahme von Beziehungen zu ihren Mitgliedern für irrelevant?"**

3. These: Wenn Kirchen die Bindung ihrer Mitglieder stärken wollen, bedarf es eines strategischen Bindungskonzeptes

Im Zentrum des Kundenbeziehungsmanagements steht das Ziel der Kundenbindung, die aus nachfragerorientierter Perspektive als Treue oder Loyalität zu verstehen ist.[12] Diese Loyalität kann zum einen auf der psychischen Ebene in Form einer inneren Bindung, zum anderen in faktischen Verhaltensweisen bzw. Verhaltensabsichten zum Ausdruck kommen.

Zur Beschreibung und Erklärung der *psychischen Kundenbindung* wird überwiegend auf das Konstrukt des Commitment im Sinne einer inneren Verpflichtung des Kunden gegenüber dem Unternehmen oder seinen Leistungen zurückgegriffen. Dieses Commitment äußert sich vor allem in einem hohen Vertrauen in den Partner, im Wunsch nach einer stabilen Geschäftsbeziehung und der Bereitschaft, dafür kurzfristig auch Opfer zu bringen, sowie in der Verteidigung des Anbieters gegenüber Angriffen Dritter.[13] Auf der Ebene des *faktischen Verhaltens* kommt die Kundenbindung im Wiederkauf und Weiterempfehlungsverhalten zum Ausdruck, in Bezug auf zukünftige *Verhaltensabsichten* in der Wiederkauf- und Weiterempfehlungsabsicht.[14]

12 Homburg/Becker/Hentschel (2010): S. 119.
13 Diller (1995): S. 20.
14 Meyer/Oevermann (1995): Sp. 1341.

In der Regel wird ein Zusammenhang zwischen den betrachteten Ebenen in Form einer Wirkungskette unterstellt. Danach bildet sich ein Commitment von Kunden erst aufgrund wiederholter zufriedenstellender Erfahrungen, und die Höhe des empfundenen Commitments stellt eine wesentliche Determinante des faktischen Loyalitätsverhaltens und der zukünftigen Verhaltensabsichten dar.[15]

Allerdings ist bekannt, dass Bindung nicht allein aufgrund von psychischen Faktoren wie Zufriedenheit und Commitment entstehen kann. So benennen beispielsweise Meyer/Oevermann[16] darüber hinaus situative Faktoren (z. B. Bequemlichkeit), rechtliche Faktoren (z. B. Vertrag), ökonomische Faktoren (z. B. spezifische Investitionen) und technologische Faktoren (z. B. Prozessanpassung). Dementsprechend stehen Unternehmen verschiedene strategische Ansatzpunkte für ihr Kundenbindungsmanagement zur Verfügung.

Grob zusammengefasst lassen sich die strategischen Alternativen einer Verbundenheitsstrategie bzw. einer Gebundenheitsstrategie unterscheiden. Die *Verbundenheitsstrategie* zielt darauf ab, beim Kunden über die Bildung von Kundenzufriedenheit und Vertrauen ein hohes Maß an Commitment zu erreichen, so dass dieser aus freiem Entschluss nicht wechseln will. Demgegenüber richtet sich die Strategie der Gebundenheit darauf, ökonomische, rechtliche oder technische Wechselbarrieren zu errichten und auf diese Weise die Freiheit des Kunden einzuschränken, der nur unter Inkaufnahme von Nachteilen die Beziehung beenden kann.[17]

Für Kirchen könnte eine vertiefte Reflexion dieser Zusammenhänge bedeutsam sein. Sie könnten sich darüber klar werden, welche Art der Bindung ihrer Mitglieder sie anstreben wollen, welche Bindungsstrategie angemessen und wie diese auszugestalten ist. Sollte sie nicht nur an dem faktischen Festhalten an der Mitgliedschaft, sondern an der Treue ihrer Mitglieder aufgrund einer bewussten, freiwilligen, aus voller Überzeugung getroffenen Entscheidung interessiert sein, an Kirchenmitgliedern, die sich in ihrer Kirche engagieren und sich zu ihrer Kirche bekennen, dann müssten sie sich allerdings mit den Einflussfaktoren des Commitments von Kirchenmitgliedern und den Managementmaßnahmen zu dessen Förderung beschäftigen. Sofern und solange dies nicht der Fall ist, erhebt sich die Frage: **„Hält die Kirche strategische Überlegungen zur Bindung ihrer Mitglieder für irrelevant?“**

15 Bruhn (1998): S. 7.
16 Meyer/Oevermann (1995): Sp. 1341.
17 Bliemel/Eggert (1998): S. 44.

4. These: Ein Einflussfaktor einer freiwilligen Bindung ist Zufriedenheit. Wenn Kirchenbindung verstärkt werden soll, wird somit Kundenzufriedenheit zu einer relevanten Zielgröße für Kirchen

Wie dargestellt, gilt Kundenzufriedenheit als einflussreichste Determinante einer inneren Kundenbindung und damit als eine wesentliche Voraussetzung des aktuellen und zukünftigen Loyalitätsverhaltens. Das ist der Grund, warum Kundenzufriedenheit in der Praxis zu den zentralen Unternehmenszielen gehört[18] und in der Marketingwissenschaft zu den bevorzugten Forschungsfeldern.[19]

In der *Zufriedenheit bzw. Unzufriedenheit* eines Kunden spiegelt sich wider, wie er Produkte oder Dienstleistungen beurteilt, mit denen er zuvor Erfahrungen gesammelt hat. Insofern ist (Un-) Zufriedenheit das Ergebnis einer ex-post-Beurteilung und setzt eine konkrete Erfahrung voraus.

Der Beurteilungsprozess wird in der Regel anhand des „disconfirmation paradigm"[20] beschrieben, nach dem Zufriedenheit bzw. Unzufriedenheit als Folge einer wahrgenommenen Diskrepanz zwischen erwarteter und erlebter Leistung entsteht. Kunden entwickeln gegenüber Angeboten mehr oder weniger konkrete Erwartungen. Diese bilden sich in Abhängigkeit von den jeweiligen Bedürfnissen und werden stark geprägt von in der Vergangenheit gewonnenen eigenen Erfahrungen. Darüber hinaus sind Informationen wesentliche Einflussfaktoren der Erwartungen, und zwar sowohl Informationen, die Kunden auf dem Wege der Mundkommunikation in ihrem sozialen Umfeld aufnehmen, als auch Informationen, die der Anbieter selbst verbreitet.

Im Prozess des Gebrauchs bzw. des Verbrauchs von Konsumgütern oder der Nutzung von Dienstleistungen erfährt nun der Kunde die tatsächliche Leistung der Güter und vergleicht in einem Abwägungsprozess Erwartungen und Wahrnehmungen. Zufriedenheit tritt ein, wenn die Kundenerwartungen erheblich überschritten werden, während Unzufriedenheit entsteht, wenn die Erwartungen in hohem Maße unerfüllt bleiben. Entsprechen sich Erwartungen und Wahrnehmungen, empfinden Kunden ein Gefühl der Indifferenz.

Für den angenommenen positiven Zusammenhang zwischen Kundenzufriedenheit und Kundenbindung ist in der verhaltenswissenschaftlichen Literatur eine Fülle von empirischen Belegen zu finden.[21] Allerdings gibt es eine intensive Diskussion über die Stärke und die Form des funktionalen Zusammenhangs zwischen Kundenzufriedenheit und Kundenbindung. So nehmen beispielsweise einige Autoren einen sattelförmigen Verlauf an.[22] Demnach kommt es bei einer Steigerung eines niedrigen Ausgangsniveaus der Zufriedenheit zunächst zu einer erheblichen Erhöhung der Bindungswirkung, während in einem Bereich mittlerer Zufriedenheit

18 Stauss/Dornach/Coenen (2009): S. 595.
19 Stauss (1999).
20 Parasuraman/Zeithaml/Berry (1985, 1988); Oliver (1997).
21 Homburg/Becker/Hentschel (2010): S. 124ff.
22 Beispielsweise Finkelman/Goland (1990); Müller (1990); Keiningham/Vavra (2001): S. 74.

nur geringe Bindungssteigerungen möglich sind. Wenn aber eine bestimmte Zufriedenheitsschwelle überwunden ist, wirken sich selbst geringe Zufriedenheitserhöhungen stark auf die Kundenbindung aus. Andere Autoren unterstellen einen progressiven Funktionsverlauf und belegen anhand empirischer Daten, dass eine nennenswerte Bindung erst bei extrem positiver Ausprägung der Zufriedenheit zu erwarten ist. So zeigen beispielsweise Heskett et al., dass selbst bei einem durchschnittlichen Zufriedenheitswert von 4 auf einer 5er-Skala der „Bereich der Gleichgültigkeit" noch nicht verlassen wird und dass nur die vollkommen zufriedenen Kunden wirklich treu sind und aufgrund ihrer positiven Mundkommunikation und Ausstrahlung auf Dritte als „Apostel" zu bezeichnen sind (siehe Abbildung 3).[23]

Abbildung 3: Progressiver Zusammenhang zwischen Kundenzufriedenheit und Kundenbindung[24]

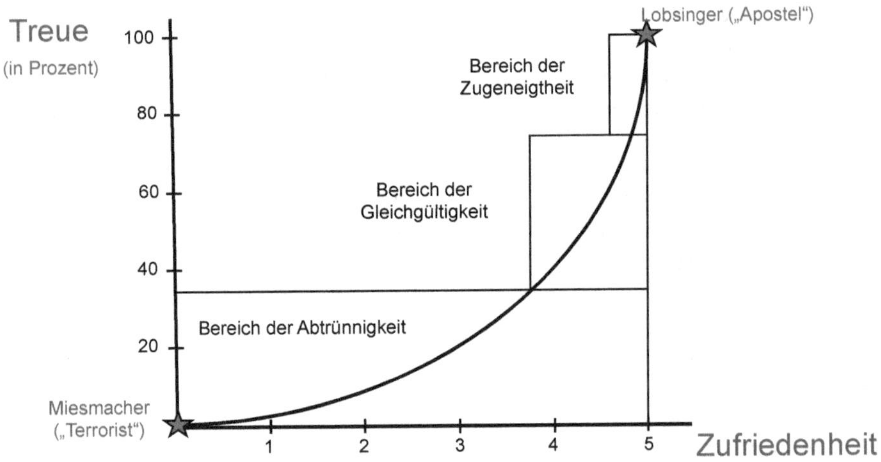

Die verschiedenen Perspektiven haben gemeinsam, dass sie davon ausgehen, dass erst eine sehr stark ausgeprägte Kundenzufriedenheit einen nachhaltigen Bindungseffekt zeitigt. Das ist auch der Grund dafür, dass sich mehr und mehr Unternehmen nicht mehr damit begnügen, Kundenzufriedenheit zu erreichen, sondern das wesentlich anspruchsvollere Ziel der Kundenbegeisterung anstreben.

Für viele Unternehmen erweist sich dieses Ziel allerdings als zu anspruchsvoll. Sie stehen primär vor dem Problem, Kundenunzufriedenheit zu vermeiden. Dies gilt insbesondere, weil unzufriedene Kunden stärker zum Anbieterwechsel neigen als zufriedene Kunden zur Loyalität und weil die Unzufriedenen in höherem Maße persönliche Kommunikation in ihrem sozialen Umfeld betreiben und somit auf negative Weise Dritte beeinflussen.

23 Heskett/Jones/Loveman/Sasser/Schlesinger (1994): S. 52.
24 (ebd.).

Es spricht viel dafür, dass Letzteres auch für Kirchen gilt. Um allerdings Unzufriedenheit vermeiden bzw. verringern oder auch Zufriedenheit steigern zu können, bedarf es Kenntnisse über den konkreten Zufriedenheitsbildungsprozess der Kirchenmitglieder, d. h. über ihre Erwartungen und deren Determinanten sowie über die Wahrnehmung des kirchlichen Angebots und die Diskrepanzen, die sich aufgrund des Abwägungsprozesses ergeben. Um zudem rational Prioritäten setzen zu können, sind auch Kenntnisse über den Zusammenhang von Kirchenzufriedenheit und Loyalität bzw. über den Einfluss der Kirchenunzufriedenheit auf das Abwanderungsverhalten erforderlich. Vor allem aber sollte es Kirchen nicht egal sein, ob ihre Mitglieder zufrieden, indifferent oder unzufrieden sind. Das aber ist die Frage: **„Hält die Kirche die Zufriedenheit ihrer Mitglieder für irrelevant?"**

5. These: Wenn Kirchen an der Zufriedenheit ihrer Mitglieder interessiert sind, muss dieses Interesse in einer regelmäßigen Zufriedenheitsmessung zum Ausdruck kommen

Zur Messung der Kundenzufriedenheit steht ein umfangreiches methodisches Instrumentarium zur Verfügung. Sehr viele Unternehmen führen regelmäßige Erhebungen unter Einsatz standardisierter Fragebögen durch. Diese bei weitem dominierende Art der Zufriedenheitsmessung erfolgt innerhalb eines konzeptionellen Rahmens, der als *merkmalsorientierter Ansatz* bezeichnet wird. Er beruht auf der Annahme, dass Kunden Erwartungen und Wahrnehmungen auf einzelne Qualitätsmerkmale beziehen und dass sich die globale Zufriedenheit mit einem Sachgut oder einer Dienstleistung als Ergebnis von Einzelzufriedenheiten mit Merkmalen der Qualität ergibt. Dementsprechend geht man bei Befragungen in der Unternehmenspraxis so vor, dass die Kunden gebeten werden, den Grad ihrer Zufriedenheit für jedes Qualitätsmerkmal eines Produkts (z. B. Haltbarkeit oder Funktionalität) auf einer Skala anzugeben. Bisweilen werden sie zusätzlich aufgefordert, auf einer zweiten Skala zu vermerken, für wie wichtig sie die einzelnen Merkmale halten. Damit können in der Auswertung für jedes Qualitätsmerkmal Durchschnittswerte sowohl für die Zufriedenheit als auch für die wahrgenommene Bedeutung ermittelt und den Entscheidungen über Qualitätsverbesserungsmaßnahmen zugrunde gelegt werden.

Diese herkömmlichen merkmalsorientierten Zufriedenheitsbefragungen weisen eine Reihe von bemerkenswerten Vorteilen auf. Die Verfahren sind bewährt und führen zu repräsentativen Ergebnissen. Zudem gestatten sie es, die Zufriedenheitswerte mit Vergangenheitswerten zu vergleichen und damit Einblick in die Zufriedenheitsentwicklung zu gewinnen. Ebenso ist grundsätzlich ein Vergleich mit Ergebnissen verschiedener eigener unternehmerischer Einheiten (Abteilungen, Werke, Filialen) und denen der Wettbewerber möglich.

Allerdings weisen die merkmalsorientierten Verfahren auch erhebliche Nachteile auf. Die mit ihrer Hilfe gewonnenen Informationen geben häufig nur ein unvollständiges und abstraktes Abbild der Kundenzufriedenheit, sodass ihr Beitrag für konkrete Maßnahmen zur Kundenbindung und Qualitätssicherung nur begrenzt ist. Deshalb wird empfohlen, die merkmalsorientierte Messung durch den Einsatz *ereignisorientierter Methoden* zu ergänzen.

Abbildung 4: Zufriedenheitsfragebogen für Kirchenmitglieder[25]

	Very Satisfied (1)	Moderately Satisfied (2)	Neutral (3)	Moderately Dissatisfied (4)	Very Dissatisfied (5)	Not Applicable to me
Saturday Worshop, 5:30	☐	☐	☐	☐	☐	☐
Sunday Worship, 8:30	☐	☐	☐	☐	☐	☐
Music	☐	☐	☐	☐	☐	☐
Feeling cared for and nurtured	☐	☐	☐	☐	☐	☐
Learning opportunities for spiritual growth	☐	☐	☐	☐	☐	☐
Commnication systems	☐	☐	☐	☐	☐	☐
Pastoral Leadership	☐	☐	☐	☐	☐	☐
Lay Leadership	☐	☐	☐	☐	☐	☐

Diese gehen davon aus, dass Zufriedenheit als Ergebnis konkreter Erfahrungsepisoden mit Produkten oder Dienstleistungen entsteht.[26] Von entscheidender Bedeutung sind dabei die „kritischen“ Ereignisse, d.h. die Vorkommnisse, die von den Kunden als außergewöhnlich positiv oder negativ empfunden werden. Denn diese Vorfälle speichert der Kunde im Gedächtnis, erzählt sie weiter und bedenkt sie, wenn er vor der Entscheidung über Aufrechterhaltung oder Abbruch der Beziehung steht. Mit Hilfe der „*Methode der Kritischen Ereignisse*“ („Critical Incident Technique“) ist es möglich, Einsicht in die von den Kunden gespeicherten kritischen Ereignisse zu gewinnen.[27] Diese werden im Rahmen einer direkten mündlichen Befragung erhoben, indem Kunden gebeten werden, besonders positive oder negative Erlebnisse mit dem Anbieter zu schildern. Daraufhin erfolgt eine inhalts-

25 www.unitedlutheranlincoln.com/PDF/United_Lutheran_Church_Satisfaction_Survey.pdf.
26 Hentschel (1992).
27 Bitner/Booms/Tetreault (1990); Stauss (1994).

analytische Auswertung. Die Vorteile der Methode liegen vor allem in der Konkretheit der Zufriedenheitsaussagen und ihrer Verhaltensrelevanz. Das heißt, die von den Kunden geschilderten Ereignisse sind für die Kunden so bedeutsam, dass sie über lange Zeit im Gedächtnis behalten, immer wieder im Rahmen der Mundkommunikation erzählt werden und das weitere Loyalitätsverhalten stark beeinflussen. Zudem enthalten die Schilderungen eine Fülle von direkt umsetzbaren Hinweisen für das Qualitätsmanagement.

Ein weiterer Vorteil der Methode der Kritischen Ereignisse besteht darin, dass sie es ermöglicht, "satisfiers" (Werterhöhungsqualitäten) und "dissatisfiers" (Minimumqualitäten) zu identifizieren. *Minimumqualitäten* (oder Basisanforderungen) sind die Merkmale, die von den Kunden grundsätzlich erwartet werden, so dass die Erfüllung dieser Erwartungen als selbstverständlich angesehen wird und zu keiner hohen Zufriedenheit führt, während bei Nichterfüllung unmittelbar Unzufriedenheit eintritt. Demgegenüber sind *Werterhöhungsqualitäten* (Begeisterungsfaktoren) diejenigen Merkmale, die aus Kundensicht den Wert der Kernleistung erhöhen. Wenn die Kunden diese erhalten, reagieren sie mit hoher Zufriedenheit, während sie im anderen Fall auch nicht unzufrieden sind, weil sie die Leistung nicht haben erwarten können. Die Kritische Ereignismethode ist in der Lage darüber Aufschluss zu geben, welche Qualitätsmerkmale von den Kunden als Minimum- bzw. Werterhöhungsqualitäten angesehen werden. Es zeigt sich nämlich, dass sich in den geschilderten negativen Ereignissen wahrgenommene Verletzungen der Minimalerwartungen widerspiegeln, während in den positiven kritischen Ereignissen zum Ausdruck kommt, welche Merkmale und Verhaltensweisen von den Kunden als werterhöhend empfunden werden. Insofern liefert diese Methode wertvolle Informationen darüber, welche Probleme in jedem Fall abgestellt werden müssen, um starke Unzufriedenheit zu vermeiden, und welche Merkmale eine besondere Präferenzbildung ermöglichen.

Die genannten und weiteren Methoden der Zufriedenheitsmessung sind mit ihren Einsatzbedingungen, Vor- und Nachteilen lange bekannt und können selbstverständlich auch für die Ermittlung der Zufriedenheit mit kirchlichen Leistungen eingesetzt werden. Wenn eine Gemeinde – wie in Abbildung 4 an einem konkreten Beispiel auszugsweise dargestellt – ihre Mitglieder regelmäßig merkmalsorientiert in Bezug auf die zentralen Qualitätsmerkmale der Gemeindearbeit befragt, erhält sie systematische Auskunft über wahrgenommene Stärken und Schwächen sowie erforderlichen Handlungsbedarf. Ein solcher Fragebogen macht zudem deutlich, dass auch bei unveränderlicher christlicher Botschaft durchaus eine Fülle von Handlungsalternativen im Detail bestehen, deren Ausprägungen wesentlich bestimmen, ob sich Kirchenmitglieder etwa umsorgt fühlen und Erfahrungen spirituellen Wachstums machen oder nicht. Ergänzend und besonders wertvoll wäre es zudem, kritische Kirchenerlebnisse zu ermitteln und damit eine genaue Kenntnis zu erhalten über die Ereignisse, die Mitglieder wirklich emotional und faktisch binden oder aber vertreiben. Doch jede Messung hat natürlich nur einen Sinn, wenn man nicht nur fragen, sondern auch die Antwort hören und das Gehörte wohlwollend im Hinblick auf Lernchancen reflektieren will. Wer allerdings die Kirchenmitglieder allein als Lämmer und nicht als Partner im Glauben ansieht, der beantwortet damit bereits eindeutig die Frage: **"Hält die Kirche Informationen über die Zufriedenheit ihrer Mitglieder für irrelevant?"**

6. These: In Beschwerden wird Unzufriedenheit explizit artikuliert. Wenn Kirchen Abwanderung wegen Unzufriedenheit vermeiden wollen, müssen sie den Beschwerden besondere Aufmerksamkeit widmen

In Beschwerden drücken Kunden explizit ihre Unzufriedenheit aus, um auf ein subjektiv als schädigend empfundenes Verhalten eines Anbieters aufmerksam zu machen, Wiedergutmachung für erlittene Beeinträchtigungen zu erreichen und/ oder eine Änderung des kritisierten Verhaltens zu bewirken. Die hohe Beachtung, die in der unternehmerischen Praxis und in der Dienstleistungsforschung den Kundenbeschwerden geschenkt wird, begründet sich aus dem vielfach empirisch belegten außerordentlich großen Einfluss, den die Beschwerdeerfahrung und damit die Beschwerde(un)zufriedenheit auf die Globalzufriedenheit sowie auf das Kauf- und Kommunikationsverhalten der Beschwerdeführer haben.[28] Beschwerdeunzufriedenheit verstärkt die Unzufriedenheit des Kunden mit dem Unternehmen, führt zu negativer Mundkommunikation und steigert erheblich die Wahrscheinlichkeit einer Kundenabwanderung.[29] Demgegenüber sieht die Wirkungskette bei durch Beschwerdemanagement erzielter Beschwerdezufriedenheit folgendermaßen aus: Kunden, die mit der Beschwerdeantwort zufrieden sind, gewinnen auch ihre Zufriedenheit mit Produkt und Unternehmen wieder zurück. Dies führt zu einer verstärkten Bereitschaft, sich in seinem sozialen Umfeld positiv über Produkt und Unternehmen zu äußern (positive Mundkommunikation) und an der Geschäftsbeziehung festzuhalten (Wiederkauf).

Die hohe Wirkung der Beschwerde(un)zufriedenheit auf die globale Zufriedenheit des Kunden zeigt sich in dem in vielen Studien nachgewiesenen Phänomen des „Beschwerde-Paradoxon („recovery paradox"). Dieses liegt darin, dass vielfach Kunden, die eine vollkommen zufriedenstellende Beschwerdeerfahrung gemacht haben, höhere globale Zufriedenheitswerte aufweisen als Kunden, die keinen Anlass zur Beschwerde hatten.[30] Hinsichtlich des Kommunikationsverhaltens der Beschwerdeführer wurde aufgezeigt, in welch hohem Umfang Beschwerdeerfahrungen zum Gegenstand der Mundkommunikation gemacht werden. Sowohl positive als auch negative Erfahrungen werden in großem Umfang weitererzählt und wirken daher weit über den Einzelfall hinaus.[31] Dabei erweist es sich vielfach, dass die Vorfälle, die zu Beschwerdeunzufriedenheit führen, wesentlich häufiger

28 Smith/Bolton (1998); Hennig-Thurau (1999).
29 Hoffmann/Kelley (2000).
30 Michel (2001).
31 Hoffmann/Kelley (2000); Maxham (2001); Maxham/Netemeyer (2002).

kommuniziert werden als positive Erlebnisse. Doch Beschwerdezufriedenheit bzw. -unzufriedenheit beeinflusst nicht nur das Kommunikationsverhalten, sondern auch Wiederkaufintentionen und faktisches Wiederkaufverhalten.[32]

Aufgrund dieser Erkenntnisse überrascht es nicht, dass in den letzten Jahren viele Unternehmen massive Anstrengungen unternommen haben, ein professionelles Beschwerdemanagement zu implementieren. Sie streben damit primär an, die durch Unzufriedenheit gefährdeten Kundenbeziehungen zu stabilisieren und die in Beschwerden enthaltenen Informationen zur Verbesserung der Leistungsqualität und zur Vermeidung von Fehlerkosten zu nutzen.

Die Ziele des Beschwerdemanagements lassen sich nur erreichen, wenn eine Reihe wesentlicher Aufgaben erfüllt wird, die sich entweder dem direkten Beschwerdemanagementprozess (Aufgabenerfüllung mit unmittelbarem Kundenkontakt) oder dem indirekten Beschwerdemanagementprozess (ohne Kundenkontakt) zuordnen lassen (siehe Abbildung 5).[33]

Abbildung 5: Der Beschwerdemanagementprozess[34]

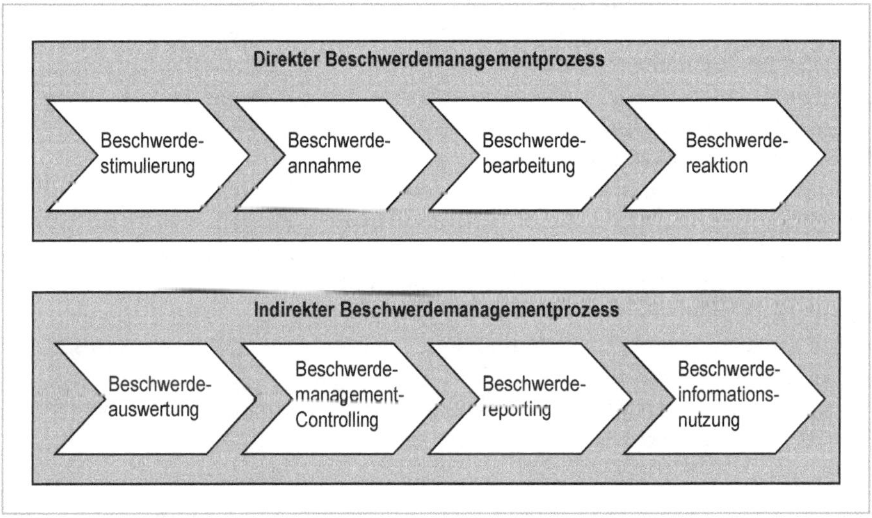

Eine erste Aufgabe im Rahmen des *direkten Beschwerdemanagementprozesses* besteht in der *Beschwerdestimulierung*, da die Ziele des Beschwerdemanagements nur erreicht werden können, wenn Kunden ihre Unzufriedenheit auch artikulieren und schweigend abwandern. Dazu sind leicht nutzbare Beschwerdekanäle einzurichten und über verschiedene Medien bekannt zu machen. Die Phase der *Be-*

32 Liu/Sudharshan/Hamer (2000); Miller/Craighead/Karwan (2000).
33 Stauss/Seidel (2007): S. 82.
34 (ebd.).

schwerdeannahme betrifft primär die Organisation und Handhabung des Beschwerdeeingangs mit der vollständigen, schnellen und strukturierten Erfassung der Beschwerdeinformationen. Zentraler Gegenstand der *Beschwerdebearbeitung* ist die Gestaltung der internen Bearbeitungsprozesse, die Festlegung von Verantwortlichkeiten, die Definition von Bearbeitungsterminen sowie die Installation von Mechanismen zur Überwachung der Termineinhaltung. Im Bereich der *Beschwerdereaktion* gilt es, grundsätzliche Leitlinien und Verhaltensregeln für die Beschwerdebeantwortung zu entwickeln und zu entscheiden, welche Lösung dem Kunden im Hinblick auf seine Beschwerde angeboten werden soll.

Mit der *Beschwerdeauswertung* beginnt der *indirekte Beschwerdemanagementprozess*. Hier gilt es, die in Beschwerden enthaltenen Informationen zu analysieren und die Ergebnisse systematisch für unternehmerische Entscheidungen bereitzustellen. Im Mittelpunkt einer *Beschwerdeauswertung* stehen die Überwachung des Umfangs und der Verteilung des Beschwerdeaufkommens sowie die Priorisierung der von den Kunden wahrgenommenen Probleme sowie die systematische Ursachenanalyse. Das *Beschwerdemanagement-Controlling* dient der Überwachung von Qualität und Effizienz der Aufgabenerfüllung. Die im Rahmen von Beschwerdeauswertung und Beschwerdemanagement-Controlling gewonnenen Informationen sind im Rahmen des *Beschwerdereportings* den Entscheidungsträgern zugänglich zu machen; und durch eine systematische *Beschwerdeinformationsnutzung* ist letztlich sicherzustellen, dass die erfassten Beschwerdeinformationen tatsächlich für Verbesserungsmaßnahmen genutzt werden.

Angesichts der hohen Handlungsrelevanz von Beschwerden hätten auch kirchliche Institutionen Anlass, diesen Unzufriedenheitsäußerungen ihrer Mitglieder besondere Beachtung zu schenken, Erkenntnisse zu den Einflussfaktoren der Beschwerde(un)zufriedenheit zu berücksichtigen und ein Beschwerdemanagement zu installieren. Einige kirchliche soziale Dienstleistungsorganisationen verhalten sich bereits entsprechend.[35] Das in Abbildung 6 wiedergegebene Zitat zum Beschwerdemanagement in der Diakonie ist dafür ein Beispiel, in dem auch der enge Zusammenhang zum christlich-diakonischen Auftrag hergestellt wird. Andere kirchliche Institutionen könnten sich an einem solchen Beispiel orientieren.

35 Diakonie (2001, 2002).

Abbildung 6: Beschwerdemanagement in der Diakonie[36]

> Systematisches Beschwerdemanagement – verstanden als Teil der Qualitätsentwicklung – in sozialen kirchlich-diakonischen Einrichtungen und Diensten stärkt die Position der Diakonie im Wettbewerb der Leistungsanbieter und in der aktuellen politischen und öffentlichen Auseinandersetzung. Im oben beschriebenen Sinne Beschwerdemanagement wahrzunehmen gehört zu unserem diakonischen Auftrag, die Würde jedes Menschen zu achten, und dazu gehört auch, seine Nöte, Beschwernisse und Kritik ernst zu nehmen.

Kirchen könnten allerdings versucht sein, trotz der aktuellen Missstands-Diskussionen die Dringlichkeit einer solchen Vorgehensweise zu unterschätzen, indem sie – wie auch im kommerziellen Bereich nicht unüblich – fälschlicherweise von den vergleichsweise niedrigen Beschwerdezahlen auf hohe Kirchenmitgliedszufriedenheit schließen. Es ist jedoch aus der Beschwerdeverhaltensforschung bekannt, dass sich keineswegs alle unzufriedenen Kunden beschweren. In der Regel beschwert sich die große Mehrheit der unzufriedenen Kunden nicht, sondern wandert unmittelbar ab und betreibt hoch wirksame negative Mundkommunikation. Nach Ergebnissen der nationalen Zufriedenheitsstudie der Servicebaroemter AG liegt der Anteil enttäuschter Kunden, der sich nicht beschwert, in vielen Branchen über 80 Prozent.[37] Demnach stellt die Zahl der im Unternehmen registrierten Beschwerden nur die Spitze eines Unzufriedenheits-Eisbergs dar.[38]

Die Beschwerdeforschung gibt auch Einblicke hinsichtlich der Faktoren, die die Beschwerdeneigung unzufriedener Kunden bestimmen. Dazu gehören u.a. die materiellen und psychischen Beschwerdekosten und die wahrgenommene Chance, dass die Organisation zur Wiedergutmachung oder zu einer Änderung des Verhaltens bereit ist. Wem es schwer gemacht wird, die Unzufriedenheit zu artikulieren, und wer keine Hoffnung auf eine positive Reaktion hat, unterlässt meist die Beschwerde. Paradoxerweise haben daher Unternehmen umso weniger mit Beschwerden zu rechnen, je abweisender und inflexibler sie sich gegenüber dem Kunden verhalten.

Selbstverständlich ist anzunehmen, dass solche Faktoren auch bei der Entscheidung von Kirchenmitgliedern über die Frage, ob sie sich bei einer kirchlichen Institution beschweren sollen, eine Rolle spielen. Insofern käme der Beschwerdestimulierung eine besondere Bedeutung zu, wenn sich Kirchen über Art und Ausmaß

36 Diakonie (2001): S. 14f.
37 Servicebarometer (2008).
38 Stauss/Seidel (2008).

der Unzufriedenheit ihrer Mitglieder gut informieren und systematische Anstrengungen unternehmen wollten, bei ihnen Zufriedenheit wiederherzustellen. Ob das der Fall ist, ist aber die Frage: **„Hält die Kirche Informationen über Erlebnisse ihrer Mitglieder, die zu starker Unzufriedenheit führen, für irrelevant?“**

7. These: Wenn Kirchen die Zufriedenheit ihrer Mitglieder steigern wollen, bieten generelle Dimensionen und Modelle der Dienstleistungsqualität eine gute Orientierung

Eine Konsequenz einer kundenorientierten Ausrichtung des Leistungsangebots liegt darin, Qualität nicht mehr – wie traditionell üblich – als ein dem Produkt bzw. der Dienstleistung inhärentes Eigenschaftsbündel zu begreifen, sondern im Sinne der kundenseitigen Qualitätswahrnehmung zu verstehen. In diesem Kontext befasst sich die Dienstleistungsforschung mit Fragen der Wahrnehmung von Dienstleistungsqualität und den Möglichkeiten ihrer Beeinflussung.

Ein wesentlicher Problemkreis im Zusammenhang mit der Qualitätswahrnehmung von Dienstleistungen betrifft die Frage, ob sich angesichts der Heterogenität des kommerziellen und nicht-kommerziellen Dienstleistungssektors branchenübergreifend generell gültige Qualitätsdimensionen von Dienstleistungen identifizieren lassen. Diesbezüglich hat insbesondere der von Parasuraman/Zeithaml/Berry vorgeschlagene *Katalog von Qualitätsdimensionen* große Beachtung gefunden.[39] Aufgrund von Fokusgruppen-Interviews mit Kunden verschiedener Branchen kamen sie zu dem Ergebnis, dass sich alle genannten Qualitätsmerkmale folgenden zehn Schlüsseldimensionen zuordnen ließen:

1. Verlässlichkeit („Reliability“): Akkurate, richtige, rechtzeitige und gleichmäßige Leistungserstellung.
2. Reagibilität („Responsiveness“): Bereitschaft und Fähigkeit der Mitarbeiter, schnell, pünktlich und unmittelbar zu arbeiten, Aufträge rasch zu erledigen, Anfragen sofort zu beantworten.
3. Kompetenz („Competence“): Fähigkeiten und Fertigkeiten des Kontaktpersonals und der sie unterstützenden Mitarbeiter.
4. Erreichbarkeit („Access“): Einfacher telefonischer Zugang, kurze Wartezeiten während der direkten Interaktion, angenehme Öffnungszeiten, angenehme Lage.
5. Höflichkeit („Courtesy“): Zuvorkommenheit, Respekt, Freundlichkeit und Aufmerksam der Mitarbeiter.
6. Kommunikation („Comunication“): Informationsbereitschaft und -fähigkeit entsprechend den Wünschen und der Aufnahmefähigkeit der Kunden.

39 Parasuraman/Zeithaml/Berry (1992).

7. Glaubwürdigkeit („Credibility"): Ruf des Unternehmens, Vertrauenswürdigkeit, Ehrlichkeit.
8. Sicherheit („Security"): Physische und finanzielle Sicherheit, Bewahrung vertraulicher Informationen.
9. Verständnis („Understandig, knowing the customer"): Anstrengungen, die speziellen Bedürfnisse des Kunden zu kennen, ihm individuelle Aufmerksamkeit zu widmen, Stammkunden als solche zu behandeln.
10. Materielles Umfeld („Tangibles"): Gebäude, Ausstattung, physische Hilfsmittel u.ä.

Die Identifikation von wesentlichen Dimensionen der Dienstleistungsqualität ist Voraussetzung und Bestandteil eines Qualitätsmanagements im Sinne einer zielorientierten Gestaltung aller qualitätsrelevanten Aktivitäten, was sich gut am *Gap-Modell der Dienstleistungsqualität* aufzeigen lässt (siehe Abbildung 7).[40]

Abbildung 7: Das Gap-Modell der Dienstleistungsqualität[41]

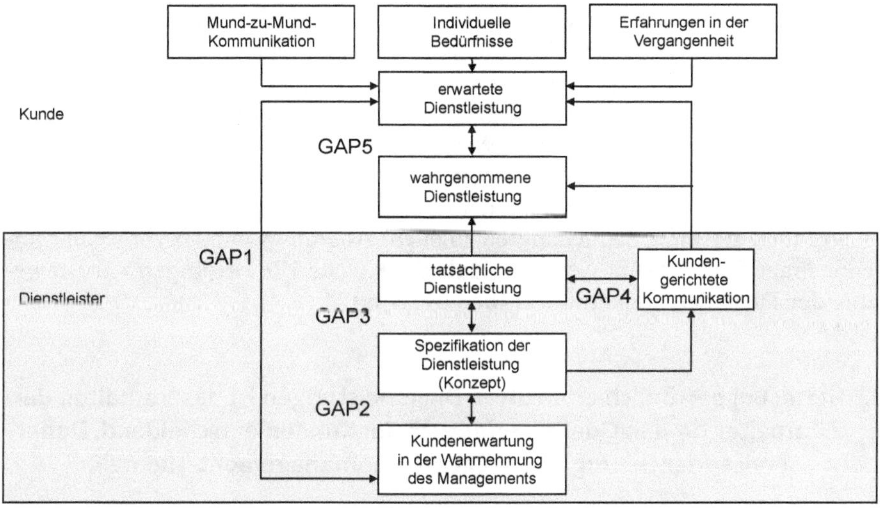

Die Autoren legen einen kundenorientierten Qualitätsbegriff zugrunde und definieren Dienstleistungsqualität analog zur Zufriedenheit als Differenz zwischen Kundenerwartungen und -wahrnehmungen (Gap 5). Diese wahrgenommene Dienstleistungsqualität hängt ihrerseits ab von Größe und Richtung anderer vier „Lücken" auf Seiten des Dienstleisters:

Gap 1 weist auf die Möglichkeit hin, dass Dienstleistungsanbieter falsche Vorstellungen über die Bedeutung einzelner Merkmale für die Qualitätseinschätzung

40 Zeithaml/Berry/Parasuraman (2000).
41 Zeithaml/Berry/Parasuraman (2000).

der Kunden und das von ihnen gewünschte Leistungsniveau haben. Gap 2 thematisiert die Schwierigkeit, wahrgenommene Kundenerwartungen in konkrete Dienstleistungsspezifikationen umzusetzen. Mit Gap 3 wird auf ein mögliches Auseinanderfallen zwischen spezifizierter und erstellter Leistung hingewiesen; und Gap 4 entsteht, wenn die tatsächliche und die in externer Kommunikation vermittelte Leistungserstellung nicht übereinstimmen, etwa als Folge übertriebener Versprechungen oder des Fehlens relevanter Informationen.

Die Autoren benennen aber nicht nur diese Lücken, sondern auch die vom Management beeinflussbaren Faktoren, um auf diese Weise die „Gaps" verringern und somit die kundenseitige Qualitätswahrnehmung positiv beeinflussen zu können. Dementsprechend geben sie detaillierte Empfehlungen zur richtigen Erfassung von Kundenerwartungen, zur intensiven Kommunikation zwischen Management und Kundenkontaktmitarbeitern, zur Spezifikation von Kundenerwartungen in Leistungsanforderungen, zu zielgerechten Leistungsanreizen, zur Überwachung von Qualitätsstandards oder zur Beeinflussung von Kundenerwartungen durch realistische Information.

Kirchen könnten aus solchen generellen dienstleistungsbezogenen Erkenntnissen konkreten Nutzen ziehen. Sie könnten den allgemeinen Dimensionenkatalog der Dienstleistungsqualität im Dialog mit den Mitgliedern als heuristisches Mittel nutzen, um angebotsspezifisch die Dimensionen und Merkmale der Dienstleistungsqualität aus Mitgliedersicht zu erfassen. Zugleich könnten sie das Gap-Modell der Dienstleistungsqualität dazu verwenden, um im Rahmen einer organisatorischen Ist-Analyse Art und Ausmaß der Managementlücken zu identifizieren und Maßnahmen zur ihrer Schließung einzuleiten. Allerdings müsste vorher die folgende Frage klar verneint werden: **„Hält die Kirche Überlegungen zur Steigerung der Dienstleistungsqualität für irrelevant?"**

8. These: Bei persönlich erbrachten Dienstleistungen ist das Verhalten der Mitarbeiter für den Qualitätseindruck der Kunden entscheidend. Daher ist „Serviceorientierung" auch ein Kirchenmanagement-Thema

Aufgrund der Kundenbeteiligung an der Leistungserstellung ist diese in vielen Fällen mit einem persönlichen Kontakt zwischen Kunde und Kundenkontaktpersonal verbunden. Insofern beeinflussen das Verhalten der Mitarbeiter, ihr Auftreten und Benehmen, die Art ihrer Ansprache und ihr Bemühen ganz wesentlich die vom Kunden wahrgenommene Dienstleistungsqualität.[42] Das gilt in besonderem Maße für Dienstleistungen oder Serviceaktivitäten mit hoher Interaktionsintensität, also bei "persönlich-interaktiven"[43] Dienstleistungen. Aber auch Kunden, die im Rahmen der Interaktion nur kurzzeitigen Kontakt mit Mitarbeitern haben, machen ihre

42 Czepiel/Solomon/Suprenant (1995).
43 Mills/Margulies (1980).

qualitative Einschätzung der Dienstleistung und ihr Wiederkaufverhalten davon abhängig, wie positiv oder negativ sie diesen Kontakt erlebt haben, obwohl die eigentliche Kernleistung des Unternehmens davon oft gar nicht tangiert wird. Die qualitätsbezogene Bedeutung des Personals wird im Übrigen auch eindrucksvoll durch den bereits präsentierten Dimensionenkatalog der Dienstleistungsqualität von Parasuraman/Berry/Zeithaml bestätigt, da alle Dimensionen einen engen Bezug zum Personalverhalten aufweisen bzw. als Erwartungen des Kunden an das Mitarbeiterverhalten interpretiert werden können.

Akzeptiert man die Prämisse, dass die Qualitätserwartungen des Kunden den Ausgangspunkt für die Identifikation konkreter wünschenswerter Verhaltensweisen der Mitarbeiter im Kundenkontakt darstellen, dann ist es nur konsequent, in weiteren Schritten zu ermitteln, welche Qualifikationen die Mitarbeiter in Bezug auf Serviceorientierung, Fach-, Sozial- und Emotionalkompetenz benötigen, um durchgängig entsprechend zu handeln, und zu untersuchen, wie das Managementumfeld in Bezug auf Organisationskultur und Führung, Systeme und Prozesse sowie ein personalorientiertes internes Marketing gestaltet sein muss, um entsprechende Verhaltensweisen zu fördern und zu unterstützen (siehe Abbildung 8).

Abbildung 8: Modell des serviceorientierten Mitarbeiters[44]

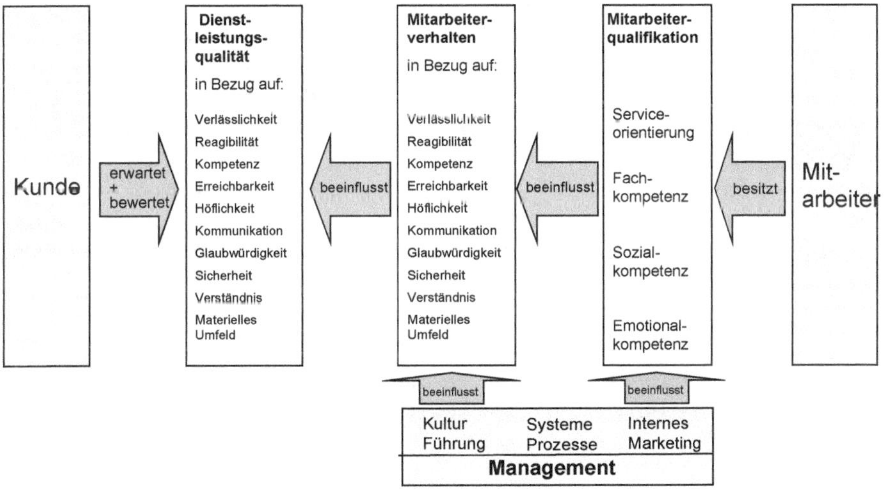

Zur operativen Förderung eines serviceorientierten Verhaltens kommt dem *personalorientierten internen Marketing* besondere Bedeutung zu. Dabei handelt es sich um ein Konzept , das darauf abzielt, dass sich die Mitarbeiter in all ihren kundenbezogenen Aktivitäten – vor allem in den Kundenkontaktsituationen – so verhalten, dass Kunden gewonnen, zufriedengestellt und gehalten werden. Dies impliziert die

44 In Anlehnung an: Coenen (2001).

Zielsetzung, hochmotivierte kundenorientierte Mitarbeiter zu gewinnen, zu entwickeln und an das Unternehmen zu binden.[45]

Als Instrumente des personalorientierten internen Marketing stehen alle Maßnahmenbündel zur Verfügung, mit deren Hilfe Einfluss auf Motivation, Einstellung und Verhalten des Personals genommen werden kann.[46] Prinzipiell lassen sich drei große Instrumentegruppen unterscheiden: (1) Personalpolitische Instrumente wie Personalwerbung und Personalauswahl, Personalzuordnung, Entgeltpolitik oder Personalfreisetzung werden konsequent unter dem Aspekt kundenspezifischer Erfordernisse eingesetzt. (2) Instrumente der internen Individualkommunikation (wie Trainings oder interaktive Kommunikationsformen) und der internen Massenkommunikation (mittels Medien wie Intranet oder Mitarbeiterzeitschriften) sollen servicerelevante Informationen und die notwendigen Qualifikationen vermitteln. (3) Externe Marketinginstrumente, die sich wie Werbung und Public Relations primär an Kunden richten, wenden sich zugleich auch an Mitarbeiter als zweite Zielgruppe, u. a. um deren Motivation zu erhöhen oder ihnen die erwarteten Qualitätsstandards zu verdeutlichen.

Auch und gerade kirchliche Institutionen werden im Kontakt mit ihren Mitarbeitern erlebt und beurteilt. Deshalb kommt es im Hinblick auf die Aufrechterhaltung und Förderung einer guten Kirchenbeziehung entscheidend darauf an, dass diese Kontakte gelingen. Dementsprechend wäre es naheliegend, dass die in großem Umfang vorliegenden Erkenntnisse zur Serviceorientierung Beachtung fänden. Das gilt zum einen beispielsweise in Bezug auf das Wissen um ein Prosoziales Dienstleisterverhalten,[47] das bei Kunden zu außerordentlicher Zufriedenheit und starker emotionaler Bindung führt. Zum anderen gilt es auch für den internen Einsatz von Instrumenten und Systemen zur Förderung eines serviceorientierten Mitarbeiterverhaltens in Ausbildung, Weiterbildung und kirchlichem Alltag. Wenn solches Wissen vernachlässigt wird, stellt sich die Frage: **„Hält die Kirche Erkenntnisse zum richtigen Verhalten von Mitarbeitern in Kontaktsituationen für irrelevant?“**

9. These: Wenn Kirchen den ständigen Verlusten an Mitgliedern entgegenwirken wollen, ist das Rückgewinnungsmanagement verstärkt zu beachten

Viele Unternehmen sehen sich einem Trend sinkender Bindungswilligkeit und zunehmender Abwanderungs- und Wechselbereitschaft gegenüber. Dies hat gravierende negative ökonomische Folgen. So gehen nicht nur aktuelle, sondern auch zukünftige Umsätze und Gewinne verloren, während zugleich zusätzliche Inves-

45 Berry (1984); Stauss (2000b.).
46 Grönroos (1985), S. 46f.; Stauss (2000b.): S. 210ff.
47 Coenen (2005, 2007).

titionen in die Neukundengewinnung erforderlich sind, um auch nur die Kundenzahl zu erhalten. In dieser Situation rückt der Handlungsbereich des Kundenrückgewinnungsmanagements in den Fokus des Kundenbeziehungsmanagements.

Das *Kundenrückgewinnungsmanagement* umfasst die Planung, Durchführung und Kontrolle aller Maßnahmen, die das Unternehmen ergreift, um Kunden zu halten, die eine Geschäftsbeziehung kündigen, bzw. um Kunden zurückzugewinnen, die die Geschäftsbeziehung bereits abgebrochen haben.[48] Insofern werden hier zwei Gruppen verlorener Kunden unterschieden, die sich in unterschiedlichen Teilphasen des Kundenbeziehungs-Lebenszyklus befinden (siehe Abbildung 2).

Eine erste Gruppe stellen Kündiger dar, die sich entschieden haben, die Beziehung zu verlassen, und diese Entscheidung in der Kündigungsphase gegenüber dem Unternehmen artikulieren. Sie sind noch bis Ablauf des Vertrags Kunden und können im Rahmen des *Kündigungsmanagements* gegebenenfalls zur Rücknahme ihrer Entscheidung bewegt werden. Von den Kunden, die die Kündigung endgültig vollzogen haben und aus der Beziehung ausgeschieden sind, wird ein Teil aufgrund faktischer Umstände oder massiver Unzufriedenheit nicht mehr bereit sein, diese wieder aufzunehmen. Für sie endet der Beziehungslebenszyklus mit Ende der Kündigungsphase. Andere sind nach einer Abstinenzphase wieder ansprechbar, etwa weil sich ihre Lebens- und Bedürfnissituation wieder verändert hat, weil eine zwischenzeitlich eingegangene anderweitige vertragliche Verpflichtung ausläuft oder weil sie vom Wettbewerbsangebot enttäuscht sind. Hier gilt es, die eingeschlafene Geschäftsbeziehung im Rahmen eines *Revitalisierungsmanagements* wiederzubeleben und ehemalige Kunden zurückzugewinnen.

Zur Erreichung der Rückgewinnungsziele bedarf es eines systematischen Managementprozesses, der als wesentliche Aufgaben die Rückgewinnungsanalyse, Rückgewinnungsaktivitäten und ein Rückgewinnungs-Controlling umfasst.

Im Rahmen der *Rückgewinnungsanalyse* geht vor allem darum, die jeweiligen Kündigungsgründe zu ermitteln. Grundsätzlich lassen sich verlorene Kunden verschiedenen Gruppen zuordnen, wobei zwei Kategorien in der Regel dominieren: Die vertriebenen Kunden („pushed away customers"), die wegen unerfüllter Erwartungen und Unzufriedenheit verloren gehen, und die abgeworbene Kunden („pulled away customers"), die sich für ein als überlegen wahrgenommenes Angebot eines Wettbewerbers entscheiden.

In Abhängigkeit von den Kündigungsgründen sind die *Rückgewinnungsaktivitäten*, insbesondere ein kundenindividueller Rückgewinnungsdialog und ein damit verbundenes spezifisches Rückgewinnungsangebot zu gestalten. Im Fall von „vertriebenen" Kunden ist der verursachende Sachverhalt zu klären und dem Kunden eine Problemlösung anzubieten, die ihn zur Rücknahme der Kündigung bewegt. Handelt es sich um „abgeworbene" Kunden, müssen die Gründe für die wahrgenommene Überlegenheit des Wettbewerbsangebots ermittelt und es muss entschie-

48 Stauss (2000c).

den werden, ob dem Kunden ein vergleichbar attraktives Angebot gemacht werden kann.

Ressourcen zur Rückgewinnung sind nur dann sinnvoll eingesetzt, wenn sie profitabel sind und einen höheren Gewinn als alternative Mittelverwendungen – etwa zur Neukundenakquisition – abwerfen. Es bedarf also eines *Rückgewinnungs-Controllings*, das Auskunft über die Kosten- und Nutzeneffekte der Rückgewinnungsaktivitäten gibt.

Auch für Kirchen ist Kundenabwanderung seit Jahren ein unübersehbarer Tatbestand. Allein im Jahr 2008 traten etwa 300 000 Mitglieder aus den großen christlichen Religionsgemeinschaften aus (Katholische Kirche: 121 155; Evangelische Kirche: 168 901).[49] Angesichts der immer größer werdenden Zahl verlorener Kunden erschiene es naheliegend, wenn daher auch Kirchen Überlegungen zur systematischen Kundenrückgewinnung anstellten. Ansonsten stellt sich die Frage: **„Hält die Kirche die Rückgewinnung von abgewanderten Mitgliedern für irrelevant?"**

10. These: Kundenorientierung und serviceorientiertes Beziehungsmanagement sind für kirchliche Dienstleistungsorganisationen von besonderer Relevanz

In dieser letzten These erfolgt eine Einengung der Betrachtung auf kirchliche soziale Dienstleistungsorganisationen wie das Diakonischen Werk oder den Caritasverband sowie auf den Managementaspekt der Serviceorientierung von Mitarbeitern. Zwei Gründe sind hierfür ausschlaggebend. Zum einen handelt es sich hier völlig unbestritten um Dienstleistungsorganisationen, in denen Dienstleistungen mit hoher Interaktionsintensität angeboten werden und daher das Mitarbeiterverhalten entscheidend Qualitätswahrnehmung, Zufriedenheit und Loyalität der Kunden bestimmt. Zum zweiten kann an diesem Beispiel gezeigt werden, dass Erkenntnisse des Beziehungsmanagements nicht nur geeignet sind, einen Betrag zur fachlichen Fundierung und Professionalisierung für kirchliche karitative Institutionen zu leisten, sondern auch zur Konkretisierung ihrer christlichen Wertebasis.[50]

Die kirchlichen Dienstleistungsunternehmen mit den von ihnen getragenen Institutionen wie Krankenhäuser, Seniorenstifte, Jugendhilfe- oder Behinderteneinrichtungen gehören zu den relevantesten ökonomischen Institutionen in Deutschland. Sie agieren auf zunehmend wettbewerbsorientierteren Sozialmärkten und haben eine Antwort auf die Frage zu geben, was diese sozialen Dienstleistungseinrichtungen zu *christlichen* Dienstleistungsunternehmen macht bzw. was den *christlichen* Charakter der angebotenen Dienstleistungen ausmacht. Bei der Beantwor-

49 Kirchenaustritt (2010).
50 Zum Folgenden: Stauss (2004).

tung der Frage nach dem Prorpium der kirchlichen Sozialarbeit[51] lassen sich verschiedene Argumentationsstränge unterscheiden:[52]

Ein erstes Argument verweist auf die kirchliche Trägerstruktur und die Zielsetzung des Trägers, die den christlichen Charakter unabhängig von der Motivation und dem Verhalten der Mitarbeiter garantieren. Ein zweiter Argumentationsstrang sieht die Christlichkeit im Vollzug der sozialen Dienstleistung selber. So ist der Dienst an Kranken und Behinderten als Ausdruck christlicher Nächstenliebe zu interpretieren und bedarf daher keiner weiteren spezifisch religiösen Begründung. Ein drittes Argument verankert die Christlichkeit in den Mitarbeitern der Einrichtung. Danach sollen sich die Mitarbeiter durch eine spezifische christliche Motivation und Ausrichtung auszeichnen, insbesondere durch die Mitgliedschaft in der Kirche und die Identifikation mit kirchlichen Prinzipien und Vorgaben.

Alle drei Argumentationsstränge können nicht überzeugen, insbesondere weil in keinem Fall das Verhalten der in den Institutionen tätigen Mitarbeiter bei der Ausführung ihrer sozialen Dienstleistung thematisiert wird. Wenn die christliche Trägerschaft (Argument 1) allein ausreicht, um den christlichen Charakter einer Institution sicherzustellen, dann kann der christliche Charakter auch nicht durch die Anwendung von Managementtechniken gefährdet werden. Er könnte noch nicht einmal durch menschenverachtendes Verhalten von Management und Mitarbeitern gegenüber ihren Klienten tangiert werden, sondern nur durch Eigentumsübertragung. Analoges gilt für die Position, die bereits im Vollzug bestimmter sozialer Dienstleistungen den christlichen Charakter sieht (Argument 2). Zwar lässt sich selbstverständlich die kirchliche Verantwortung und Sorge um Arme und Kranke theologisch gut begründen. Doch wenn man jede entsprechende Verantwortungsübernahme als christlich definiert, dann wird auch jede Krankenversorgung zum Ausdruck christlichen Verhaltens, gleichgültig in welchem kommerziellen oder religiösen Rahmen sie stattfindet. Dann aber hat man Überlegungen zum spezifisch christlichen Charakter der Dienste ad absurdum geführt.

Noch am überzeugendsten erscheint der Versuch, den christlichen Charakter der Institution an die Mitarbeiter der Einrichtung zu binden (Argument 3). Allerdings sind auch hier erhebliche Kritikpunkte anzumelden. Zum einen funktioniert das Modell der Sicherung von Christlichkeit über die Mitarbeiter nur noch bedingt, weil sich auch bei ihnen der gesellschaftliche Säkularisierungsprozess widerspiegelt und ein umfassendes christliches Wissen und Verständnis immer weniger vorausgesetzt werden kann. Darüber hinaus erscheint es nicht tragfähig, die christliche Motivation zur Sozialarbeit an der Einhaltung formaler kirchenrechtlicher Vorschriften zu messen, und es erscheint fragwürdig, das konkrete Verhalten im Dienstleistungsbezug völlig außer Acht zu lassen. Wenn die christliche Motivation zur Wahl und Ausübung eines sozialen Dienstleistungsberufs zum Ausschlag gebenden Kriterium gemacht würde, dann müsste gerade diese spezifische Motiva-

51 Mitzscherlich (1997): S. 39ff., S. 57ff.
52 Gärtner (1994): S. 200f.

tion geprüft werden, d.h. die christlich fundierte Identifikation mit dem Kranken, dem Behinderten, dem Hilfsbedürftigen, und nicht die davon völlig unabhängige Frage nach der Einhaltung kirchenrechtlicher Regeln.

Damit liegt ein erstaunlicher Tatbestand vor. Während in kommerziellen Dienstleistungsunternehmen (und in der Dienstleistungsmanagement-Forschung) ein hohes Maß an Anstrengungen sichtbar ist, die Motivation von Mitarbeitern zur Dienstleistung („Serviceorientierung") konzeptionell zu fassen, zu operationalisieren und mit konkreten Verhaltensweisen im Kundenkontakt zu verknüpfen, wird im Bereich der kirchlichen sozialen Dienstleistungen (und der entsprechenden theologischen Diskussion) die Ebene der christlichen Motivation entweder resignierend außer Acht gelassen oder über die Einhaltung formaler Regeln bestimmt, die mit der Dienstleistung und dem konkreten Verhalten gegenüber den „Nächsten" nicht zu tun haben.

Welche Chance damit außer Acht gelassen wird, sei am Beispiel des Konzepts eines *„Prosozialen Dienstleisterverhaltens"* aufgezeigt. Generell versteht man unter prosozialem Verhalten helfende freiwillige Handlungen, die mit der Intention ausgeführt werden, das Wohlbefinden des Empfängers zu fördern und ihm etwas Gutes zu tun. Diesen Grundgedanken überträgt Coenen in dem von ihm entwickelten Ansatz des Prosozialen Dienstleisterverhaltens auf die Mitarbeiter-Kundenbeziehung. Nach seiner Definition umfasst Prosoziales Dienstleisterverhalten im Kundenkontakt *„freiwillige helfende Verhaltensweisen des Dienstleisters, die darauf ausgelegt sind, den Kunden in der Dienstleistungsinteraktion sowohl anforderungs- als auch bedürfnisbezogen zufrieden zu stellen und somit zur Steigerung des kundenseitigen Wohlbefindens beizutragen".*[53]

In dieser Definition wird berücksichtigt, dass Dienstleistungskontakte nicht nur eine Sachebene aufweisen, sondern auch soziale Interaktionen darstellen. Dementsprechend weist das Prosoziale Dienstleisterverhalten zwei zentrale Dimensionen auf. Es zielt auf die Steigerung des Wohlbefindens ab, indem sowohl die Kundenanforderungen an die Dienstleistung erfüllt als auch die menschlichen Bedürfnisse an eine soziale Interaktion befriedigt werden. Wenn in der Definition auf den freiwilligen Charakter der Handlungen hingewiesen wird, wird nicht übersehen, dass Mitarbeiter berufliche Verpflichtungen und unternehmerische Vorgaben einhalten müssen, sondern es wird der Blick auf die Verhaltensweisen im Kundenkontakt gelenkt, in denen Mitarbeiter zum Nutzen des Kunden und aus Sicht des Kunden „mehr" machen, als sie zu tun verpflichtet sind.

In seiner empirischen Auswertung von spontanem Kundenlob in Internet-Meinungsforen über als herausragend empfundenes Mitarbeiterverhalten im Kundenkontakt hat Coenen zehn konkrete Verhaltenskategorien identifiziert, die sich drei Verhaltensgruppen zuordnen lassen:[54] „Hilfe durch Vertrautheit", „Hilfe durch Entgegenkommen" und „Hilfe durch Verantwortung".

53 Coenen (2005): S. 165.
54 Coenen (2005): S. 246ff.

Die Gruppe „*Hilfe durch Vertrautheit*“ umfasst Handlungen, mit denen die Mitarbeiter versuchen, mit dem Kunden eine Beziehung aufzubauen und ihm das sichere Gefühl zu vermitteln, dass ihm ein wohlmeinender, kompetenter und hilfsbereiter Partner zur Seite steht. Sie erreichen dies, indem sie durch die frühzeitige Bereitstellung relevanter Informationen für Sicherheit sorgen, durch Small Talk und Humor eine ungezwungene Interaktionsatmosphäre erzeugen, sich für den Kunden Zeit nehmen und durch dieses fürsorgliche Verhalten dem Kunden ein Gefühl der Geborgenheit geben. Die zweite Gruppe „*Hilfe durch Entgegenkommen*“ umfasst Verhaltensweisen, in denen die Mitarbeiter entweder einem explizit geäußerten Kundenwunsch nachkommen oder aber ohne jegliche Aufforderung von sich aus kunden- und problemgerecht sowie großzügig reagieren. „*Hilfe durch Verantwortung*“ als dritte Verhaltensgruppe beschreibt Verhaltensweisen, durch die das Auftreten potenzieller Kundenprobleme vermieden, aufgetretene Probleme gelöst und die Ausführung der Dienstleistung für den Kunden erleichtert werden.

Das Konzept des Prosozialen Dienstleisterverhaltens umfasst aber nicht nur einen Katalog konkreter Verhaltensweisen, sondern auch die Identifikation von motivationalen Voraussetzungen auf Mitarbeiterseite und die Ableitung von Maßnahmen für das Management von Dienstleistungsorganisationen, insbesondere in Bezug auf Rekrutierung und Sozialisation, Führung und Training sowie die Bereitstellung von Handlungs-, Entscheidungs- und Interaktionsspielräumen.

Für kirchliche Dienstleistungsorganisationen gibt es eine Reihe von Gründen, sich mit Konzepten wie dem Prosozialen Dienstleisterverhaltens zu befassen. Zum Ersten bieten diese Institutionen personalintensive interaktionsstarke Dienstleistungen an, in denen das Mitarbeiterverhalten aus Kundensicht entscheidend ist. Schon von daher ist es bedeutsam, die aus Kundenperspektive besonders positiv empfundenen Verhaltensweisen zu kennen und Erkenntnisse heranzuziehen, wie diese Verhaltensweisen bei Mitarbeitern identifiziert und gefördert werden können.

Zum Zweiten ergibt sich die Relevanz des Prosozialen Dienstleisterverhaltens für kirchliche karitative Institutionen aus dem Potenzial dieses Konzeptes für die Konkretisierung der christlichen Wertebasis für das Verhalten der Mitarbeiter im Kundenkontakt. Christliche Nächstenliebe zeigt sich in konkreter, freiwilliger Hilfe für diejenigen, die Hilfe brauchen. Prosoziales Dienstleisterverhalten im Kundenkontakt umfasst freiwillige helfende Verhaltensweisen zur Steigerung des kundenseitigen Wohlbefindens. Die inhaltliche definitorische Übereinstimmung von Nächstenliebe und Prosozialem Dienstleisterverhalten ist offensichtlich. Insofern liegt hier die Chance für kirchliche Dienstleistungsorganisationen, die Nächstenliebe als Kernparadigma von Caritas und Diakonie zu konkretisieren und ihr Relevanz zu verleihen für den konkreten Arbeitsvollzug. Auf diese Weise wird zugleich ein Beitrag zur Professionalisierung und Qualitätssteigerung als auch zur Legitimierung einer christlich fundierten Dienstleistungstätigkeit geleistet.

Zur kritischen Diskussion dieser These sei auch hier eine Frage gestellt: „Ist die Konkretisiserung des christlichen Charakters kundenorientierten Verhaltens für kirchliche Dienstleistungsorganisationen irrelevant?

Fazit

Kundenbeziehungsmanagement ist ein Konzept, mit dem Organisationen auf systematische Weise den Aufbau, die Vertiefung, den Erhalt und die Wiederaufnahme von Beziehungen zu den Adressaten ihrer Leistungen anstreben. Es ist Ausdruck des Bewusstseins von der Relevanz der Kunden für Zielerreichung, Existenz und Wachstum der Organisation. In zehn Thesen wird die Überzeugung artikuliert, dass es für reale Kirchen und wissenschaftliches Kirchenmanagement sinnvoll ist, dieses Konzept im Hinblick auf seine Nützlichkeit zu prüfen. Für diese Prüfung mag es hilfreich sein, die jeweiligen Fragen nach der Irrelevanz beziehungsbezogener Aktivitäten zu beantworten. Wenn Kirchen zu dem Schluss kämen, dass für sie die Beziehungen zu ihren Mitgliedern allenfalls von nachrangiger Bedeutung sind, dann erschiene dies allerdings nicht nur als Ausdruck von Resignation, sondern auch als eine Vernachlässigung ihrer Kernaufgabe – und Kirchenmanagement könnte nicht viel mehr sein als ein Ansatz zur Optimierung interner Kirchturmpolitik.

Literaturverzeichnis

Berman, B. (2005): How to Delight Your Customers, in: California Management Review, 48. Jg., Nr. 1, S. 129-151.

Berry, L. L. (1984): The Employee as Customer, in: Lovelock, Ch. (Hg.): Services Marketing. Text, Cases, and Readings, Prentice Hall, Englewood Cliffs, S. 271-278.

Berry, L. L./Parasuraman, A. (1991): Marketing Services. Competing Through Quality, Free Press, New York.

Bliemel, F. W./Eggert, A. (1998): Kundenbindung – die neue Sollstrategie? In: Marketing ZFP, 20. Jg., Nr. 1, S. 37-46.

Bitner, M. J./Booms, B. M./Tetreault, M. S. (1990): The Service Encounter: Diagnosing Favorable and Unfavorable Incidents. In: Journal of Marketing, 54. Jg., Januar, S. 71-84.

Brandt, W. (1931): Dienst und Dienen im Neuen Testament, Gütersloher Verlagshaus Gerd Mohn, Gütersloh.

Bruhn, M. (1998): Wirtschaftlichkeit des Qualitätsmanagements. Qualitätscontrolling für Dienstleistungen, Springer, Berlin.

Bruhn, M. (2003): Strategische Ausrichtung des Relationship Marketing. In: Payne, A./Rapp, R. (Hg.): Handbuch Relationship Marketing. Konzeption und erfolgreiche Umsetzung, Vahlen, München, S. 45-57.

Bruhn, M. (2009): Relationship Marketing. Das Management von Kundenbeziehungen, 2. Auflage, Vahlen, München.

Coenen, Ch. (2005): Prosoziales Dienstleisterverhalten im Kundenkontakt, Gabler, Wiesbaden.

Coenen, Ch. (2007): Service Excellence durch Prosocial Service Performance, in: Gouthier, M. H. J./Coenen, Ch./Schulze, H. S./Wegmann, Ch. (Hg.): Service Excellence als Impulsgeber, Gabler, Wiesbaden, S. 423-440.

Czepiel, J. A./Solomon, M./Surprenant, C. (Hg.): The Service Encounter, Lexington Books, Lexington, Mass. und Toronto.

Diakonie (2001): Beschwerdemanagement in der Diakonie. In: Diakonie Korrespondenz, Nr. 3, Diakonisches Werk der EKD, Stuttgart.

Diakonie (2002): Beschwerdemanagement in der Diakonie. In: Diakonie Dokumentation, Nr. 9, Diakonisches Werk der EKD, Stuttgart.

Diller, H. (1995): Kundenbindung als Zielvorgabe im Beziehungsmarketing, Arbeitspapier Nr. 40, Lehrstuhl für Marketing der Universität Erlangen-Nürnberg, Nürnberg.

Diller, H. (2001): Stichwort Geschäftsbeziehung. In: ders. (Hg.): Vahlens Großes Marketinglexikon, 2. Aufl., Beck und Vahlen, München, S. 529-530.

Finkelman, D./Goland, A. (1990): How Not to Satisfy Your Customers. In: The McKinsey Quarterly, 2. Jg., Winter, S. 2-12.

Gaillot, J. (1997): Eine Kirche, die nicht dient, dient zu nichts. In: Pompey, H. (Hg.): Caritas – Das menschliche Gesicht des Glaubens. Ökumenische und internationale Anstöße einer Diakonietheologie, Echter, Würzburg, S. 236-247.

Gärtner, H. W. (1994): Zwischen Management und Nächstenliebe. Zur Identität des kirchlichen Krankenhauses, Matthias-Grünwald, Mainz.

Grönroos, Ch. (1985): Internal Marketing – Theory and Practice. In: Bloch, T. M./Upah, G. D./ Zeithaml, V. A. (Hg.): Services Marketing in a Changing Environment, American Marketing Association, Chicago, S. 41-47.

Halfar, B./Borger, A. (2007): Kirchenmanagement, Nomos, Baden-Baden.

Hentschel, B. (1992): Dienstleistungsqualität aus Kundensicht. Vom merkmals- zum ereignisorientierten Ansatz, Deutscher Universitäts-Verlag, Wiesbaden.

Henning-Thurau, T. (1999): Beschwerdezufriedenheit: Empirische Analyse der Wirkungen und Determinanten einer Schlüsselgröße des Beziehungsmarketing. In: Jahrbuch der Absatz- und Verbrauchsforschung, 45. Jg., Nr. 2, S. 214-240.

Heskett, J. L./Jones, T. O./Loveman, G. W./Sasser, W. E./Schlesinger, L. A. (1994): Dienstleister müssen die gesamte Service-Gewinn-Kette nutzen. In: Harvard Business Manager, 16. Jg., Nr. 4, 50- 61.

Hoffmann, K. D./Kelley, S. W. (2000): Perceived Justice Needs and Recovery Evaluations: A Contingency Approach. In: European Journal of Marketing, 24. Jg., Nr. 3/4, S. 418-432.

Homburg, Ch./Becker, A./Hentschel, F. (2010): Der Zusammenhang zwischen Kundenzufriedenheit und Kundenbindung. In: Bruhn, M./Homburg, Ch. (Hg.): Handbuch Kundenbindungsmanagement, 7. Aufl., Gabler, Wiesbaden, S. 111-144.

Keiningham, T./Vavra, T. (2001): The Customer Delight Principle, NTC Publishing Group, Chicago.

Kirchenaustritt (2010): http://www.kirchaustritt.de/statistik, abgerufen 10.07.2010.

Liu, B. S. C./Sudharshan, D./Hamer, L. O. (2000): After-Service Response in Service Quality Assessment: A Real-Time Updating Model Approach. In: Journal of Service Marketing, 14. Jg., Nr. 2, S. 160-177.

Maxham, J. G. (2001): Service Recovery's Influence on Consumer Satisfaction, Positive Word-of-Mouth, and Purchase Intentions. In: Journal of Business Research, 54. Jg., Nr. 1, S. 11-24.

Maxham, J. G./Netemeyer, R. G. (2002): A Longitudinal Study of Complaining Customers' Evalutations of Multiple Service Failures and Recovery Efforts. In: Journal of Marketing, 66. Jg., Nr. 4, S. 57-71.

Meyer,A./Oevermann, D. (1995): Kundenbindung. In: Tietz, B./Köhler, R./Zentes, J. (Hg): Handwörterbuch des Marketing, 2. Aufl., Schäffer-Poeschel, Stuttgart, Sp. 1340-1351.

Oliver, R. L. (1997): Satisfaction – A Behavioral Perspective on the Consumer, McGraw-Hill, New York.

Michel, S. (2001): Analyzing Service Failures and Recoveries: A Process Approach. In: Journal of Service Industry Management, 12. Jg., Nr. 1, S. 20-33.

Miller, J. L./Craighead, C. W./Karwan, K. R. (2000): Service Recovery: A Framework and Empirical Investigation. In: Journal of Operations Management, 18. Jg., Nr. 4, S. 387-400.

Mills, P. K./Margulies, N. (1980): Toward a Core Typology of Service Organizations. In: Academy of Management Review, 5. Jg., Nr. 2, S. 255-256.

Mitzscherlich, M. (1997): Caritas als Wesensdimension und Grundfunktion der Kirche, St Benno-Verlag, Leipzig.

Oliver, R. L./Rust, R.T./Varki, S. (1997): Customer Delight: Foundations, Findings, and Managerial Insight. In: Journal of Retailing, 73. Jg., Nr. 3, S. 311-366.

Müller, W. (1990): Loyales Kundenpotential als strategischer Wettbewerbsfaktor – Kundenzufriedenheit als oberstes Ziel. In: Gablers Magazin, o.J., Nr. 9, S. 41-46.

Parasuraman, A./Zeithaml, V. A./Berry, L. L. (1985): A Conceptual Model of Service Quality and Its Implication for Future Research. In: Journal of Marketing, 49. Jg., Nr. 4, S. 41-50.

Parasuraman, A./Zeithaml, V. A./Berry, L. L. (1988): SERVQUAL: A Multiple-Item Scale for Measuring Consumer Perception of Service Quality, in: Journal of Retailing, 64. Jg., Nr. 1,S. 12-40.

Parasuraman, A./Zeithaml, V. A./Berry, L. L. (1992): Qualitätsservice, Campus, Frankfurt und New York.

Payne, A./Rapp, R. (Hg.) (2003): Handbuch Relationship Marketing, 2. Auflage, Vahlen, München.

Raffée, H. (1998): Kirchenmarketing – die Vision wird Wirklichkeit, in: Arbeitskreis Evangelischer Unternehmer in Deutschland: Marketing – Irrweg oder Gebot der Vernunft? Vom Nutzen des Marketing für die Kirche, AEU, Karlsruhe.

Rust, R. T./Oliver, R. L. (2000): Should We Delight the Customer? In: Journal of the Academy of Science, 28. Jg., Nr. 1, S. 86-94.

Servicebarometer (2008): Kundenmonitor 2008.

Smith, A. K./Bolton, R. N. (1998): An Experimental Investigation of Customer Reactions to Service Failure and Recovery Encounters – Paradox or Peril? In: Journal of Service Research, 1. Jg., Nr. 1, S. 65-81.

Stauss, B. (1994): Der Einsatz der „Critical Incident Technique" im Dienstleistungsmarketing. In: Tomczak, T./Belz, Ch. (Hg.): Kundennähe realisieren, Ideen – Konzepte – Methoden – Erfahrungen, Thexis, St. Gallen, S. 233-250.

Stauss, B. (1999): Kundenzufriedenheit. In: Marketing ZFP, 21. Jg., Nr. 1, S. 5-24.

Stauss (2000a): Internes Marketing als personalorientierte Qualitätspolitik, in: Bruhn, M./Stauss, B. (Hg.): Dienstleistungsqualität, 3. Aufl., Gabler, Wiesbaden, S. 203-222.

Stauss, B. (2000b): Perspektivenwandel: Vom Produkt-Lebenszyklus zum Kundenbeziehungs-Lebenszyklus. In: Thexis, Nr. 2, S. 15-18.

Stauss, B. (2000c): Rückgewinnungsmanagement: Verlorene Kunden als Zielgruppe. In: Bruhn, M./Stauss, B. (Hg.): Dienstleistungsmanagement Jahrbuch 2000, Wiesbaden, S. 449-471.

Stauss, B. (2004): Nächstenliebe aus Kundensicht – Zur Relevanz „Prosozialen Dienstleisterverhaltens“ in kirchlichen Dienstleistungsorganisationen. In: Wiedmann, K.-P./Fritz, W./Abel, B. (Hg.): Management mit Vision und Verantwortung – Eine Herausforderung an Wissenschaft und Praxis, Wiesbaden, S. 401-422.

Stauss, B. (2006): Grundlagen und Phasen der Kundenbeziehung: Der Kundenbeziehungs-Lebenszyklus. In: Hippner, H./Wilde, K.D. (Hg.): Grundlagen des CRM Konzepte und Gestaltung, 2. Aufl., Gabler, Wiesbaden, S. 421-442.

Stauss, B./Dornach, F./Coenen, Ch. (2009): Zufriedenheitsmanagement – Konzept und Realisierung. In: Hinterhuber, H.H./Matzler, K. (Hg.): Kundenorientierte Unternehmensführung – Kundenorientierung – Kundenzufriedenheit – Kundenbindung, 6. Aufl., Gabler, Wiesbaden, S. 587-603.

Stauss, B./Seidel, W.(2007): Beschwerdemanagement, 4. Aufl., Hanser, München.

Stauss, B./Seidel, W. (2008): Discovering the „Customer Annoyance Iceberg“ through Evidence Controlling, in: Service Business, 2. Jg., Nr. 1, S. 33-45.

Zeithaml, V. A./Berry, L. L./Parasuraman, A. (2000): Kommunikations- und Kontrollprozesse bei der Erstellung von Dienstleistungsqualität, in: Bruhn, M./Stauss, B. (Hg.): Dienstleistungsqualität, 3. Aufl., Gabler, Wiesbaden, S. 115-144.

Autorenliste

Petra-Angela Ahrens, Dipl. Sozialwirtin, wissenschaftliche Mitarbeiterin des Sozialwissenschaftlichen Instituts der evangelischen Kirche in Deutschland (EKD)

Prof. Dr. Dieter Beese, Superintendent des Evangelischen Kirchenkreises Münster der Evangelischen Kirche von Westfalen

Thomas Begrich, Oberkirchenrat, Leiter der Finanzabteilung, Evangelische Kirche Deutschland

Dr. Klaus Donaubauer, Bischöflicher Finanzdirektor, Diözese Augsburg

Peter Faiß, Dipl. Betriebswirt B. A., Leiter Organisationsberatung, BPG Unternehmensberatung Münster

Prof. Dr. Bernd Halfar, Professor für Management in sozialen Organisationen, Katholische Universität Eichstätt-Ingolstadt

Ralph Hartmann, Pfarrer und Organisationsentwickler, Evangelischer Oberkirchenrat in der Evangelischen Landeskirche in Baden

Martin Hitzel, Fachbereichsleiter im Fachbereich Personal und Recht, Geschäftsstelle des Diözesancaritasverbandes Rottenburg-Stuttgart e.V.

Prof. Dr. Jürgen Kegelmann, Professor an der Hochschule für öffentliche Verwaltung in Kehl.

André Lossin, Dipl. Politologe, Geschäftsführer der Jüdischen Gemeinde zu Berlin (KdöR)

Dr. Martin Rieger, Director, Programm Geistige Orientierung, Bertelsmann Stiftung

Veronika Rieger, Studierende an der Hochschule für öffentliche Verwaltung in Kehl

Prof. Dr. Dr. h. c. Bernd Stauss (em.), Lehrstuhl für Dienstleistungsmanagement, Katholische Universität Eichstätt-Ingolstadt, Ingolstadt School of Management

Dr. Alexander Stock, Seniorberater und Projektleiter, arf Gesellschaft für Unternehmensberatung mbH

Verena Unger, Dipl. Sozialpädagogin (FH), wissenschaftliche Mitarbeiterin der Fakultät für Soziale Arbeit, Katholische Universität Eichstätt-Ingolstadt

Dr. Britta Wagner, Unternehmensberaterin, xit GmbH Nürnberg

Prof. Dr. Gerhard Wegner, Pastor, Direktor des Sozialwissenschaftlichen Instituts der EKD in Hannover

FSC
www.fsc.org
MIX
Papier | Fördert gute Waldnutzung
FSC® C083411

Kolibri 360 GmbH
Ferdinand-Jühlke-Straße 7
99095 Erfurt, Deutschland
produktsicherheit@kolibri360.de